高等院校秘书学专业精品系列教材

GAODENG YUANXIAO MISHUXUE ZHUANYE JINGPIN XILIE JIAOCAI

涉外秘书实务

SHEWAI MISHU SHIWU

（第三版）

张丽琍 ◎ 主　编

郝利群　刘　利 ◎ 副主编

首都经济贸易大学出版社

Capital University of Economics and Business Press

· 北 京 ·

图书在版编目(CIP)数据

涉外秘书实务/张丽珂主编. --3 版. -- 北京:首都经济贸易大学出版社,2018.3
ISBN 978 - 7 - 5638 - 2768 - 8

Ⅰ.①涉… Ⅱ.①张… Ⅲ.①秘书学 Ⅳ.①C931.46

中国版本图书馆 CIP 数据核字(2018)第 028221 号

涉外秘书实务(第三版)
张丽珂　主编

责任编辑	孟岩岭	
封面设计	砚祥志远·激光照排　TEL: 010-65976003	
出版发行	首都经济贸易大学出版社	
地　址	北京市朝阳区红庙 (邮编 100026)	
电　话	(010)65976483　65065761　65071505(传真)	
网　址	http://www.sjmcb.com	
E - mail	publish@ cueb.edu.cn	
经　销	全国新华书店	
照　排	北京砚祥志远激光照排技术有限公司	
印　刷	北京市兴怀印刷厂	
开　本	710 毫米×1000 毫米　1/16	
字　数	340 千字	
印　张	17.75	
版　次	2008 年 5 月第 1 版　2011 年 6 月第 2 版	
	2018 年 3 月第 3 版　2018 年 3 月总第 10 次印刷	
印　数	18 001 ~ 21 000	
书　号	ISBN 978 - 7 - 5638 - 2768 - 8/C·147	
定　价	36.00 元	

第三版前言

涉外秘书实务是研究涉外秘书工作及其活动规律的学科。涉外秘书具有涉外性、文牍性、辅助性、事务性等特点。为了深入贯彻落实习近平新时代中国特色社会主义思想，为了适应我国经济建设和社会发展的需要，为了给在华外资企业和组织培养一支具有较高的综合素质和较强的操作能力并富有实践和创新精神的涉外秘书队伍，我们编写了《涉外秘书实务》教材，并根据形势的发展和社会的需求进行了修订。

积极推进秘书队伍建设是一项系统工程，不仅需要高水平的师资队伍，也要有高质量的教材。教材内容和教学方法，需要渗透创新的理念和思想，只有结合专业，创新理念，注重实践，才能培养出新时代所需要的涉外秘书人才。

随着我国智能化时代的到来，高科技和服务业已成为中国吸引外资的重点。除了国家良好的宏观经济环境和政策环境，在华外资企业的成长和发展还离不开高素质的人力资源队伍作为保障。涉外秘书队伍是外企优质人力资源的重要组成部分，是需要大力加强职业化教育和培训的专业人员。

本教材在汲取国内外秘书实务研究成果的基础上，从涉外秘书的基本工作技能入手，注意将涉外秘书实务内容的理论性、科学性、系统性和可操作性相结合，努力做到理论联系实际。

同时，本书注重结合我国外资企业的实际，实现教学内容的本土化，以重操作、重应用、重创新为编写指导思想，注重将案例教学、工作实务教学、情景模拟教学、合作性教学等方法融为一体，采用任务驱动法的教改理念，通过涉外秘书实务教学和实训，不仅让学生明白做什么、为何要做，而且注重让学生知道应做成什么样以及怎么去做、怎么能做得更好等，以培养学生自己解决问题的能力和实践创新的能力。

在本次修改过程中，主要参编人员根据涉外秘书工作一些新的发展形势和工作内容的变化，对原教材中比较滞后的内容和比较陈旧的案例进行了修改和更新，使教材既保留了原有框架的系统性和全面性，又突出了其前瞻性和现代性。

参与本书编写的教师都具有扎实的理论功底和丰富的教学经验。他们中间许多人长期在外企从事涉外秘书的培训和职业指导工作，在业内享有较高的声誉。

本书可作为大专院校涉外秘书、商务秘书、通用秘书等专业的基础课教材,也可供民办院校、专业培训机构作为教学、培训、研究之用。

　　由于参编者学术视野的局限和时间的紧迫,该教材的内容难免会存在着诸多不足,敬请业界同仁批评指正。

张丽琍

于中华女子学院

2018 年 1 月

前　言

　　涉外秘书实务是研究涉外秘书工作及其活动规律的学科。为了适应 21 世纪我国经济快速发展的需要，为了给在我国的涉外企业培养一支具有较高的综合素质和较强的操作能力，并富有实践精神和创新精神的涉外秘书队伍，我们编写了该教材。

　　本教材的编写内容和框架有一定的创新性，体现了重操作、重应用、重创新、重能力、重实训的特点。这部教材具有一定的前瞻性，它汲取了国内外秘书实务研究的成果，既借鉴了国外秘书工作的经验，又从我国涉外秘书工作的实际出发，内容科学全面、系统规范、简洁实用，体现了好教、好学、好用的特点。同时，注意将涉外秘书实务内容的科学性、系统性和可操作性相互结合，并配有许多经典案例及评析，非常适合作为涉外秘书专业的教材。

　　本教材力求克服我国秘书实务教材普遍存在的内容更新慢、操作性不强、框架陈旧、案例教学弱等缺陷，广泛借鉴西方发达国家秘书教材重操作、重步骤、重流程的有益经验，注重将案例引导法、情景模拟法、任务驱动法、角色体验法、课堂讨论法、主题演讲法、团队分享法等方法与理论讲授融为一体，不仅让学生明白做什么、为何要做，而且让学生知道怎么去做，应做成什么样以及怎么能做得更好等，以培养学生自己解决问题和实践创新的能力。本教材具有三方面的特点：

　　一是注重案例教学。

　　本教材以其丰富的案例为突出特点。案例的选择和分析力图贴近涉外秘书的工作实际，多数案例直接来自于涉外秘书工作的实践，而且具有一定的普遍性和典型性。从全书的结构看，案例教学贯穿在整个教学过程中。每章的开头以"案例导入"和"简析"引出本章的问题，以启发学生的思考。每章的最后通过"案例点评"，结合本章理论部分的讲解，帮助学生进一步加强对本章内容的理解。大量的案例描述和分析评点也为教师的课堂教学提供了更为广阔的理论探讨空间和教学改革的实验空间。

　　二是理论部分突出重点和难点。

　　教材内容涉及涉外秘书工作的方方面面，重点突出。教材内容以秘书就业为导向，将涉外秘书的职业技能培训、知识学习与涉外秘书的职业道德培养紧密地结合起来;全面涵盖国家涉外秘书职业资格鉴定标准,并紧跟新知识、新技术、新技能的发展;既考虑了实务知识的完整性,又兼顾了它与其他课程内容的交叉关系。

三是结构新颖。

全书每一章的开始或在一些节的开始通过"案例导入"和"简析",引出每章节的理论知识;每章结束时还有"本章小结"、"案例点评"、"课堂实训题"、"复习思考题"等几个方面的复习讨论和模拟实践内容。这种结构形式使整个教材不再只是堆砌空洞的理论,而是以涉外秘书工作实践为前导,紧紧围绕培养秘书专业学生的应用能力和分析解决问题的能力这个中心来搭建框架。

本书可作为大专院校涉外秘书、商务秘书等专业的基础教材,也可供民办院校、专业培训机构作为教学、培训、研究之用,还可作为自学者和参加劳动部秘书职业技能鉴定者的学习参考资料。

参与本书编写的教师都具有扎实的理论功底和丰富的教学经验。他们中间许多人长期在外企、国企从事秘书的培训和职业指导工作,参编的部分教师是国家秘书职业资格鉴定专家组的成员,还有一些参编教师是双师型的老师,这都成为保证本教材编写质量的重要基础。作为该教材的主编,我衷心地感谢这些为我国秘书教育事业辛勤耕耘的人们,没有他们,就没有我国秘书教育事业的发展与繁荣。

当然,毋庸讳言,由于我们的学识与能力所限,不足之处在所难免。因此,我们真诚地希望全国秘书教育与研究领域的专家和同仁们不吝赐教。

本教材由中华女子学院张丽琍教授任主编,郝利群、刘利老师任副主编。第一章,第四章的第二、三节,第五章由张丽琍撰写;第二章,第三章第一、二、三节由周季平、郝利群撰写;第三章第四节、第九章由刘利撰写;第四章第一节由李桃溪撰写;第六章由胡晓涓撰写;第七章由刘萌撰写;第八章由王欢撰写。张丽琍对全书进行了统稿和修改。

张丽琍
于中华女子学院

目 录

CONTENTS

涉外秘书实务

涉外秘书实务

涉外秘书实务

第一章 涉外秘书概述

学习目标

● 给涉外秘书下定义

● 描述涉外秘书有哪些类型

● 解释涉外秘书的基本特点和特殊性

● 列举涉外秘书主要的工作方面和工作内容

● 解释涉外秘书工作的基本特点

● 列举秘书应具备的知识结构、能力素质和心理素质

● 介绍涉外企业的组织结构类型和职能

● 列举涉外秘书所面临的新的发展趋势和挑战

案例导入

欧阳小姐的问题出在哪里?

欧阳小姐毕业于上海某外贸学院,现供职于浦东一家德国机械公司,为老板的秘书兼翻译。生性随意的她第一天上班就穿着休闲装来了,结果挨了老板的批评。经过一段时间的努力,她终于以其善解人意的沟通技能赢得了老板的信任。

不久,温州一家纺织企业欲扩大生产规模,与公司签订了购买新型生产流水线的合同。公司老板派欧阳小姐带着公司一名最好的德国专家和几名中国技术人员去温州现场安装设备。第一天卸车的时候,德国专家和安装技术人员十几个小时连续奋战,一直干到深夜两点,工作效率之高令客户称奇。但从第二天开始,德国专家和公司技术人员开始慢悠悠地安装,显得不急不躁。客户着急了,催欧阳小姐让技术人员早日完工,并提出愿意支付提前调试的额外酬金。然而,当她向这位德国专家表达了客户的请求后,这位德国专家却无动于衷地摊开双手摇摇头,表示这样的安装进度是公司规定的,绝不能擅自更改。欧阳小姐很是生气,与这位专家发生了几次不愉快的摩擦,专家只好无奈地耸耸肩说:"好吧,秘书小姐,我会把工作时间缩

短一个星期,不过,一旦老板发火了,你要负全部责任。"此后,专家带领技术人员整日奋战在车间,只用了短短几天的时间便完成了安装。调试那天,当疲惫的德国专家在上百人关注的目光中拉动了电闸的手柄,只听一声巨响,数台机器冒了黑烟。此次事故使欧阳小姐的公司蒙受了12万元的经济损失,她本人也受到降薪处罚。尽管后来许多企业都表示愿意挖她去做总经理秘书,但欧阳小姐宁愿留在做事严谨的德国老板身边而拒绝跳槽,她说:好的公司就是一所大学,能够让人在实践中学到许多学校里学不到的东西。(资料来源:《华人时刊》2001 年 9 月)

简析:

跨国公司大多有一整套的全球化的管理理念和制度,这些理念和制度是经过长期的积累沉淀而形成的。作为外企员工,除了要拥有基本的工作知识和能力外,还要熟悉外企管理的理念,要了解和掌握外企管理的思路和方法。比如这家德国机械公司,它之所以要求技术人员遵循一快一慢的安装节奏,是根据对工作全盘的宏观把握和多年实践而制定出的科学安装程序与安装工时。卸车等简单的工作能快则快,但是对精密设备的安装却要按照科学的安装程序,留有足够的安装时间,以便技术人员仔细调整和思考。即使是面对客户许诺的额外酬金和本公司需要支付的星级宾馆住宿费等庞大开支,也绝不能改变经过严谨科学的方法计算出来的速度和程序。

由这一案例我们可以看到,要成为外企老板眼中合格的员工,光有一定的知识和技能是远远不够的,跨国公司老板最看重的员工品质之一就是"专业精神"。"专业化"所包含的最重要的内容是要尽自己最大的努力使各项工作达到完美,严格按照科学的规章制度行事,准确地把握自己的角色和任务,要对自己工作所产生的后果负责,自觉地维护公司的利益和声誉。所以,我们在掌握知识的同时,更应注重到工作实际中去锻炼自己。

第一节 涉外秘书与涉外秘书工作

经济全球化使得企业的跨国经营成为合理配置全球资源的必由之路。以网络、信息技术为主要推动力的新经济正深刻地影响着人类社会和经济活动的各个领域,并迅速改变着人们的生活。改革开放以来,我国在利用外商直接投资方面取得了巨大的成就,从 1979 年 10 月我国批准成立第一家中外合资企业建国饭店以来,"三资"——中外合资企业(Joint Venture)、中外合作企业(Co - operation Venture)、外资企业(Foreign - Owned Enterprise)在扩大我国的生产能力、弥补资金不足的缺陷、学习国外科学的管理方法、引进外国的先进技术和扩大出口贸易等方面都发挥了重要的作用。"三资"企业在我国崛起,也使涉外秘书队伍应运而生。涉外秘书主要指在我国"三资"企业和外事、外贸、海关、商检、税务、保险、银行、宾馆等涉外单位、外向型企业中从事秘书工作的人员。

近年来,涉外秘书工作已成为一个热门职业,从业人员不断增多。同时,随着我国市场经济改革步伐的加快,对涉外秘书人员的素质也提出了更高的要求。但是,目前我国对涉外秘书的培养无论是在质量上还是在数量上都远远跟不上经济和科技迅猛发展的需要。许多涉外秘书还无法适应涉外企业高效率、快节奏的工作方式,工作拖沓、松懈、低效,令老板们难以容忍。还有一些涉外秘书不了解自己的职责权限,处理不好与上司之间的关系,在不同文化的冲突中缺乏起码的沟通协调能力,用手多于用脑;不会时间管理,整日忙忙碌碌,穷于应付;缺少团队精神,分不清事情的主次轻重,无法适应国际商务活动的运转节奏。

知识经济的到来,给涉外秘书教育带来了新的发展机遇,同时,也给涉外秘书工作带来了巨大的挑战。为了保证涉外秘书工作高效、顺利地运行,涉外秘书就必须既具有较高的品德修养、扎实的专业基础、健康的身体条件、良好的心理素质,又具备较高的专业技能水平,能独立出色地完成各项工作。因此,要成为合格的涉外秘书人员,我们首先需要了解涉外秘书的含义,涉外秘书的主要工作内容,涉外秘书的特点,涉外秘书的类型,涉外秘书的人际关系和正确的角色知觉,以及涉外秘书的工作环境。

一、涉外秘书的内涵

秘书作为一种职业,无论是从西方还是从东方看,都是伴随着社会的发展和人类管理的需要而产生和发展的。尽管秘书这一职业在不同的时代和国家,其名称、职位和活动特点有所不同,但秘书作为某个组织首脑身边办文、办会、办事并起到辅助作用的人,基本职能是相同的。领导者和管理者担负着组织的筹划、授权、指挥、鼓励、协调和监控等多方面的责任,他们要施政,就需要通过别人把事办成,秘书人员和秘书部门在参与、拟制、处理和传递组织命令,并将其转化为具体的管理行为方面起着无法替代的作用。概括地说,秘书是一项广泛的社会职业,有其特殊的工作内容和职责。它存在于一切合法的组织中,是组织行政管理部门中不可或缺的人员。秘书是处于领导身边地位,是围绕领导者和管理中心开展办文、办事、办会工作的参谋和助手,其主要职责是做好事务的综合服务,并辅助管理。

(一)涉外秘书的定义

1. 广义定义。涉外秘书指"三资"企业和各种涉外机构、涉外团体中为外国雇主处理各种文牍以及事务性、信息性工作的人员,包括企业高层管理人员和部分中层主要管理人员身边辅助和服务的助理、专员、办事员等人员。从业人员一般通晓一门或数门外语,具有商务和外贸知识,接受过跨文化沟通的训练,具有办公室管理的基本知识以及办公设备的操作技能。

2. 狭义定义。涉外秘书指"三资"企业和各种涉外机构、涉外团体中帮助上司处理各种日常事务,辅助上司决策,作为上司的近身参谋、助手的工作人员,一般会被冠以"私人助理"或"秘书"的头衔。

(二)涉外秘书的特点与类型

1. 涉外秘书的特点。涉外秘书既不同于传统机关模式的公务秘书,也不同于一般组织的商务秘书或企业秘书。

(1)关系雇佣性。首先,与公务秘书以及国有企事业单位中的秘书相比,涉外秘书与上司的关系是雇佣关系,是在合同契约基础上建立起来的工作关系,因此,涉外秘书一般不具有参政辅政的职能,决策之事是由经理或管理人员来做的,对秘书人员而言,最重要的是服从上司安排,做好自己的本职工作。同时,在涉外企业特别是外企,还要求秘书关心上司的生活,并为之提供良好的服务。例如,为上司准备出差用品以及准备咖啡等饮品。其次,"三资"企业的组织结构关系与传统的机关模式有巨大差异,其在管理思想、机构设置、人事制度、办事方式上,也与国内企事业单位有较大区别,因而,秘书人员的隶属关系和性质作用也与传统的公务秘书有较大差异。在外企中,秘书常居的组织结构位置是:总经理(General Manager)直接领导下的私人助理和秘书(Private Secretary & Private Assistant)、总监领导下的私人秘书(Private Secretary)、经理手下的秘书和职员(Secretary & Clerk)。

(2)角色双重性。涉外秘书既是涉外企业的员工又是中国的公民。角色的双重性时常会使涉外秘书陷入两难。涉外秘书常处于外方雇主和中方雇员的矛盾夹缝之中,搞不好会两头受气,难以处理。因此,涉外秘书在协助上司组建、管理、经营运转本企业时,既不能为取悦外方而不顾国家、民族的利益,又不能不顾商业信誉,为迁就中方的经营管理理念而损害外方的利益。角色冲突出现时,涉外秘书要能将原则性和灵活性很好地结合起来,有礼有利有节地处理。所谓的角色冲突,是指当个体面临多种角色时,个体如果服从一种角色的要求,就有可能无法服从另一种角色的要求,个体面临的两个或更多的角色期待就会出现相互矛盾。因此,秘书在辅助上司与中方进行合作谈判时,既要切实保护好本企业的利益,又要考虑社会和公众的利益。在公司内部处理外方雇主和中方雇员的矛盾时,要多做解释,多进行沟通,充分考虑文化上的差异,做好各种关系的弥合工作。

(3)事务烦琐性。与传统秘书工作相比,"三资"企业中的秘书工作内容分工不细,但比较烦琐,以事务性工作为主。在文书的撰写上,管理人员一般不太倚赖秘书人员,秘书只需要做好文件的相关记录和整理工作即可,文书起草工作很少由秘书承担。秘书工作"拿笔少,跑腿多",工作的重点是办事。由于涉外企业经营管理的经济性和国际性比较强,涉外秘书工作会比较多地接触业务往来中的意向书、招标书、投标书、协议书和合同等,这些文书的起草虽然大多由公司的业务部门承担,但秘书要在加盖印章前负责把好文字关、格式关、流程关。

在涉外企业,无论是总经理秘书还是职能部门的秘书,常常身兼多种琐碎具体的事务性、服务性工作,如,接打电话、收发信函、包裹,打字速记,接待来客,管理时间,收集信息,安排差旅,布置会场……件件看似十分平凡,甚至单调枯燥,但小小的失误就可能给公司造成巨大的损失和很坏的影响。例如,不恰当地处理一个电话,就有可能打乱公司的销售计划,伤害公司的客户关系,损害公司的良好形象。因此,涉外秘书更要处理好工作主动性和被动性、经常性和突击性的关系,既要发挥主动积极的精神,做好事务助手,又要做到不失职、不越权,严格按照上司的意图办事;既能把日常性的工作安排得井井有条,又能预见和防范一些突发事件,做到有备无患,游刃有余,从容应对,及时应变。

(4)文化冲突性。在"三资"企业中,中外双方的人员因为信仰、观念、宗教、语言、习俗、传统等许多方面的差异,常常会出现一些摩擦和冲突。例如,对守时的松紧度的看法,中国人常常会将三五分钟忽略不计,如果开会或赴约,我们会认为迟到几分钟不算什么,是很守时的。下班时提前几分钟收拾一下自己的东西也是很正常的。上班塞车迟到几分钟没什么可大惊小怪的。而这一切在日本、德国等注重严谨、严格守时的雇主看来,是严重地缺乏守时意识,工作疲疲沓沓,不投入、不努力的表现。另外,中方雇员在与外国人员交往的过程中,因不了解对方国家的宗教信仰、风俗习惯,可能会在馈赠对方礼物、宴请待客或聊天谈话之时,产生一些误会和矛盾。例如,秘书代表公司去购买礼品,我们中国文化中既喜荷花的高雅,出淤泥而不染,又爱菊花的冷艳,傲霜雪而不衰,但是我们如果买来装饰有菊花或荷花图案的物品送给法国、意大利、日本等国的朋友就会引起对方的不快,因为在法国、意大利等国以菊花为丧花,日本人以荷花为丧花。总之,在与外企雇主和外商的接触交往中,涉外秘书要积极主动地去了解、熟悉对方的文化,以期达到和睦共事的目的。

(5)管理广泛性。在"三资"企业里,层次越高的秘书其职责范围越广,秘书对经理的"补偿功能"就越突出和重要。所谓"经理补偿功能"(Executive – extender),指在社会管理活动中,任何一级领导无论其知识如何渊博,经验如何丰富,都难免因知识视野的制约,精力体力的局限,理性经验的欠缺,而出现信息的"盲区"、决策的失误和管理的缺失,这就需要秘书见微知著,拾遗补阙,成为领导的"外脑",身体的延伸,知识的府库。秘书应从智力、精力、心理等多方面对上司构成补偿。秘书的补偿作用发挥得越好,上司工作的压力就越小。尽管这点对于在政府和国内企事业单位工作的秘书也很重要,但在涉外秘书工作中显得更为重要。涉外秘书工作内容涉及财会管理、营销公关、税收缴纳、外汇结算等方面,这就要求涉外秘书熟悉国际商法、金融管理、企业文化知识,还要有跨文化的沟通协调能力。

(6)工具双语性。涉外秘书由于工作环境和服务对象的特殊,要求从业人员必须熟练掌握一门以上的外语。涉外秘书工作常以人际关系协调为核心,以人际传播为手段,而传播主要以语言为媒介,语言的准确、简洁、明晰、得体就成为涉外秘书提高工作效率的基本前提。

2.涉外秘书的类型

(1)从涉外秘书工作职责的角度划分。涉外秘书按其责任的大小和能力素质的高低,可分为助理文书级(接待员、打字员)、文书级、执行级、行政级(高级行政助理、行政经理、办公室经理)等级别。其一是助理级秘书。助理级秘书也常被称为"见习秘书"（Reception）或行政助理（Administrative Assistant）、助理秘书（Assistance Secretary），其主要工作内容是负责打字、接待、电传、管理办公用品、处理电话、分送信函、预订约会、管理信息和资料等。其二是文书级秘书。文书级秘书也常被称为"正式秘书"（Secretary），其主要工作内容是负责起草、打印文件，收发处理文书，完成上司临时交办的事项，笔录口授文件，负责会议的记录，为上司的报告文件收集组织材料，制订旅行计划，管理档案资料，辅助经理处理小额现金，兼做一些会计出纳记账的工作，保管保密文件、印章等。正式秘书无论从职位的性质、技术的要求、涉及的方面和工作的责任等来看，都要远远高于见习秘书。其三是执行级秘书。执行级秘书一般被称为"资深秘书"（Senior Secretary）或"执行秘书"（Executive Secretary）。其工作内容主要是协助上司做办公室和业务部的有关工作，如处理信函、联系电话、接待来访、安排会议、收集资料、管理档案、收发传真、电话，计划管理上司的时间，安排差旅，对外代表上司联络、处理事务，监督检查上司下达的工作任务，做信息收集工作，协调横向、纵向的各种关系，辅助决策。其四是行政级秘书。行政级秘书一般被称为"主任秘书"（Secretary General）、"行政处长"（Administrative Director）、"行政经理"（Administrative Manager）、"行政总监"（Chief Administrative Officer），在我国企业中，包括办公室主任、行政经理、秘书处处长、经理私人助理等。其工作内容主要包括参与决策，监督检查，辅助管理，帮助上司协调组织内部纵向横向的关系和组织外部的各种关系，指导、带领秘书群体共同工作。他们已是执掌一方的管理人员，需知人善任，合理授权，合理分派工作。

（2）从涉外秘书从业时间和资格的角度划分。如果我们从秘书的从业时间和资格的角度划分，按我国劳动部门的规定可将其划分为四级：

①五级涉外秘书：具有职高以上学历，担任秘书职务在一年左右的人员；能够胜任涉外企业一般的接待、收发、电话、传递信息和约会工作。

②四级涉外秘书：具有大专以上学历，担任涉外秘书工作 2～3 年的人员；能够胜任涉外企业办公室一般日常事务，能够做好办公用品、时间和环境的管理工作。

③三级涉外秘书：具有涉外秘书或相关专业本科以上学历，担任涉外企业秘书工作 4～5 年的人员；能够胜任涉外企业中高难度的协调沟通和辅助管理工作。

④二级涉外秘书（涉外行政管理师）：具有涉外秘书或相关专业本科以上学历，担任涉外企业秘书工作 5 年以上的人员；能够在涉外企业的中、高层管理工作中主管行政部门，能够胜任企业决策者近身参谋的角色，成为企业最高决策者的工作伙伴。

（3）从涉外秘书所处企业文化的类型划分。涉外秘书的工作内容、工作方式和地位作用与他所在的企业母国的文化特点有着十分密切的联系。因此，我们可以将我国的涉外秘书分为"欧美型"和"日韩型"。

①"欧美型"涉外秘书一般要求从业人员具备资料整理、速记、计算机使用、打字等专业技能，能够用英语撰文、写信和交谈沟通，大多专属于某一特定的上司，对其

市场和商贸方面的知识和经验也比较看重。一般视业务技能的高低和承担责任的多少来确定秘书的薪酬。

②"日韩型"涉外秘书所从事的工作一般更为基础,对秘书的礼仪和形象要求较高,工作岗位一般在企业的秘书课、总务科等部门,除了接待、电话处理等一般事务,对秘书的专有技能要求不高,在公司中的地位相对也要低一些。

(4)从涉外秘书自身的特长和能力划分。按照涉外秘书自身的特长和能力,可将其分为办事型、翻译型、技术型、公关接待型诸种。

①办事型涉外秘书个性精明干练,善于沟通和社会交际。在涉外企业中有较强的跨文化沟通能力,外语较好,能够很好地把握上司的意图,了解办事的渠道、途径和方法,善于变通。同时,能够在上司和员工之间充当信息沟通的桥梁。

②翻译型涉外秘书一般是外语专业科班出身,语言功底扎实,具有较强的外语写作能力,能够在外籍上司和中国员工、客户之间承担起翻译、沟通的职责,而且经常在中外商务谈判中扮演重要角色。

③技术型涉外秘书能够很好地操作各种办公机械,能够帮助上司做好打字、复印、传真等工作,并能够操作一些比较复杂的办公设备和视频会议设备。

④公关接待型涉外秘书一般具有漂亮出众的个人形象,良好的人际沟通能力,丰富的社交礼仪与公关知识。

(三)涉外秘书的工作内容与特点

1. 涉外秘书的工作内容。在美国《职称辞典》中,对秘书岗位的工作描述如下:全面处理机关的、公司的行政工作,以减轻政府官员和公司负责人的较次要的行政事务及办公室工作;能用速记记录口述;能用翻译机将口述或将复制的记录信息译成文字;处理上司约会及提醒其约会;接电话和打电话;处理上司私人重要邮件,主动书写日常函件;对办公室其他工作人员进行工作监督;整理人事档案等。

英国秘书专家约翰·哈里森在《秘书的职责》一书中将秘书的工作概括为:速记上司口述指示,并将它打印成文,并能够草拟函件、总结等;接收并整理收到的邮件;下班前,处理好雇主往外寄发的邮件;接待来访者,并处理打来的电话;为雇主写工作日志,安排他的约会和预约,协助他计划管理时间;安排雇主的旅行并准备好他的旅行所需;将雇主的私人和商业信件归档,并做好档案索引;组织会议和参加会议,做好会议议程和会议记录;安排管理好雇主的办公室。

在我国,涉外秘书的工作内容既与国外同行有相似之处,也有一些不同。例如,在我国的"三资"企业中,秘书总需要做一些与跨文化沟通相关的工作,有时还需要面对政府、媒体和其他社会组织和单位做一些公关接待、协调沟通的工作。总体上看,涉外秘书工作的内容可分为三个大类:

(1)事务性工作。事务性工作主要指涉外秘书在无须上司指示、授意和监督的情况下,能够自主决定和履行的常规性工作,这些工作既琐碎繁杂又艰巨重要,必须细致周密,严守程序规则,不能出任何纰漏。其主要任务有:收发传递邮件、文件立卷归档、领取管理办公用品、接受口述、速记记录、管理上司的时间和预约、整理好上司的办公室、按照规定格式准备定期汇报、搜集有关的信息资料、接待来访、接打电话等。

(2)指派性工作。指派性工作主要指上司临时交办的事项。这些工作大多时间紧、要求高,无惯例可循,综合性强,要求涉外秘书弄清上司的意图,搞清工作的程序、要求和时限,并能很好地分清主次,统筹兼顾,合理安排,准确、高效地完成。具体任务主要有:草拟信函、文件,拍发电报,陪同客人,准备差旅用品,代表公司购买馈赠礼品,组织各种会议和社会活动,传达沟通信息,帮助上司存款、验证、纳税,准备技术资料,组织专家论证咨询等。工作内容无所不包,事无巨细,要求秘书要有实事求是、灵活应变的能力,善于在干中学,在学中干,不断积累经验。

(3)延伸性工作。延伸性工作是指秘书运用主动和进取的工作态度积极帮助上司开展工作,发挥秘书对经理的“补偿功能”,根据公司各项计划,主动预见未来的工作趋向,抢在前面将一些准备工作事先做好,以提升自己的执行力。这种工作包括:调查研究,注意搜集可靠的信息;对各种统计报表和数字进行归纳和处理,以供上司参考;主动为上司挡驾和催办落实某些工作。在平时工作中,要积极协调好各方面的关系,缓和与消除各种摩擦和矛盾。通过自己主动性的工作,为上司节省更多的时间,使之有更多的精力投入公司的决策和管理工作中去,提高领导的效率。

2.涉外秘书工作的特点。涉外秘书工作的特点主要包括:

(1)中介性与独立性并存。中介性是所有秘书工作的本质特征,无论是涉外秘书还是普通秘书。因为秘书和秘书部门处于领导部门、决策部门、领导、高层管理人员与业务部门、职能部门、基层管理人员和执行人员之间的位置,他们必须承担起承上启下、联系左右、连接内外的责任。

随着时代的发展,传统企业行政办公体系赖以存在的金字塔形等级制的弊端日益明显,如对外界环境的变化反应迟钝,各层级间缺乏有效的沟通,规章制度过于僵化,机构臃肿,人员膨胀,效率低下等。当前,行政组织的扁平化、网络化已成为大势所趋。约翰·奈斯比特在《大趋势》中指出:“网络组织”是一种以信息沟通和联系为基础而结成的管理协作系统,这种组织的价值观在于效率、适应和创新。在这种形势下,企业组织会更重视各部门的相互依存和合作。而处于企业管理的核心枢纽位置上的秘书人员在组织中的中介、桥梁、纽带的作用就表现得更为突出。

因此,涉外秘书要树立中介的意识,正确地把握自己在工作中的位置,把工作过程视作发挥中介作用的过程。同时,涉外秘书工作又有它特定的范畴和规律,只有将中介性和独立性很好地加以平衡,秘书工作才能有成效。

(2)从属性与辅助性相依。传统的企业生产和服务方式是由企业单方面行使权力,如提供服务、维持管制等,而新的服务方式是以伙伴关系和合作关系为准则的,它不是发号施令,而是互相协商。扁平化的组织结构使企业高级管理层更趋向于用磋商、谈判、解释、说服等方式,致力于企业与市场、企业与社会、企业与企业、企业与客户之间互动状态的构建与实现,以最大限度地调动和发挥各种社会力量。

在"三资"企业中,涉外秘书的全部活动都必须在上司的授权和监督之下,在处理任何事务时,都应根据上司的意图、指示来办理,而不能代替上司做决定。秘书需选择适宜的时机和场合,用提意见、建议的方式提醒领导慎重决策。上司一旦拍板决定的事项,秘书要毫无保留、不打折扣地贯彻执行。

在新型组织关系和员工关系的构建中,秘书人员既要做好自己的基本工作,又要努力发挥自己的"补偿作用"。辅助性是秘书工作的基本属性。秘书只有通过有效沟通,使自己好的建议、意见为领导所采纳,并以上司的名义或组织的名义去贯彻执行,才能真正地发挥"补偿作用"。在涉外企业中,有不少上司还是很愿意征求秘书的意见的,因为秘书掌握公司较为全面的信息,与基层员工的联系比较紧密,又身处公司的中枢部门,提出的意见和建议一般有一定的代表性。

(3)规范性与创新性并重。伴随着经济的全球化,行政办公管理中出现了集权危机,在瞬息万变的情况下,如果都等待中心权力机构做出决定,就会降低效率,错过时机。分权已成为企业管理的一种目标取向。原有的"金字塔式"集权高耸型组织结构强调的是单一性、排斥性的行为规范和准则,维系组织运营的是整齐划一的制度,使员工的主动性和创新性受到制约。现在,许多企业通过分权式管理,使企业管理更具多样性、包容性,以适应环境和顾客需求的迅速变化,调动雇员的积极性、责任感,使他们更好地挖掘创新潜能,从而产生更高的生产率。

在这种情况下,涉外秘书就需要既努力适应和严格遵循本组织的各项规章制度,熟知企业的各项政策、工作流程和组织文化,培养自己专业化的工作态度和工作方法;又要与时俱进,大胆创新,不断适应组织行政办公管理网络化、自动化、电子化的大趋势,使自己的工作更加具有精简、灵活、高效的特点。

(4)服务性与"补偿性"结合。在秘书工作中,中心任务是要为上司的工作和上司本身做好各方面的服务,这是秘书工作的出发点和归宿点。秘书只有尽可能地创造各种便利条件,提供优质的服务,积极主动、认真细致地做好大量具体的事务性工作,才能提高上司的工作质量和效率。为此,涉外秘书要时刻了解上司在不同时期的中心工作,各项计划和工作中的主要问题、目的、意义和进展情况,并对上司本人的工作习惯、领导作风、活动规律、工作制度、性格特点和上司之间的分工情况有所了解。同时,要熟悉掌握本公司各部门和人员的情况,清楚公司的规章制度和事权划分,结合情况,汇总信息。

另一方面,涉外秘书又不能忘记自己角色"补偿"的作用,应自觉地为上司"拾遗补阙",努力在工作实践中提高自己的综合素质,在专业知识、技能、经验、文化和精力、体力各个方面与上司形成优势互补。

二、涉外秘书的人际关系

人际关系是社会关系的一种,是个人或群体以直接的感情相互作用为基础,寻求交往需要的心理状态,人际关系本质上是人与人之间心理的距离。西方社会关于人际关系的理论中最有影响的是霍曼斯的社会交换理论。霍曼斯认为:人们之间的关系、人们的社会行为是一种商品交换,这不仅是物质商品的交换,人们也交换诸如赞许、尊重、声望之类的非物质商品。人们之间的相互作用取决于报酬和相应的成本,人们寻求报酬大于成本的行为关系,也就是说,在人际交往和人际关系的相互作用中,人们总是希望以最小的代价——包括时间、精力、金钱、情感换取最多的回报,至少也要保持收支平衡。良好的人际关系是组织凝聚力的基础,它可以提高团队士气和组织效率。

涉外秘书在组织中处于人际关系各种矛盾的交汇点上,被视为公司的"前沿"交流者,无论是接打电话、迎送来访者、日常的上传下达,都不可避免地要同各种人打交道。涉外秘书如能掌握娴熟的人际交往艺术,就能在公司中起到"润滑剂"和"黏合剂"的作用。

(一)影响人际关系的因素

在一个组织中,影响人际关系密切程度的因素有许多,主要包括个人主观因素、交往的客观条件因素、信息失真因素。

1. 个人因素。在个人因素中,个体的容貌仪表、文化因素、社会结构地位因素、个性特点因素等都会对涉外秘书的人际交往产生较大影响。

(1)容貌仪表。容貌仪表因素是通过人们的视觉而发挥作用的,它包括面部造型、体态、服饰等。秘书的人际交往具有公务性、偶然性、瞬时性的特点,而容貌外表在人际交往的初期具有决定影响。因此,涉外秘书的容貌、气质、体态、风度应该是高雅不俗、富有魅力、具有亲和力的。同时,涉外秘书还要有得体的仪表服饰和良好的礼仪修养。

(2)文化因素。人们常因年龄、性别、语言、宗教、习俗等各种文化方面的差异而导致人际关系的矛盾和交往的障碍,涉外秘书在工作中要学会处理这些矛盾,特别是在外方员工与中方员工之间要充当好"桥梁"和"纽带"。

(3)社会结构地位的因素。在组织中,人们总是处于不同的层次,拥有不同的权力,负有不同的责任,担当不同的角色,这种结构差异会导致人们有不同的利益诉求和立场,从而造成分歧和矛盾。

(4)个性特点因素。人们在气质和性格上总是存在某种差异。人的气质可分为多血质、胆汁质、黏液质和抑郁质。但是无论性格特质如何,秘书都应努力成为自信、热情、乐观的人。

2. 交往因素。在人际交往中,外界客观条件也会影响到人们交往的态度和质量。

（1）自然距离。人们在空间上邻近，彼此接触机会就多，也就具有交往的便利条件，容易建立起稳固的人际关系。

（2）交往频率。这是指人们相互接触的次数多少。人们见面的次数越多，越熟悉，越有可能相互喜欢。但同时，见面次数只有在一定限度之内才能提高喜欢程度，一旦超过一定限度反而会引起厌烦，降低喜欢度。因此，作为秘书人员要学会拉近与他人的距离，同时又保持一定的限度。与他人的友好交往多了，就容易形成共同感受和共同的经验。

（3）态度相似性。人们在理想、信念、价值观和态度等方面越是彼此相似，就越容易情投意合，意见一致。人们会因民族、文化、宗教、年龄、职业、兴趣爱好、生活方式、个人嗜好等各种因素的相似而产生态度的相似性，进而相互吸引。其中，尤以对事物态度的相似性最为突出，所谓"物以类聚，人以群分"。

作为秘书，对公司的价值观和追求的目标要有认同感，这样才能在工作中利用企业文化的力量增强公司内部的凝聚力。身为秘书，应学会对非原则性问题进行模糊处理，力求与其他部门和人员求大同、存小异。

（4）互惠性条件。互惠是指喜欢导致喜欢，帮助带来帮助，所谓"爱人者人恒爱之，敬人者人恒敬之"。这同时也是需要的互补性。"以我之无换他人之有"，彼此就能得到满足。人际关系是双向的交流，只有坚持公平对等、互利互惠，双方才能彼此尊重、理解和信任。

3. 信息失真。在组织中，妨碍人际交往的重要原因还有一个是信息的失真。造成信息失真的原因主要有以下七种：①语言歧义；②理解上的偏差；③上下级之间信息传递中的增损；④地理距离所造成的障碍；⑤因个人利害所作的夸大或缩小；⑥由于工作压力而忽视重要情况；⑦信息审查制度的妨碍，使信息得不到如实传递。

（二）正确处理好与雇主的关系

在"三资"企业中，秘书与其上司是雇主与雇员之间的关系，而在工作中则是主辅、伙伴的关系。秘书应该忠实于雇用他（她）的上司，竭尽全力为公司服务。秘书工作在公司管理中起着十分重要的作用，秘书同上司建立一种良好的关系，对能否做好工作至关重要。

1. 雇主对秘书的期待。涉外企业雇主期望的"最佳秘书"形象应是忠诚守密、自觉服从、具有学习能力和守时敬业的人。

（1）忠诚守密。秘书必须要忠诚于公司，服从于上司，这是秘书人员的立身之本。如果秘书不能做到不该看的不看，不该问的不问，不该说的不说，即使他们的学历层次再高，形象条件再好，也不可能被安排到秘书工作这样重要的岗位上。

（2）自觉服从。雇主希望为其工作的秘书能自觉执行指示，并且踏实可靠。秘书应是一个高效率的执行者，而不是一个总在与上司争辩的角色。在涉外企业中，尤其对秘书的工作权限比较敏感,一般要求秘书主要是帮助上司处理具体的事务,而不要过多介入决策和管理工作。

(3)主动学习。雇主不仅关注秘书的正规学历和职业证书,更注重秘书学习的自觉性和学习新事物的能力。缺少学习能力的人不能适应秘书工作的变化。

(4)守时敬业。雇主要求秘书自始至终都要遵守时间,在办公时间内坚守岗位,一呼即应。一位能够在需要时随时出现在上司身边并为之服务的秘书,才能赢得上司的好感和信任。

2. 涉外秘书处理与上司关系的方法

(1)对上司有深切的理解。管理者也是有血有肉有个性的人,他在掌握权力的同时,也承担着相应的责任,他如果干不出成绩,同样会失去上下级的信任。秘书加深对上司的理解,要从以下七个方面入手:①要理解上司的经营方略,领会其思想和意图;②要了解上司的人格和行为特点;③要理解上司对下属的期待;④要学习掌握上司的工作方法和特点,并与之密切配合;⑤要了解上司的好恶以及对问题的看法;⑥要体会上司的处境和心情;⑦要理解上司的难处,并为其分忧。

(2)尊重每一位上司,维护和促进领导之间的团结合作。在组织中,秘书服务的上司常常是公司经营管理部门的一位或一些成员。秘书要真正发挥好自己的作用,就应努力维护和促进领导之间的团结合作。要做到这点,首先要搞清他们各自的职权范围,尽量对口请示。同时,不介入上司之间的矛盾,不传小道消息。要尊重、维护每位上司的威信和自尊心,不对上司的失误说是道非,及时为上司拾遗补阙。对于自己难以判断和做出决定的事情,要多向直属上司请示汇报,涉及财务、人事、资金等重大问题一定要先请示再行动。同时要注意把握"火候",学会适时请示。

秘书要踏踏实实做好"幕后英雄"。秘书要想得到上司的赏识,就一定要不断总结经验,对自己做的每一件事都保质保量地完成。这样,上司才会感到对秘书收放自如,能够放心交付一些重要工作。

(3)与上司要亲密有度,保持适度距离。秘书需要尽量和上司维系密切的伙伴关系,但在生活上,秘书应与上司保持"君子之交淡如水"的适度关系,不能过多地介入上司的私生活,要使双方保持一定的距离和神秘感,切忌不要表现出对上司隐私的好奇。男女之间,更要注意以礼相待,不可过于亲昵。

(4)要正确对待上司的批评。当秘书发现自己犯了错误时,一定不要文过饰非,推诿他人。要冷静分析原因,寻求补救的方法,并主动向上司报告,坦诚认错,求得谅解。如受到上司的严厉批评,要诚心表示接受,并向上司道歉,切勿顶撞强辩。更不要将受责备的事向同事宣扬,指责上司;也不要怨天尤人,自怨自艾,自卑颓唐,应更努力地工作以表示诚心改过之意。

案例讨论

"史上最牛女秘书"

2006 年 4 月 7 日晚,EMC 大中华区总裁陆纯初回办公室取东西,到门口才发现自己没带钥匙,此时他的私人秘书瑞贝卡已经下班。陆试图联系后者未果。于是在凌晨 1 时 13 分,陆通过内部电子邮件系统给瑞贝卡发了一封措辞严厉且语气生硬的"谴责信"。陆在发送这封邮件的时候,同时传给了公司几位高管。

两天后,瑞贝卡给陆回复了一封同样措辞犀利的邮件,还将回信传给了 EMC 四个地区分公司。不久,这封火爆邮件被转发至全国数千家外企。而瑞贝卡此举最终为她在网络上赢得了"史上最牛女秘书"的称号。

讨论:

1. 瑞贝卡的做法是否妥当? 为什么?

2. 涉外秘书应如何面对上司的批评? 如何处理与上司的分歧?

3. 秘书与上司之间应建立怎样的关系?

(三)正确处理与其他职员的关系

在处理人际关系时,秘书首先要学会认识自我,管理自我。在评价自我时,要清楚地认识到自己的优点和不足,要学会悦纳自己,要有自知之明。通常,处理人际关系有两大法则:第一,黄金法则。黄金法则出自基督教《圣经·新约》中的一段话:"你想人家怎样待你,你也要怎样待人。"第二,白金法则。白金法则是美国亚历山大博士和奥康纳博士提出的,他们认为人际关系交往中应遵循"别人希望你怎么对待他们,你就怎么对待他们",即从研究别人的需要出发,然后调整自己的行为,有的放矢地处理好人际关系。

涉外秘书在具体处理公司中与其他职员的关系时应尽量做到:

1. 待人以诚,尊重他人,善解他人,善待他人。在人际交往中,"诚"字是核心,是相互沟通、对话合作的基础。人人都有自尊心,自尊是一种由自我追求价值、地位和尊重的需要而引起的自信、自我意识,并期望得到社会和他人的肯定。涉外秘书在工作中会同具有不同经历、背景、性格、文化的人共事,秘书的工作关系是建立在"工作的人"和"工作本身"两个支柱上的。涉外秘书应努力做到诚实正派、与人为善、真诚待人、报以爱心,在别人需要关心、抚慰、鼓励、帮助、体贴、指点之时,伸出援手。这种感情投资是无价的,将心比心,以诚换诚,在进行协调沟通之时,就能得到各方的积极配合。

2. 宽容与赞美他人。"和为贵"是处理人际关系的重要原则。宽容是指人的心胸开阔,忍耐力强,要宽容就要学会自我控制。涉外秘书人际关系的公务性、广泛性、偶然性决定了他(她)必须学会宽容。特别是在涉外企业中,员工的文化背景、信仰、价值观、知识结构、生活经历都有很大差异,人们在工作接触中产生意见分歧和感情上的冲突在所难免。为此,涉外秘书应在任何情况下都保持冷静客观的态度,要晓之以理,动之以情。

秘书应善于发现别人的长处,使别人的自尊心得到满足。赞美别人要得体有分寸,话要贴切、巧妙、诚恳。

3. 做一个忠实的听众。在人际交往中,人们常常把秘书作为一个倾诉的对象、一个忠实的听众,这个听众应是善解人意的、友善的、会换位思考和善于沟通的。在涉外企业中,秘书协调和沟通的难度更大,因此,涉外秘书要积极地与各方进行合作、磋商,主动交换意见,并努力做一个忠实的听众。

4. 要融入群体,和同事打成一片。秘书要想在一个群体中真正发挥自己的影响力和作用,就必须首先与这个群体同质化,为这个群体所接纳。在此基础上,再去努力改造不尽如人意的组织环境。如果一个涉外秘书对其他同事的个性、能力、学历、兴趣、价值观、人生态度、处世哲学和经历背景缺乏了解,就很难为群体所接纳。因此,涉外秘书在到岗后要先熟悉组织外部、内部的人际环境,再决定自己应采取怎样的姿态去面对工作。

5. 对同事一视同仁,做好上司与同事之间的桥梁。秘书处于组织的信息中枢地位,要经常扮演信息上传下达的角色。作为信息的沟通者和传递者,他(她)需要从领导的意图出发,并考虑沟通对象的需求与特点。良好的组织氛围以及和谐的人际关系是秘书做好本职工作必不可少的条件。如果秘书缺少公正平等的基本职业素养,在工作中感情用事,对同事分亲疏远近,对上司一味迎合,就会失去同事和领导的信任,甚至会造成领导与员工之间不应有的隔阂。

秘书要做好上司与员工之间沟通的桥梁。工作中,秘书在向上司反映其他同事和部门的要求和意见时,要坚持实事求是的原则,客观公正,对事不对人,不戴"有色眼镜"看人,不随便对事物评判或下结论,以免影响上司的判断。与同事相处中,要以团队和集体的利益为重,富于合作精神,为构建一个和谐的团队做出应有的贡献。

(四)正确处理与各种来访者的关系

在涉外企业,客户就是上帝,所有的来访者都应受到热情的接待和礼遇。秘书作为公司对外的窗口,经常是来客见到的第一个和最后一个人,秘书的态度如何,作风如何,会直接影响到企业的声誉和形象。因此,涉外秘书的修养和业务能力,会对公司的业务产生直接或间接的影响。在心理学上,有所谓首因效应和晕轮效应,就是说,在人们的认知过程中,总容易出现先入为主和以点概面的情况,因此,秘书必须通过自己踏实细致的作风、热情主动的服务,为组织塑造出良好的第一印象,并通过自己的努力,让来客从秘书这个"缩影"感受到本企业的管理水平、雄厚实力和良好的企业文化。

不管来访者是谁,是有约而来,还是无约而来,秘书都应该立即暂停手头的工作,抬头向他微笑,以示欢迎。如果是无约来访,要耐心问清来宾的姓名、单位、来意、身份,然后再判断是请上司直接出面接见,还是请其他的副手或部门经理接谈,还是要挡驾,或在上司方便的时候另行安排时间。在处理上一定要耐心,要注意方式、技巧。

要善于处理难缠的来宾。有些来访者态度可能比较粗鲁蛮横,或是趾高气扬,目中无人。无论对方态度如何,秘书都应以礼相待,不卑不亢,还要把握好与来访者谈话的分寸,注意话题的选择。在接待中,既不要涉及组织的秘密,也不要涉及个人的隐私。

如果来访者不愿通报姓名和来意,秘书可以用以下某种方法来处理:第一,可以说:"我很抱歉,我们总经理只会接见预先约好的来访者,请您在这张卡片上填写您的姓名和求见简要内容,让我递进去好吗?"第二,可以说:"某先生正在参加一个重要的会议,还得用一些时间,为了不浪费您的时间,请您留下条子。"第三,还可以说:"我保证把您的要求转达给某先生,过一些时候您可以打电话给我,我再告诉您他的答复。"

总之,涉外秘书在处理对外人际关系时,要时刻以组织、企业的利益为重,要把个人的好恶放到一边。

第二节　涉外秘书的素质

一、涉外秘书的知识结构

随着我国社会经济的飞速发展,涉外秘书只有成为应用型、复合型的人才才能跟上时代的发展和社会的需求。因此,涉外秘书既要有一般秘书的知识,还要对国际商务、贸易、谈判和各国文化习俗有全面的了解。鉴于涉外秘书工作的性质和任务,涉外秘书人员应该形成某种特殊的知识结构。

(一)知识的构成层次

涉外秘书的知识结构可以分为四个层次:

1. 基础知识。基础知识是秘书知识大厦的根基,只有根基坚实、宽厚,才有可能进一步展示创新能力和应变能力等综合素质的东西。基础知识主要包括社会文化基础知识和自然科学基础知识。前者主要以文史哲为核心,后者主要以数学、物理、天文、地理、生物化学为核心。

社会文化基础知识是指涉外秘书通过对政治、历史、哲学、语言学、逻辑学知识的学习,了解人类几千年来形成的璀璨的文化,放开眼界,加强基础,掌握基本的知识和逻辑推理能力,树立健康良好的人生观、价值观,通过文化的比较,了解本民族的文化和精神,并准确把握不同国家的特点。

自然科学基础知识可以使涉外秘书紧跟科技的发展,在公司的业务领域里尽快成为内行,能够在为公司的智能服务中体现出良好的科学素质。企业家是如此,作为他们的重要助手和辅助力量的秘书也不能成为科学盲、技术盲。涉外企业中高科技企业占有要当比例,如果秘书没有一定的科学知识,就难以了解产品的性能原理,势必会影响其工作能力和工作效率。

2.涉外秘书的相关知识。涉外秘书要掌握本岗位的相关知识。为了适应时代发展的需要,开拓自己的视野和发展空间,涉外秘书要提高知识的层次,需掌握经济学、统计学、法学、领导科学、社会学、心理学、传播学、计算机科学等方面的知识。这些学科知识有助于秘书更好地从事本职工作,了解自己的社会价值和地位,调整好自己的心理状态和人际关系,用更科学的方法解决问题。

3.专业知识。专业知识是指涉外秘书的业务知识和本公司的专业知识。

涉外秘书的工作范围要求其首先必须有较高的外语水平,语言文字方面的知识是做好办公室工作的首要条件。语言是人类交流的基本工具,办公室的所有工作都要靠口头语言和书面语言进行交流,没有扎实的语言功底,没有过硬的听说能力,没有准确的书面文字表达能力,就难以胜任公司交给的工作,难以做好上传下达的工作,也无法担当起起草文件、做会议记录、发传真、接电话这些最基本的工作。涉外秘书的文字表达,并不是单纯的文笔技巧,如果缺乏必要的理论修养,不能做好调查研究和积累广博的知识,就做不好工作。

其次,是秘书专业方面所需的知识,包括涉外秘书学、行政管理学、办公室工作、社交礼仪、公共关系学、会议学、信息学、文书学、档案学等知识。秘书的基本理论、应用理论和发展理论可以使秘书了解、掌握秘书工作的基本性质、特点、工作的内容和范围、程序、方法、原则、要求,认识涉外秘书应有的素质能力。同时,涉外秘书的相关知识还能告诉秘书人员在工作中"如何入手"、"怎么做"以及"怎么做得更好"。秘书作为辅助管理人员,要经常与人打交道,要管理公司业务,要做好各方面的协调工作,不懂人际关系学,不了解行为科学,不懂得商业程序,不学习进出口业务知识,就会失职或不能胜任。

最后,是学习所在企业、行业的专业知识。涉外秘书应对所在企业的业务知识有所了解,有关本企业的技术、原料、市场、企划、广告和人力资源的一些基本知识必须具备。如果秘书在一家商贸公司工作,不懂得基本的金融、贸易、市场营销、进出口等方面的知识,不懂信用证、信贷常识和基本程序,就做不好秘书工作。如果秘书在电机生产公司中工作,不懂电机生产的基本工艺、技术、性能和特点,就无法协助上司和其他员工做好工作。

(二)获取知识的渠道

在今天这样一个变化快速且情况复杂的时代,作为涉外秘书人员,要想掌握各种必备知识,学习是绝不可少的。那么,涉外秘书应该怎么学,或者说通过怎样的渠道来获得应有的知识呢?

1.通过个人自学。秘书自学的方式主要有两种,首先是利用一切时间向前人积累沉淀的经验——书本知识学习。书本知识一般经过了许多人的思考、总结、归纳和概括,有许多是人类思想的精华,是人类共有的宝贵财富。但是,只满足于学习书本知识是远远不够的,秘书还应善于在实践中学习,通过与各种有头脑、有经验的领导、客户、同事往来,从实践中不断提升自己。

2.组织性学习。所谓组织性学习,是指在组织内部,秘书根据自身工作的变化和组织发展的需要,参与由组织安排和要求的学习活动,通过参与这种活动,使秘书的工作能够更好地适应组织发展的要求,进而提高工作效率。一般性的组织学习多分为维持性学习和革新性学习两类。对秘书而言,维持性学习是指秘书根据组织的需要和工作的实际,不断提高解决常规性问题的能力。例如,秘书实际工作中天天面对的办公室事务管理、接待、会议、起草管理文件等工作,随着组织管理高效化、科学化、规范化要求的不断提高,对秘书这些方面的要求也在日益提升,秘书要善于在上司和同事们的帮助下,在日常的工作实践和学习中,不断请教,不断摸索、总结经验,获得提高。所谓改革性学习,是指秘书要在组织的指导和引领下进行创新性学习,通过革新性的学习,不断掌握组织管理和服务的前沿理论与方法。同时,在企业的组织性学习中,秘书还常常担负着帮助领导通过调查确定学习和研究的问题、形成规范的学习制度、建立良好的学习团队等任务。

(三)学习能力的培养和结构优化

涉外秘书要培养学习的能力。即使拥有同样的教育资源、同样的环境和同样的禀赋,人们学习的效率和对新知识吸收的能力也是不同的。涉外秘书应该成为一个乐于学习又善于学习的人。学习的具体方法有很多,但是其中只有一部分是适合于某个特定个体的。在学习中,涉外秘书应注意将专业知识和行业知识相结合,将学习的开放性和指向性相结合,将阶段性和层次性相结合,将巩固和速成相结合。

1.将专业知识和行业知识结合起来。秘书的知识结构应是"T"字形的,由由浅入深、逐层叠加的专业知识的纵坐标与特定领域的行业知识的横坐标交叉而成。行业知识较之专业知识常常更广泛、更复杂、更难以把握,但它同样是十分重要的。

2.将学习的开放性和指向性结合起来。秘书的学习是永无止境的,应当随着社会时代的发展,活到老学到老,不仅要重视维持性学习,更要重视革新性学习。同时,秘书的学习并非是无目标的盲目行为,涉外秘书要学的东西很多,穷极一生也很难把所有的东西都学到家,这就要求学习中分出轻重缓急,要增强学习的目的性,"开卷有益"固然不错,但需考虑怎样才能使有限的学习时间更加高效。

3.将阶段性和层次性结合起来。在工作和人生的不同阶段,学习的侧重点是不同的。在见习秘书时期,我们需要了解的重点是如何处理和解决工作初期的各种问题;学习如何与上司、同事和其他人一同工作,搞好关系;开发某一方面的专门知识;正确识别、评价组织的各种信息。而在成为正式秘书和私人助理时期,则应更多地了解组织的业务和管理方面的知识。到了高级秘书和行政经理阶段,则应注重决策科学、领导科学的学习。从知识的系统性角度看,涉外秘书的知识必须要厚基础、宽口径,呈现层次性的塔状结构,各层次的知识应遵循合理比例。

4.将巩固和速成结合起来。涉外秘书要具备较为巩固的专业知识与相关知识,同时还要不断地汲取新的知识,经常性地为自己"充电"。

二、涉外秘书的能力素质

能力是指能胜任某项任务的主观条件,它直接影响工作的质量和效率。从事各项工作都需要相应的能力,秘书工作也同样需要与之相应的能力。对涉外秘书的能力要求主要取决于其工作的范围和程序方法上的一些特殊性。除了观察力、注意力、记忆力、思维能力、想象力等基础能力,还要有其他一些常备能力。

(一)表达能力

涉外秘书的外语口头表达和文字表达能力是"看家本领";此外,涉外秘书同样要讲究说话艺术,一要明白清楚,二要注意分寸,三要生动活泼,四要幽默机智。书面表达要出手成章,结构清晰,条理分明,文通字顺,格式规范。

(二)办事能力

涉外秘书工作事务性很强,特别是见习秘书和中级秘书,办事是秘书的一项常规性、基础性工作。办事能力是由多种能力综合而成的。它包括:秘书领会领导意图,迅速地将意图落到实处的能力;准确分析和判断问题的能力,在纷繁复杂、千头万绪的事情中分清主次、合理排序的能力;积极应变的能力,能够将原则性和灵活性相结合,在面对突发性事件和意外事故之时,能迅速拿出对策,处变不惊,从容镇定。

涉外秘书要提高办事效率,应注意以下几点:

1.要明确所在组织的基本结构,了解组织结构设置的层次、隶属权限和工作分工。

2.要明确公司中领导的分工、各自的权限及相互的关系。

3.要明确各业务部门和职能部门责权利的关系。

4.要明确自己工作的具体目标和对象。

5.要明确组织的有关制度规章和惯例。

6.要明确事务的办理渠道和工作步骤的最佳次序。

7.要明确各工作步骤所采用的方法和技术手段。

8.要广结善缘,建立良好的人际关系网络。

(三)辅助管理的能力

管理是由计划、组织、指挥、控制、协调构成的过程,是管理者对组织的人、财、物、信息、时间等资源加以配置的过程,秘书在每个工作环节上都担负着大量的辅助性工作。

在计划过程中,秘书要帮助上司深入调查研究,搜集大量的信息,确定问题所在。在问题明确后,要帮助上司拿出备选的预案。

在组织过程中,根据上司的意图和布置,参与工作设计,考察部门管理者的候选对象,制定相关的规章制度。

在指挥过程中,要上传下达,保证组织政令的畅通。

在控制过程中,帮助上司对照目标体系,认真总结经验,发现问题,分析环境,加强督促检查。

在协调过程中,帮助上司分析问题的性状,抓住问题的关键,缓和与解决各种冲突,保证企业良好运营。

(四)交际公关能力

涉外秘书是企业对内对外沟通的枢纽,只有善于交际,具备良好的公关能力,才能被人信赖,工作效率才能提高。

(五)操作能力

涉外秘书尤其应该是掌握多种工作技能的复合型人才,他(她)应能自如地操作各种办公机械,像复印机、摄像机、摄录机、录音机、文字处理机、传真机、多功能电话、多媒体投影仪、电视电话系统等。

三、涉外秘书的心理素质

秘书的心理素质对秘书职业成就的高低影响是很大的。秘书的个人兴趣、意志、情绪、气质和性格特点等都会作用于秘书的行为,尤其是气质和性格,对秘书行为的影响尤其巨大。

(一)涉外秘书应有的气质、性格特征

1.气质。气质是人的生理和心理特征,表现为人的感受性、耐受性、敏捷性、可塑性、兴奋性和倾向性等。感受性是感觉能力的大小;耐受性是指感受的强化或消退;敏捷性是指言语、动作、记忆、思考、注意力转移的快慢;可塑性是指根据外界事物变化而改变自己适应性行为的程度;兴奋性是指人的情绪兴奋的强弱和情绪表现的强烈程度;倾向性是指情绪、言语、动作等是倾向于外或是倾向于内。气质部分地决定和构成了性格。秘书工作的特殊性决定了他们要感觉敏锐、耐受性强、思维敏

捷、记忆力好、精力旺盛,并能够保持适度的注意力,对外部环境的适应力要强,而且要比较外向。

一般来说,人的气质可分为胆汁质、多血质、黏液质和抑郁质四种类型。应该明确的是,气质类型没有高低好坏之分,只有与所从事的职业或岗位适合不适合之别。而且,多数人的气质类型多呈现复合型的特征。那么,如从秘书工作岗位的特殊要求来看,不同气质类型的人都有较适应的一面和不够适应的另一面。

胆汁质的人通常表现出精力旺盛,情绪兴奋性高,反应速度快,能以极大的热情投入工作,对外界影响反应敏捷且程度强。具有胆汁质气质的秘书易表现出待人热情、精力充沛、工作主动、追求完美。但胆汁质的人常常不够灵活,自我控制能力差,外倾性明显,具有突然爆发激情和心境剧烈交换的倾向,而且外表常具有言行急速、动作迅猛、容易冲动的特点。因而,这种人从事秘书工作,常会让领导和同事产生不够稳重,比较容易情绪化,爱说爱动,办事不够牢靠的感觉。所以,具有此种气质的秘书应努力让自己谨言慎行,少说多做;既要工作主动,又不能越权越位;既要热情投入,又不能鲁莽冲动。要努力克服容易急躁、自以为是的毛病。胆汁质气质的秘书较适合从事管理助理、公关协调等工作。

多血质的人一般表现为性情活泼,动作灵敏,有明显的心理主动性,情绪兴奋性高且外部表现明显,具有丰富的表情和动作,具有较大的可塑性与外倾性,适应力强,反应迅速且灵活。具有这种气质的秘书一般适应力强,活泼好动,合作性和服从性较好,比较有亲和力。但是,多血质的秘书在工作中常会表现出精力不够集中、兴趣容易转移、工作条理性差、做事虎头蛇尾的毛病。因此,这种气质类型的秘书要注意提高自己的计划能力,做事要稳扎稳打、步步为营。不要只看事物的外表,要注意培养自己透过现象看本质的能力,克服浮躁之心和马虎草率的毛病。多血质的秘书较适合从事事务性工作和对外联络工作,如从事文牍性工作则需要注意工作的严谨和有序。

黏液质的人一般具有性情沉静,动作迟缓,具有稳定的志向和心境,感情持久而深刻,行动和言语平和稳定,内倾性明显等特点。这种气质类型的秘书一般为人沉稳,做事有条有理,性格内向,口风很严,待人接物老成稳重。但黏液质的人常常对外界环境的变化反应迟缓,适应力相对较差,而且常让人感觉为人比较冷淡,缺乏朝气,应变能力差。黏液质气质的秘书应努力提高自己的工作效率,加强对应变能力的培养;要多与同事进行感情上的交流,用心交友;努力克服拖沓、冷漠的毛病。黏液质的秘书较适合从事文牍性工作、机要工作、档案工作等。

一般来说,抑郁质的人不太适合做秘书。抑郁质的人常常表现为性情脆弱孤僻,非常敏感,独创性强,富于内心体验,但反应速度慢,动作迟钝拘谨,严重内倾,对外界影响的敏捷度低,且高忧虑。因此,抑郁质类型的人从事秘书工作常会表现出难以适应、合作性差等弱点。当然,这也不是说抑郁质的人一定就不能做好秘书工作,关键要认识到自身在气质类型特点上的不足,并有意识地进行矫正。

总之,涉外秘书应努力克服自身气质特征中不利的一面,发挥自身气质特征中有利的一面,将自己塑造成一个乐观积极、热情稳重、适应力强、精力充沛、工作细致、严谨有序的优秀秘书。

2.性格。性格表现为人对现实的态度和行为方式中比较稳定的、独特的心理特征的总和。性格可表现为态度特征、意志特征、情绪特征和思维特征等,各个特征之间相互制约又相对稳定,并且随着人的活动的多样性而表现出不同的侧面。性格一旦形成便具有相对的稳定性,但仍可随外界的变化而变化,秘书是完全能够有目的、有意识地发展、改造、调整自己的性格的。

一个称职、性格完美的涉外秘书一定应该是乐观开朗,敏捷细致,稳健周详,坚毅果敢,幽默机智,具有极强的自制能力、应变能力、忍耐能力的人。

(二)涉外秘书的心理调节

涉外秘书由于工作范围广泛,人际关系复杂,个人对职业、岗位、角色的认知存在偏差,以及面对社会世俗的观点和舆论压力,可能会产生一些心理障碍。这些心理障碍不仅会给秘书的工作和人际交往造成困难,甚至会影响到秘书自己的身心健康。

1.心理障碍的主要表现。涉外秘书的心理障碍首先表现为自傲或自卑。一些刚进入涉外企业工作的新秘书常常容易春风得意,高估自己,又因为阅历少,经验不足,经常自命清高,好出风头,工作态度浮躁,不肯吃苦。而另一些秘书却可能因为学历不高,觉得自己地位低下,害怕别人看不起,做事唯唯诺诺,缩手缩脚,说话吞吞吐吐,谨小慎微,在人际交往中非常被动,缺乏朝气。其次,表现为缺乏必要的自我成功期待,过度焦虑。也许是因为涉外企业是一个人才济济、龙争虎斗之地,没有一点真才实学,在这里很难安身立命,他(她)们总处于怕出错、怕被上司批评、怕被公司解雇的重重忧虑之中,更不要说为自己设计一个不断进取的计划了。他(她)们常常抱怨周围的人们不重视他(她)们,但又不知如何用自己的能力和业绩赢得上司和同事的认可,于是久而久之,便不思上进,埋头于琐碎的事务中,得过且过。最后,存在角色固着问题。所谓角色固着,就是在社会活动中固定于一个角色,不知变通。涉外秘书工作涉及面广,人际交往形式复杂,如不克服角色固着,不知在什么场合说什么话,遇到什么人办什么事,不能及时地转换角色,就会让人觉得缺乏灵活性和变通能力,就不能在工作中从容自如。

2.心理调节方法。涉外秘书要保持健康和谐的心理状态,就要学会积极主动地去调节心理。以下介绍一些基本的调节原则:

(1)树立正确的人生观、价值观,树立适当的人生抱负。

(2)营造一个和谐、融洽、友爱、互助的人际关系氛围,积极主动地进行感情投资。

(3)与社会保持密切、正常的联系,不回避矛盾。

(4)自觉抵御外界各种不良的思想观念和行为的影响和侵蚀。

（5）积极参加体育锻炼和户外活动,保持健康的身心。

（6）主动与人交流、沟通,利用各种心理咨询服务。

（7）如实在无法适应现有的工作环境,可考虑更换工作岗位或工作单位。

第三节 涉外企业的组织结构和涉外秘书的工作环境

涉外秘书主要工作于"三资"企业的工作环境,这里的组织结构形式和一般的企业存在着不同之处。

一、西方企业组织的机构及职能

由于组织规模的庞大,生产、经营活动内容的日趋复杂,传统的直线制度和职能制的组织形式在西方发达国家如美国、日本的企业大多已为事业部制、超事业部制和团队制等新的组织形式所取代。

（一）西方企业机构的主要类型

1. 传统的组织结构形式

（1）直线制。这是工业发展初期的一种最简单的组织形式,适用于小型组织。其特点是组织中一切管理工作均由领导者直接指挥和管理,不设专门的职能机构,上下级的权责关系是直线型的,一些小型外资企业、驻华商社等多采取此类型。这种结构形式权责分明,决策迅速,反应灵敏。如图1-1所示。

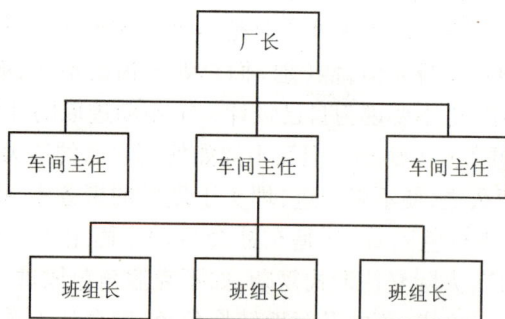

图1-1 直线制示意图

（2）职能制。这种组织形式采用专业分工的管理人员来代替全能管理者,设立了在自己业务范围内有权向下级发布命令和指挥的职能机构,如财务部门、生产部门、人事部门等。这种组织机构有利于发挥专业人员的功能。如图1-2所示。

（3）直线职能制。我国企业多采用这种结构形式,即在直线制的基础上,设置相应的职能部门。它既保证集中统一指挥,又发挥专业人员的辅助行政作用。但各职

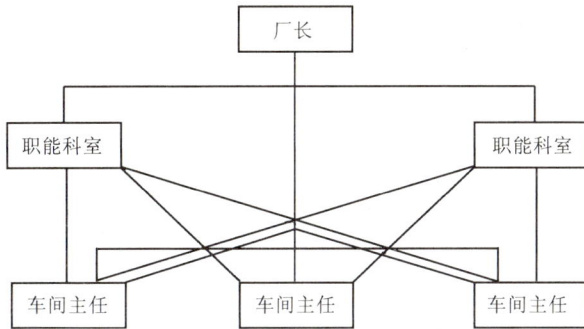

图 1-2　职能制示意图

能部门自成体系,容易产生矛盾,目前只有很少的合资企业沿用这种结构形式。见图 1-3 所示。

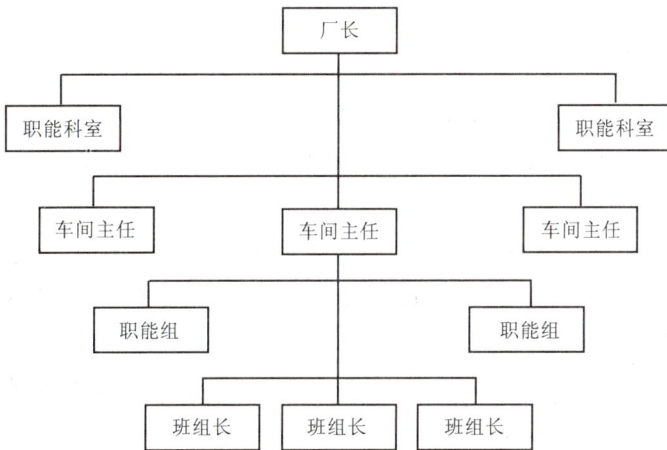

图 1-3　直线职能制示意图

2.西方现代组织结构形式

(1)事业部制。这是美国、日本等国的企业、公司普遍采用的一种组织结构形式,我国的涉外企业中目前也多用这种形式。因它最初是由美国通用汽车公司副总经理斯隆创立的,故而又称"斯隆模型"。事业部制是一个企业内对拥有独立产品市场、独立责任利益的部门实行分权管理的一种组织形式。通常,总公司只是保留方针战略、预算和重大人事任免权的决策中心,事业部是独立核算、自负盈亏的利润中心,生产企业是政策管制集权化、业务运转分权化的成本中心。

事业部制组织结构的优势是责、权、利关系明确;以利润责任为核心,有利于调动中层管理人员的积极性,有利于培养综合型高级经理人才。其局限是对事业部经理的素质要求较高;容易造成职能重复,使管理费用上升;可能会引起不必要的内耗,总公司协调任务加重。如图 1-4 所示。

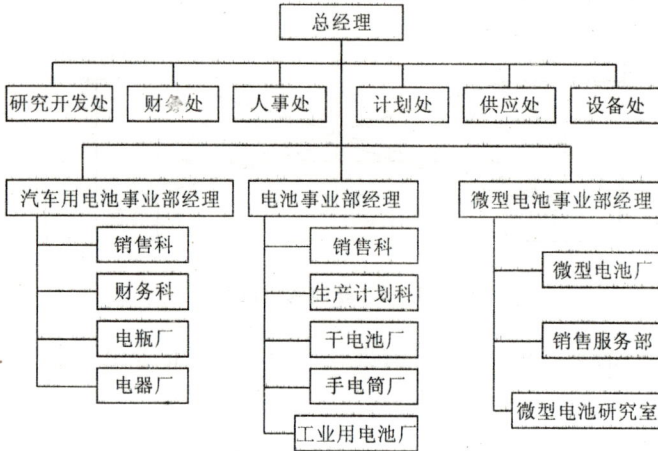

图 1-4 事业部制示意图

(2)矩阵制。矩阵制将产品部门化对结构的侧重和责任感与职能专业化的优势结合起来,它可促进职能专家间的协调,以便按照预算目标完成任务。它还明确了各职能活动对特定产品或项目的责任。

矩阵制组织结构的优势是加强了横向联系,提高了组织的灵活性和应变能力,有利于培养员工的合作精神和全局观念,容易取得创新成果。其局限是双重领导,易于形成扯皮和矛盾;组织内部关系复杂,对项目负责人的要求较高;易于变动,具有临时性的特点;员工工作位置不固定,容易产生临时观念,也不易树立责任心;组织中存在双重职权关系,责任模糊。见图 1-5 所示。

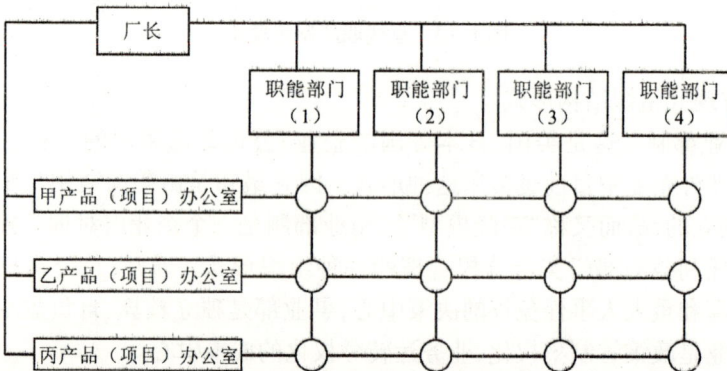

图 1-5 矩阵制示意图

（3）网络型组织结构。在网络型组织结构中,公司的管理机构只是一个精干的经理班子,被联络在一起的单位之间并没有正式的资本所有关系和行政隶属关系,它们彼此通过相对松散的契约纽带,通过一种互惠互利、相互协作、相互信任和支持的机制来进行密切的合作。见图1-6所示。

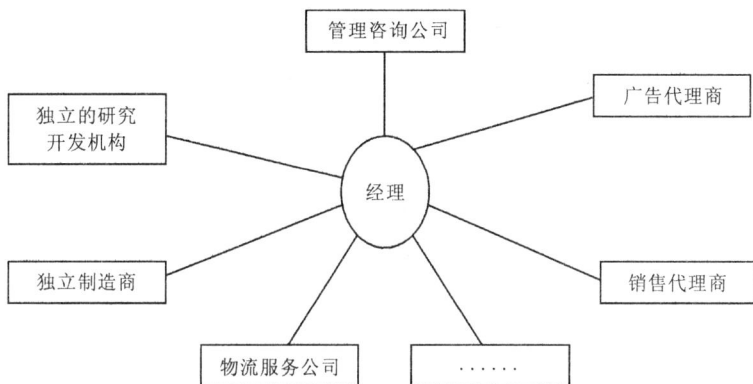

图1-6　网络型组织结构示意图

在网络型组织结构中,有一些有机的附加结构,例如:任务小组结构(具有临时性和任务特定的特点)、委员会结构(它可能是临时性的也可能是长久性的,担负着协调各职能部门的任务)。

（4）项目团队结构。项目团队结构是指团队中的成员共享信息,共同努力产生积极的协同作用,使团队绩效远大于个人绩效的总和。团队由具有技术、决策和人际技能的成员组成,以完善的评估系统和奖励体系来自我调节和自我约束,使成员之间互相信任,为取得高绩效而共同努力。项目团队(Project Team)的项目工作一般由下设的项目小组或业务小组(Business Group)分担;有明确的项目经理,并得到执行组织的项目资源调度授权,直接对总经理负责;项目成员由项目经理提名选聘;项目协调主要是通过项目经理在项目团队与项目关系人之间和项目团队成员之间的沟通来实现。如图1-7所示。

(二)组织结构中基本层次的主要职能

1.公司高级管理层。公司总裁为最高级人员,有时也叫"首席执行官"(CEO—Chief Executive Official)。总裁和首席执行官常要任命几名副手负责具体部门的工作,副手们又任命中层管理人员。

2.公司的主要业务部门

（1）财务部:记录和控制公司的财务,进行成本核算、预算决算控制等,编制利润表和资产负债表等。

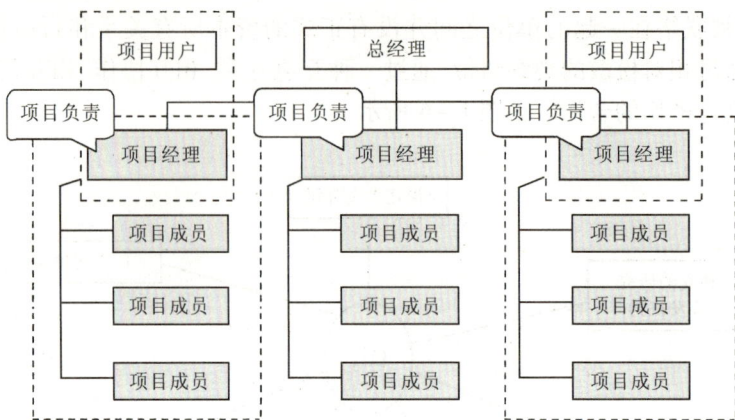

图 1 - 7　项目团队结构示意图

（2）采购部：负责与供应厂商洽谈购买原料和商品等。

（3）生产部：负责产品生产、生产研究、质量控制、产品设计、商品运输、设备维修等。

（4）销售部：负责销售调查、招聘代理、销售业务、国内外贸易、客户咨询、广告等。

（5）人事部：负责人员招聘、职位设计、培训、激励、薪酬、福利等。

（6）办公室：负责行政管理、办公事务、法律事务等。

二、涉外秘书的工作环境设计

随着社会的发展，健康、安全的秘书办公环境是做好秘书工作的基本前提。广义地说，涉外秘书的工作环境包括物质的硬环境和人的软环境，在这里，我们主要指的是秘书工作的物质环境。涉外秘书所处的组织环境差异较大，组织文化也有很大不同，因而工作环境也就有所不同。不同企业办公场所的面积、地点、设施和办公条件会存在一定的差别，涉外秘书应能够适应不同的办公环境。

（一）秘书办公室（区）的设计

1.除了前台秘书的办公地点一般设于公司门口，秘书办公室（区）一般紧邻上司的办公地点，以便于配合上司的工作。秘书办公室的门窗一般要严密，以便做到安全保密。

2.办公地点的光线应充足，局部照明要达到要求，且灯光不闪烁，直射的窗户应安装挡板或窗帘，注意光线不应引起计算机屏幕的反射。

3.办公室内的温度要适宜，具备供暖制冷设备，最好室温不低于 16 度。

4.布局应注意通风。秘书工作环境流动人员较多，应保持秘书工作场所空气流通和空气的质量,禁止在办公室吸烟,必要时应摆放绿色植物以保持空气的清新。

5.秘书办公室空间及座位空间要相对大一些,以便来往的各种人员通行;通道间不要摆放办公设备和档案柜,以防发生突发事件,并使来往人员不致发生磕碰。

6.秘书办公室的办公设备较多,容易产生噪音,可用屏障、地毯和隔音罩等物品将噪音降到最低。

7.秘书的办公家具,包括工作台面、座椅、各种存储设备等,既要满足工作所需,又要符合健康、安全的要求。

8.工作台面上的电话、计算机、文具以及其他办公设备、办公用品要符合健康、安全的要求,专用的电话应放在左手边方便拿到的位置,以便用右手记录留言;电脑、打印机等用电设备宜放置在一起,便于电源接线和统一管理。

9.秘书办公桌旁或室内应有符合组织目标的装饰和标志及一些统一配发的办公用具。

10.秘书要注意办公区内的饮水和茶具的卫生清洁,经常清理桌面、地面,保证无弃物、无水迹。

11.秘书在自己的办公区内不应摆放与工作无关的物品和照片。

(二)秘书对办公环境的管理与调整

这需要注意以下方面:

1.了解一下自己的工作地点在整个办公场所中的具体位置。

2.查看你的办公桌摆放的位置,看其朝向是否合理,档案柜和电话、电脑摆放的位置是否能使工作效率提高。

3.在安排自己办公室的具体布局时要考虑到以下因素:办公桌的大小,办公椅的角度,照明是否合适,电脑和打印机、传真机的位置是否合适,文具用品的准备与摆放是否适宜。

4.自用的办公文具、用品、零散物件应有序地放在抽屉里,并按照使用频率及使用习惯安排适宜的位置。

5.常用文件夹应整齐地叠放在桌边或者直立在文件架上,并贴有标志予以区分,以做到取用有序;保密的文件和不常用的文件夹应存放在文件柜里。

6.经常清理文件柜、书架、物品柜等办公用具。

7.公用办公用品柜的物品要放置规范,通常重的、大的放下面,轻的、小的放上面,且摆放有序,便于取用,并做到用后归位。

(三)办公用品准备

办公用品的准备要尽量齐全,包括笔、本、订书机、文件夹、回形针、色带、喷墨内芯、U盘、色剂、复印纸张、印台及各种箱、柜等。还要准备几本必备的工具书、指南、手册等。表1-1对一些常用办公用品的名称和功能做了简要介绍,可供参考。

表 1-1 办公用品类型与功能

办公用品类型	名称	功能
处理收件的设备	开信刀	用于开启信件,可将信封送入机器内,机器能切掉信封顶端很窄的一条而将信件开启
处理发件的设备	折叠和插入设备	在信件封口前,能自动折叠、插入信件和随信的附件,用于发送大量和标准的信件,使之机械化,从而节省时间,提高效率
	信封封面打印机	用于打印信封标签或信封,可自动将收件人的姓名、地址从计算机邮件列表中调出来打印到信封上或标签上,从而使发送大量和标准的信件实现机械化,节省时间,提高效率
	称重设备	称重的基本设备是天平,自动天平可以准确地计算邮资,重型的天平可用来称较大和较重的邮件
	邮资盖印机	用于在邮件上打印包含了邮资的邮戳,使用时要先将邮件称重,再把机器设置到正确的邮资数,打印自带黏合剂的标签,然后把标签粘到邮件上
办公设备	桌子、柜子、档案柜	存储办公室的有关文件、小设备,如存放登记本、胶水等
	常用办公室文具、小设备	如订书机、线绳子、剪刀等,可起到辅助办公的作用

本章小结

本章介绍了涉外秘书的定义、特点和涉外秘书的类型;重点介绍了涉外秘书的工作内容与特点以及涉外秘书应有的知识结构、能力素质和心理素质;还介绍了涉外企业的组织结构类型和职能,从而使学生对涉外秘书工作有了概况性的了解。

复习思考题

1. 涉外秘书的类型、特点是什么?
2. 涉外秘书的工作内容与特点有哪些?
3. 涉外秘书应有的知识结构包括哪些内容?
4. 涉外秘书应具备哪些能力素质?
5. 涉外秘书应具备哪些心理素质?
6. 涉外企业的组织结构类型有哪些?
7. 涉外秘书的办公室如何布置?

案例讨论

案例 1

一天,某公司经理突然收到一封非常无礼的信,信是一位与公司交往很深的代理商写来的。经理怒气冲冲地把秘书叫到自己的办公室,让秘书记录自己口述的回信:我没有想到会收到你这样的来信,尽管我们之间已有那么长时间的往来,但事到如今,我不得不中止我们之间的一切交易,并且按照惯例,我要将这件事公之于众!

经理口述完毕后,命令秘书立即将信打印寄走。

对于经理的命令,秘书有四种行为方式可供选择:

A.“是,遵命!”说完,秘书立即回到自己的办公室,将信打印寄走。

B.如果将信寄走,对公司和经理本人都非常不利。于是秘书没有按经理的要求去办,没有打印信件。

C.秘书不仅没有去打印信件,反而前进一步,向经理提出忠告:“经理,请您冷静一点! 给人家回一封这样的信,后果会怎样呢? 在这样的事情上,难道我们自己就没有值得反省的地方吗?”

D.当天快下班的时候,秘书将打印出来的信递给已心平气和的经理:“经理,可以将信寄走吗?”

作为秘书,你认为以上 4 种行为,哪种行为最正确?

(这是美国辛辛那提大学乔治·古纳教授在讲授秘书学时对学生提出的一个问题)

参考答案:

D 行为是正确的。理由如下:经理也是人,也有自己的喜怒哀乐,也有不能自制的时候。当他的情绪平静下来后,必然会自我反省。在这个时候,秘书把打印出来的信件递给经理征求他的意见,实际上就是给经理创造一次重新决策的机会;A 行为和 B 行为虽不足称道,但毕竟还有商量的余地。乔治教授认为 C 行为最恶劣:作为一个公司的领导人,经理有自己思考问题的角度和方式,他必须经常权衡与各方面的关系和利益问题,自然也包括与这家代理商的关系。他提出中止与这家代理商的关系,也许并非出自一时之怒,只不过是那封无礼的来信充当了爆发的导火线而已。在不明白经理真实的思想和感情之前,秘书作为经理的助手仅仅是助手而已,既不是政策的制定者,也不是最后的决策人,因此不能越俎代庖,代替经理决策。

案例 2

某外企总经理吩咐秘书小王,今天上午要集中精力写一份重要的报告,不希望被任何事所打扰。不久,来了一位陌生人,说要向经理推荐他们的一种新产品。小王告诉他,今天经理不在公司,谁知这时经理恰巧打开房门,要小王进去给他找一份文件。这情形令小王非常尴尬,只好解释今天经理工作特别忙,不接待任何来访。客人非常不高兴地离开了。

请问:这件事小王怎样处置会更妥当一些?

参考答案:

1.来访人是要向总经理推荐他们的产品,这件事一般不应该由总经理来处理,而应该由其他部门接待。因此,了解了来访人的来意后,秘书应该明确告诉他这件事其他部门来接待会更合适。如果公司规定拒绝上门推销,秘书也应该及时将这个规定告诉来人。

2.小王不应该欺骗来人说总经理不在,这样会让来人有受愚弄的感觉。一般情况下,不该由总经理出面接待的来访可以通过秘书的分流有效地得到处理,而对于确实应该由总经理接待的无约来访人,秘书则应该如实告知来访者总经理这时很忙,不能抽出时间来接待这种无约来访,但可以另外给他们安排会面的时间,从而使事情得到合理解决。因此,为了使总经理不受打扰而撒谎是不必要的,也是不妥当的。

案例3

美国某投资公司总经理新近聘用了一名私人助理罗丝小姐。罗丝小姐毕业于名牌大学,是学习企业管理的,为人精明干练,意志坚定,工作投入,但是却比较自以为是。总经理杰克逊先生为人比较随和,个性上比较容易受他人影响。很快,公司中的其他副总经理和部门经理发现,他们和总经理的沟通出现了障碍,因为罗丝小姐不能很好地摆正自己在组织中的位置,使组织呈现出明显的 Y 型沟通模式,处于中间地位的罗丝使组织中的大量信息被堵塞、扭曲、弱化,使最高决策层、管理层被架空。因为罗丝小姐总是要求部门经理对要向总经理反映的情况先向她汇报,并由她定夺有无必要告知总经理,而在总经理和其他副总经理商讨事情时,她常常不经授权就自以为是地插进去帮着总经理说话,使其他的上司颇感不悦。因她善于逢迎总经理,所以在相当一段时间里,其他的管理人员敢怒不敢言,但随着其他几位上司的积怨日深,严重影响了组织的正常运行。公司中,员工的工作满意度和工作投入程度也越来越低。终于有一天,一位副总和几位部门经理联手跳槽,去了该公司的一家竞争对手公司。此时总经理才认识到:一名能干但常常不能摆正自己位置的秘书,很可能最终会帮倒忙。而罗丝小姐需要很好的反思:一名成功称职的秘书,应如何摆正自己的位置? 如何在组织中发挥恰当的作用?

谈谈你对这件事的看法。

第二章　涉外秘书礼仪

学习目标

- 了解礼仪的基本内涵
- 把握涉外礼仪的基本特征
- 掌握涉外秘书工作中需用到的基本礼仪知识

案例导入

她为什么受冷遇？

孙小姐是某合资企业秘书,随团到中东地区某国考察。抵达目的地后,受到东道主的热情接待,并举行宴会招待。席间,为表示敬意,主人向每位客人一一递上一杯当地的特产饮料。轮到孙小姐接饮料时,一向习惯于"左撇子"的孙小姐不假思索,便伸出左手去接。主人见此情景脸色骤变,没有将饮料递到孙小姐的手中,而是非常生气地将饮料重重地放在桌上,并不再理睬孙小姐。这是为什么？

一口痰吐掉一个大项目

我国南方某医疗器械厂与欧洲某著名公司达成了引进"输液管"生产线的协议,很快就要签字了。在接待外商参观生产车间时,随同客人一起参观的办公室李主任突然嗓子发痒,随口向车间墙角吐了一口痰,然后用鞋底去蹭。这一幕让外商感到很恶心,以至于彻夜难眠。第二天,他让翻译给对方送去一封信,信中写道:"一个工厂的管理人员的卫生习惯可以反映出一家工厂的人员素质及管理水平。况且,我们生产的是医疗器械,人命关天,请原谅我的不辞而别⋯⋯"一项基本谈成的合作项目就这样吹了。

简析：

我国加入 WTO 后,与国际上的交往尤其是商业往来越来越密切,这就对我们各级人员的素质提出了更高的要求。涉外秘书对外代表着公司的形象,一言一行都更要注意体现良好的礼仪修养。此外,除了一般的礼仪知识,涉外秘书对不同国家、民族的礼俗禁忌也要有所了解,才不至于犯案例中孙小姐的错误,因为在阿拉伯国家,左手被认为是不洁净的,左手递接物品是对别人的侮辱。

第一节　涉外礼仪概述

由于工作的性质,涉外秘书必须懂得公务、商务活动中待人接物的一些礼仪,尤其是涉外礼仪,这样才能创造良好、融洽的人际关系,使工作顺利开展。

一、礼仪与涉外礼仪

(一)什么是礼仪

礼仪是人们在社会交往中约定俗成、共同认可的,以建立和谐关系为目的的行为规范和准则。"礼仪是人际关系的润滑剂",是交往的艺术和沟通的技巧,具体表现为礼貌、礼节、仪式等。

礼貌是在人际交往中,通过言语动作向交往对象表示尊重、谦虚、友好的态度。

礼节是人们在交际场合相互表示尊重、友好的惯用形式,是约定俗成的形式和规范。

仪式是在一定场合举行的具有专门程序的规范化的活动,如:发奖仪式、签字仪式、开幕式等。

(二)什么是涉外礼仪

涉外礼仪也可称为国际礼仪,是指人们在国际交往时应遵循的礼仪原则和方法。它与我国传统礼仪有很多相同之处,但也有不少不同点。当前的国际礼仪主要是在英美文化的基础上形成的,不管是餐饮时的礼仪、会谈会见时的礼仪、座次排序的方法等,我们都可以看到英美文化的影响。它是由共同遵守、约定俗成和国际通行的礼节、仪式与各地各民族不同的礼仪习惯相结合组成的。

随着时代的发展,礼仪习俗同样也在不断发生变化。例如,一个世纪以前,女性在社会生活中的地位较低,大多囿于家庭,男女相遇,或行吻手礼,或鞠躬礼,或屈膝礼,甚至于握手只能握女士的手指部分。但随着女性在社会生活中地位的提高,越来越多的女性走上职场,握手成为男女之间初次相识的主要行礼方式,而且女性握手也一改过去只将手指部分伸给男士的矫揉做法,而要把自己的全部手掌伸过去,与男士手掌虎口相碰,显得非常自信。因此,学习涉外礼仪也要坚持"与时俱进"的原则,要时时留心国际上最新的礼仪动态。

二、涉外礼仪的基本原则

(一)平等相待

在国际交往过程中,双方要以平等的态度对待对方。不应有任何种族、民族、行业等方面的歧视行为和不当的安排，要尽可能保证双方都处在平等的人格、国格水平，这样才能保证交往的顺利进行。此外，这种平等又是一种相对的平等，是在对等基础上的平等，主要是指交往双方的身份、地位的对等。这一点在商务活动中尤其重要，对等原则是国际商务礼仪中的一个重要原则。

(二)尊重隐私

源自于英美文化的尊重隐私原则，主要是指尊重对私人信息的保密原则，包括身高、体重、婚姻状况、年龄、收入、财产等个人信息。

(三)尊重妇女

尊重妇女习俗的来源有两种说法，一种说法是妇女代表母亲，尊重妇女就是对母性的尊重；另一种说法是对弱者的保护，认为女性代表弱者，而男性，特别是欧洲中世纪的骑士更是以扶弱济贫、尊重妇女作为自己骑士风范的一种象征，由此而产生尊重妇女的习俗。现在，尊重妇女已成为国际上比较普遍的做法，多体现在一些日常生活细节的关怀上，比如进出大门、介绍引见等，女士都可以获得一种优先的权利。

但在涉外交往中，有两种情况下这一原则不能实行：一是在正式的国际商务活动中，不管是男士女士都必须服从于职位上的排序和对等要求，职位高的人具有相应的优先权，这被称为"Order of Precedence"。二是在阿拉伯国家，因宗教对社会生活的影响很深，阿拉伯妇女在社会生活中到目前为止还不能同男性处于平等地位，在公开场合，男女甚至不同席、不同室，女士优先的原则在某些阿拉伯国家不太适用。

(四)入乡随主

我们常说要"入乡随俗"，即要适应交往对象的礼仪风俗，这是对的，但在实践中要灵活运用。在当今的国际交往中，"入乡随主""客随主便"更适合。因为国际通行的商务礼仪现在在世界各地都很普及，我们会发现并不是每个国家和民族都死抱着自己的礼仪习俗不放，恰恰相反，很多时候，主方往往以能够运用国际通行的礼仪习俗而自豪，甚至于用客方的礼仪习俗来表达自己的诚挚之情。因此，在国际交往中，要学会"入乡随主""客随主便"，按照主方的礼仪安排来完成商务活动。

(五)守时守信

在国际商务活动中，最看重对方的诚信品质，而诚信品质最直接的表现就是守时守信，遵守时间和约定。特别是在各个国家民族文化差异很大，每个民族当中的行为模式和认同标准又不完全相同的情况下，只有通过守时守信才能树立起良好的诚信形象。

（六）交际务实

在涉外交际活动中,既要讲究礼仪,又要重在沟通,重在互动,反对虚假、造作,不提倡过分客套,不认同过度的自谦、自贬。当前,国际交往中的迎送仪式、互送礼物等环节越来越简捷,这也是交际务实理念的体现。

（七）切忌奢华

我们在对外交往中,要特别注意宴请、送礼不要超过规定的标准,切忌奢华。

第二节　塑造良好的职业形象

案例导入

有两名女秘书,同时在办公室里凝神苦思同一个工作上的问题。其中一个浓妆艳抹,穿得花枝招展,像参加选秀;另一位略施粉黛,穿着典雅大方、美观稳重。在别人眼中,第一印象会误解那位花枝招展的女秘书是在胡思乱想,而另一位则可能在考虑公司的事情。

简析:

这种因打扮而引起的判断差异是很普遍的。在工商界、金融界或学术界,人们对打扮过于花哨、前卫者的工作能力、工作作风、敬业精神、生活态度一般都会持有怀疑的态度。由此可见,塑造良好的职业形象是秘书事业成功的助推器。

在人与人的交往中,我们所传递的信号主要有三种。加利福尼亚大学洛杉矶学院的阿尔伯特·马哈宾博士称之为3V,也可以称之为职业形象的三要素:视觉信号(Visual),包括可看见的面容、表情、服装、形体语言等;声音信号(Voice),包括语音语调等;语言信号(Vocal),主要指措辞讲话等。其中,视觉信号占第一印象的85%,声音信号占8%,语言信号占7%。由此可见,在人际交往的最初阶段,仪表是最先引起对方注意的部分。

仪表指人的整体外貌,包括容貌、仪态(举止行为)、服饰和个人卫生等方面,是人精神面貌的外现。"第一印象"多半来自一个人的仪表,而且往往使人先入为主,不易消除或改变。涉外秘书一定要学会塑造自己良好的职业形象。

职业形象包括若干方面,以下分别加以介绍。

一、涉外秘书的仪容礼仪

仪容通常指人的容貌,由头发、面容,以及人体所有未被服饰遮掩的部分构成。一个职业秘书的仪容基本要求是:干净整洁、相对保守、适度化妆、清新健康、亲和友善。

(一)头发

头发往往是交往对象第一眼就关注的地方,所以,个人形象的塑造,一定要"从头做起"。

整洁的头发配以大方的发型,能给人留下良好的印象。健康、整齐、干净、清爽是对头发的最基本要求。油乎乎的头发,白花花的头皮屑都会毁掉你的形象。

商界男士头发的具体标准为:前不覆额,侧不掩耳,后不及领,但也不要光头。

女士头发长度不宜过肩,如果留长发,工作场合最好挽束,不要任意披散。不宜戴很鲜艳或卡通的发饰。

商务场合发型的要求是相对保守,不要过于时尚,头发也要避免漂染成非常扎眼和鲜亮的颜色,如红色、绿色等。

身体上其他部位的毛发也应适当修饰,如不要当众露出腋毛,尤其是女性夏天穿着无袖上衣时一定注意要去除腋毛。女性汗毛太重也应及时清除。男士在正式场合应避免露出胸毛。

(二)面部

1. 要时刻保持面部清爽。学会科学的洗脸方式,用中指和无名指蘸取适合自己肤质的洗面奶在脸上打圈按摩,再用温水洗净。不要用毛巾使劲擦脸,注意保护皮肤。还要学会通过合理饮食和科学的面部护理进行肌肤保养,使肌肤保持青春靓丽。

2. 口无异味。坚持每天早、中、晚刷三次牙。在重要应酬之前忌食蒜、葱、韭菜等易让口腔发出刺鼻气味的东西。

3. 男士不蓄长须。在国际商务活动中,还是主张男士不留长胡须和络腮胡。男士留着乱七八糟的胡须,会显得邋遢。因此,男士要每日彻底修面剃胡须。

4. 鼻毛不外现。鼻腔要随时保持干净,特别是男士,要经常修剪一下长到鼻孔外的鼻毛,严禁鼻毛外现。

(三)手部

手是人的第二张脸。如果手的"形象"不佳,将使一个人的整体形象大打折扣。具体要求有:

1. 清洁。勤洗手,指甲中没有污垢。

2. 不留长指甲。指甲要定期修剪,长度以不超过手指指尖为宜,否则会影响工作,也显得不够清洁。

3. 不使用醒目的甲彩。适当使用甲彩,能够增添手部的魅力,给对方留下美好的印象,但最好使用透明或浅色偏红色系的甲彩。过于醒目、前卫的颜色,如大红色、紫色、黑色甲彩等,不适合出现在工作场合。

（四）颈部

颈部的皱纹最能泄露一个人的年龄，因此要注意保养颈部。擦脸部护肤品时也要擦颈部，或使用专用的颈霜并经常自己按摩。

（五）化妆规范

在西方文化中，女人化妆意味着对他人的尊重。恰如其分地化妆不但可以增加个人形象的分数值，还能展示良好的精神风貌，体现出对自身职业的尊重。但如果不把握好化妆礼仪，则可能弄巧成拙。

涉外秘书在工作中要求适当化妆。基本规范为淡妆上岗，要求自然协调，起到美化自身的作用即可，切忌浓妆艳抹，让人觉得过分招摇、轻浮、不稳重。化妆的步骤一般为：①洁面——爽肤水——护肤品、防晒霜；②粉底；③描眉画眼；④美化鼻部；⑤打腮红；⑥涂口红；⑦修正补妆。

要注意，不在公共场所当众化妆和补妆，也不要非议他人的化妆。

（六）恰当使用香水

与其他动物一样，人的身上也存在体味。不良的体味有时在很大程度上影响人与人之间的交往。因此，香水越来越成为一种国际交往过程中每个人的随身必备品，是否使用香水也成为礼仪素养的一种标志。在恰当的时间、使用恰当的香水是一个人具备高超礼仪修养的表现之一，也是拉近人与人交往距离的技巧之一。

涉外秘书要求淡香上岗。工作场合最好使用香料含量 5% ~ 10% 的淡香型香水，以在一米以内的距离才能闻到为佳。使用方法有喷洒和涂抹两种。一般将香水涂抹在耳后、脖颈、手腕、脚踝等有脉搏跳动之处，这样可用脉搏的微热帮助香水持续散发。

如使用喷洒的方法，应将香水喷在衣服内衬部位、裙摆里侧、裤管底口内侧等处。不要直接喷洒在浅色衣服上，以避免阳光紫外线作用而留下色素沉淀。

男士大多喜欢古龙水（香料含量 2% ~ 5%），烟草香型、皮革香型、麝香型、草木香型的香水都很适合男性使用。

除了一般香水以外，目前最常用的芳香品还有腋下香和口洁素。腋下香主要用来去除狐臭，直接涂抹在腋下，一般洗完澡后涂用。口洁素主要用于喷射在口腔里，以消除口中异味。

二、涉外秘书的服饰礼仪

服饰是一种无声的语言，显示着一个人的个性、身份、教育程度、素质及心理状态等多种信息，在对外交往中还显示着一个国家的文化习俗方面的特点。着装反映了一个人的品位和教养，也会影响一个人事业的发展。涉外秘书的衣着要符合自己的身份、职务、体现出大方、精干、务实、可信的风格。因此,衣着既不可过于随意,又不可过分前卫或华美,应选择质地和剪裁优良且款式庄重、高雅的服装。

案例

有位女职员是财税专家,她有良好的学历背景,常能为客户提供很好的建议,在公司里的表现一直很出色,但当她到客户的公司提供服务时,对方主管却不太注重她的建议。一位形象设计顾问发现这位财税专家在着装方面有明显的缺憾:她28岁,身高155厘米,45公斤,看起来机敏可爱,喜欢穿一些青春活泼的服装,像一个16岁的小女孩,其外表与她从事的工作相距甚远,所以客户对她所提出的建议缺乏安全感、信任感,导致她难以实现自己的创意。这位形象设计顾问建议她用服装来强调出学者专家的身份:穿着深色套装,对比色的上衣、丝巾搭配,甚至戴上副黑边眼镜。女专家照办了,结果,客户的态度有了很大的转变,她事业发展得很顺利,很快成为公司的董事之一。

(一)着装的原则和规范

1. 要符合身份。着装应掌握 PAS 原则。P—Profession 职业;A—Age 年龄;S—Status 地位。每个人的着装必须与其所在单位的形象、所从事的具体工作相称,做到男女有别、职级有别、身份有别、职业有别、岗位有别。社会心理学家认为,不同的社会角色必须有不同的社会行为规范,在服饰穿戴方面自然有其规矩。无论你出现在哪里,无论你干什么,最好先弄明白自己所扮演的角色是什么,穿符合自己职业、年龄、地位的服装会使你增强信心,更会使旁人对你多几分好感。

2. 国际通行的 TPO 原则。TPO 原则是指:T—Time 时间;P—Place 地点;O—Object 目的(也有"Occasion 场合"一说)。意思是在不同的时间、地点、场合,因不同的目的应该穿着不同的服装。

(1)时间:一年有四季,四季的着装不同;一星期 7 天,5 天工作,2 天休息,所着服饰也会不一样,甚至周五与周一到周四都不一样。特别要注意的是白天的服饰与夜晚社交活动时的着装有很大差异,在涉外活动中更要重视这一点。

(2)地点:地点的变化会影响着装。如在海滨度假时你可以穿着泳衣走在大街上,但却不能穿着背心、拖鞋去一个五星级饭店吃饭。

(3)目的:一方面是做事的目的,如参加会谈或主持典礼;另一方面是人们希望通过服饰传达给别人的印象,是严谨、高雅、成熟还是随意、幼稚、独特。这两方面均会影响到服饰的选择。

(4)要注意区分场合。人置身于不同的环境就应有不同的服饰穿戴,要注意与外围环境的和谐。场合就是时间、地点和目的三者合一。要有因场合不同而着装不同的概念,不能以不变应万变。

涉外秘书所涉及的诸多场合主要有:公务(商务)场合、社交场合、休闲场合。

①公务(商务)场合。公务(商务)场合一般包括在写字楼里,谈判、会议场所以及外出执行公务等情况。公务(商务)场合着装的基本要求为庄重保守,宜穿套裙、套装以及制服。除此之外,还可考虑长裤、长裙和长袖衬衫等职业便装。不宜穿时装、休闲装。在非常重要的场合不要穿短袖衬衫。

②社交场合。对秘书而言,社交场合即工作之余在公众场合和同事、商务伙伴等进行交往应酬的场合。社交场合着装的基本要求是:时尚个性,宜着礼服、时装、民族服装。一般不适合选择过分庄重保守的服装,比如穿制服去参加舞会、宴会、音乐会,那就与环境不太协调了。

③休闲场合。休闲场合着装的基本要求为舒适自然。一般适合穿运动装、牛仔裤、沙滩装以及各种非正式的便装,如 T 恤、短裤、凉鞋、拖鞋等。在休闲场合如果仍身穿西服套装、套裙,往往会贻笑大方。

3. 要与自身条件协调。着装要充分体现服装的美化作用,要注意用服装来突出自己身体条件的优势,掩盖劣势,即扬长避短。如身材肥胖的人要注意避免穿浅色、横条纹的服装,身材矮小的人要避免穿过分宽大的服装。

4. 盛装原则。英文里有句谚语叫"Over dress is always better than down dress",意即穿得好一些永远比穿得差一些好。所以在一些正式的国际活动中,穿着隆重一些是一种最安全的着装方法。如,一位男士穿着正装出席活动,到现场发现大部分人都穿便装,那么他只要解下领带,其着装的正式程度就马上降低,可以心安理得地参加这一活动,但如着装太过随意,则无法马上找到一个弥补的办法。比如,这位男士穿着 T 恤衫、沙滩裤参加一个活动,到现场发现大家都是西装革履,恐怕就没有办法补救了。

(二)男士着装礼仪

在国际商务活动中,不管是出现庆典活动,还是日常的商务工作,深色西服套装是男士最佳的着装选择。周五或其他一些非正式场合也可穿职业便装(夹克、有领 T 恤等)。

1. 男式西装分类。根据款式,男式西装可分为欧洲大陆式、英国式、美国式、日式等。

(1)欧式西服的主要特点是:上衣呈倒梯形,多为双排两粒扣式或双排六粒扣式,纽扣的位置较低。衣领较宽,强调肩部与后摆,垫肩与袖笼较高,腰身中等,后摆无开叉。

(2)英式西服的主要特点是:不刻意强调肩部,而讲究穿在身上自然贴身。它多为单排扣式,"V"形衣领较窄,腰部略收,垫肩较薄,后摆两侧开叉。

(3)美式西服的主要特点是:外观上比较宽松舒适,较欧式西服稍短一些,肩部不加衬垫,领型为宽度适中的"V"形,腰部不甚收束,后摆中间开叉,多为单排扣式。

(4)日式西服的主要特点是:上衣呈"H"型,不过分强调肩部与腰部,即垫肩不厚,不太收腰,领子较短较窄,后摆不开叉,多为单排扣式。

上述四种造型的西装各有自己的风格。人们可根据自己的身材气质和穿着场合选择最适合自己的款式。一般来说,欧式西服适合身材高大魁梧的人,美式西服则可塑造潇洒飘逸的气质,英式和日式西装剪裁得体,更适合中国人穿着。

2.西装纽扣的系法。双排扣西服可以系上的纽扣一律系上。单排一粒扣西服,可系可不系;单排两粒扣,扣上不扣下;单排三粒扣,系中间,或系上面的两粒。一般在严肃的公务场合或隆重的礼仪仪式上,站立时应系上纽扣,以示郑重其事;就座时,可解开纽扣,以防西装走样。在比较轻松随意的场合,则可以不系纽扣。

3.西装的配件及着装要领

(1)衬衫。西服衬衫要求衣领挺括、衣服平整。出席重要国际商务活动时,尽可能每天更换一件衬衫。传统的标准搭配西服的衬衫颜色为白色,现在其他浅色、低彩度的也可以,如米色、浅蓝色、浅灰色等。要注意与西服款式、颜色搭配,不可过于抢眼,反差太大。如果外套是条纹的,衬衫就不要再穿条纹的了。格子、宽条纹或花的衬衣不适合在严肃的商务场合穿。

此外要注意扣上衬衫的衣扣、袖扣,不打领带时,必须解开领口的第一粒扣。袖长要适度,应比西服外套袖口长1厘米左右。不要挽起袖口。下摆要掖进裤子。大小要合身,衣领和脖颈间能够放一个手指为佳。领子要高出西装外套领子1厘米左右。

(2)领带。休闲场合不要打领带。领带面料以真丝、羊毛为好。色彩以蓝、灰、棕、黑、紫红等单色最好,也可有细小的条、点、方格等,但颜色不要与西装颜色完全一样,那样会显得死板,可以是同一色系的,或深或浅均可。注意领带的位置和长度,系好后下端要正好垂于皮带扣的上边位置。

(3)皮鞋。一般而言,国际商务活动中,黑色系带的西装皮鞋是一种比较理想的选择。不要选择式样夸张的皮鞋或翻毛皮鞋。男士在正式场合穿皮鞋要做到:一要鞋内无味,二要鞋面无尘,三要鞋底无泥。雨天、雪天进门前要将鞋底擦拭干净。

(4)袜子。在西装着装中,袜子的功能更重要的是要遮盖腿毛,特别是要防止裤腿提升时腿毛外露。因此,穿西装时要选择高腰的袜子,袜子颜色要与皮鞋或裤子的颜色统一。千万不要穿白色袜子。

(5)领带夹。领带夹的主要作用是固定领带,防止领带偏斜。领带夹的最佳位置是在衬衫的黄金分割位置。7粒扣衬衫可在第四、五粒扣之间,6粒扣衬衫在第三、四粒扣之间。要求穿着西装外套时看不到领带夹为宜。

(6)公文包。穿着西服参加国际商务活动一定要注意使用硬质公文包,不能用软布包、旅行帆布包等。公文包最好是皮质的,以黑色、棕色真皮为佳,色彩应与皮鞋一致。皮包、皮鞋、皮带颜色一致,是男士着装的"三一律",体现男士的品位。要注意包上除了商标外不宜带有其他文字图案,如单位名称、广告等。密码箱可以代替公文包。

(7)腰带。腰带颜色与皮鞋一致,最好是真皮质地,皮带扣式样要简洁大方。

4.西装穿着注意事项

(1)要拆除衣袖上的商标。

(2)西裤长度以裤口垂放到鞋面为标准,不能太短。

（3）熨烫平整，裤线要明显。

（4）按规则系好纽扣。

（5）要不卷不挽，公共场所不可挽袖子和裤腿。

（6）衬衫应扎放在西裤内，不能放在西裤外。

（7）慎穿毛衫。穿西装最好不穿毛衣。若穿，一定要选择薄V形领单色羊毛（绒）衫，以不外露为佳。忌色彩图案繁杂或开领系扣式毛衫，也忌穿多件羊毛衫。

（8）口袋内少装东西。西装的口袋是装饰性的，不要装得鼓鼓囊囊。上衣胸前的口袋不要放钢笔、眼镜等，在庄重的场合可放装饰性的真丝手帕。内侧胸袋可放钱夹、名片夹、钢笔等。裤袋除了放纸巾、钥匙包外，不宜放其他东西。其余口袋最好不放东西。腰带上不要挂钥匙链或手机。

5.男士饰物的佩戴。男士可戴银、金或不锈钢的手表，不要戴电子表。戒指每只手只能戴一只。不要戴耳环，除非你供职的单位允许男士戴耳环。在有些地方，男士戴一只耳环易被认为是同性恋者。

（三）女士着装礼仪

女士服装的选择面非常广，款式、颜色、质地等多种多样。

1.职业女性着装规则

（1）典雅大方的裙装是最具职业女性特色的服装。其中，尤以长裙和半长裙为主。裙子一般要长及膝盖，最好不要短于膝盖上一拳。女士在不同的场合应穿着不同的裙装。日常公务活动中应穿着西服裙装，在庆典活动、晚宴、文化娱乐活动中可以穿着质地柔软的连衣裙。女士也可以穿裤装，但不要穿曲线毕露的紧身裤，应以西服裤装为主，质料较佳、接近西裤型的也比较理想。黑色皮裙在正式场合绝不要穿。

（2）不要穿过于时髦和暴露的服装。穿着过分时髦、性感暴露的服装出现在办公室，易给人留下"花瓶"的印象；薄纱型衣裙因透光性较强，穿着时应慎重，需有内衬，否则会显得不雅。"透"比"露"更让人难以接受，被认为是一种不自爱的表现。

（3）如为企业中某一方面的专业人士，着装上要体现出专业人员的权威感、安全感和信任感。

（4）质地一定要讲究，品质第一。要买可穿多年而不会淘汰的衣服，要宁缺毋滥。经济能力不允许购买上品质地的服饰时，就要以讲求外观上的大方端庄为准则。可将几组套装巧妙搭配，这是现代穿着的趋势，也符合经济原则。

（5）应讲究整体装扮的协调，要有品位。从头到脚，包括饰品、丝巾、皮包等不要超过三种颜色，否则给人感觉太杂乱。要讲究色彩的搭配和质地风格的统一协调，这样会显得有品位。

（6）要符合任职单位对服饰的具体要求和习惯，在个性表现和群体合作上求得平衡。不同国家的企业在服饰上的风格习惯不同，这也是企业文化的具体体现。可随时注意办公室其他人员的穿着，尤其注意比自己职位高的同事，以求迅速融入企业文化之中。

目前,职业装的流行趋势越来越休闲化,但休闲的尺度并不容易掌握。无论怎样变化,着装的大体原则不会改变。

2. 穿西服裙装的礼仪规范

(1)西服套装的选择。西服裙装的色彩一般以冷色调为主,如深蓝、深灰、浅灰、咖啡色、驼色系列等。这些颜色能传达出职业女性的典雅、端庄、成熟、干练和稳重。当然,也可以配以鲜亮的颜色,但一套套裙全部色彩至多不要超出两种,否则会显得杂乱无章。套装要朴素简洁,一般不带任何图案。如本人喜欢,格子、圆点、明暗条纹为主要图案的套裙大都可以一试。职业装不宜添加过多点缀,这样易显得琐碎、杂乱、低俗和小气。要根据本人的体型选择能够扬长避短的款式,充分掩蔽身材的缺陷,同时突出优点。

(2)西服裙装配件

①衬衫。搭配西服的衬衣非常重要,衬衣领口有开领、花领、圆领、V领等各种样式,颜色与外套色彩统一协调即可,没有一定之规。最好是素色,避免复杂的花样。

②鞋。穿着套裙必须穿高跟鞋,这样可显得朝气蓬勃和亭亭玉立。以黑色皮鞋最为正统,也易于搭配衣服,也可与套裙的颜色一致,但不宜穿鲜红、粉红、明黄等艳丽色彩的鞋。正式公务场合不宜穿白皮鞋和露脚趾的凉鞋。

一般穿套裙最好穿连裤袜,以肉色为佳。除非穿黑色裙装,否则不要穿黑色袜子。彩色袜、网格袜都不适宜正式场合穿着。不要将袜口暴露在裙子外面。在秋冬季节如果需要穿西服套裙的话,也要以丝袜搭配,不可用保暖的厚袜子来代替,更忌讳在肉色的丝袜内套上棉毛裤等。鞋袜不可当众脱下或半脱。

③手提包。由于国际商务活动的公务性质,在日常工作中使用的手提包以皮质、接近公文包形状的款式为佳。颜色多为黑、棕、暗红等,最好能与鞋搭配,式样越简单、典雅越好。而出席庆典及宴会活动时,社交的成分大一些,着装时可根据爱好决定手袋的款式、质地。注意要将包上的真皮标志牌去掉。

3. 饰物的佩戴。公务场合佩戴饰物的基本要求是符合身份,以少为佳,不得多于三种,并提倡不戴。两件以上要讲究搭配,同质同色,风格统一。

西服裙装最主要的饰品就是胸针,一般别在左胸襟。不要戴贵重的珠宝首饰以及过于展示性别魅力的首饰,如叮咚作响的耳环、手镯、脚链等。

三、体态礼仪(举止行为礼仪)

(一)体姿

1. 站姿

(1)正确站姿的体态要求。头正稍抬,下颌内收。面容平和自然,面带微笑,目光平视,略向上15度。眼睛睁大,目视远方。双脚并拢,正脚位平行步,双脚前端在一条平行线上,并在一起,不留缝隙。收腹,收胃,挺胸,双肩向后舒展,向下沉,肩胛骨内收。后背展平,提臀立腰,后腰出现凹形弧度,头颈正直,重心放于前脚掌。头、背、臂、小腿后侧和脚后跟在一个平面上。

(2)女士标准站姿。大臂与地面垂直,小臂、手与地面成45度角,两小臂成90度角。双手相握,右手握住左手,右上左下,双手距离小腹1厘米,垂放体前(四指与拇指平行,手指压另一手呈90度,中指、拇指用力,其余各指自然舒展,给人秀美感觉就行)。女士站姿脚位可以有丁字步、V字步等变化。如图2-1所示。

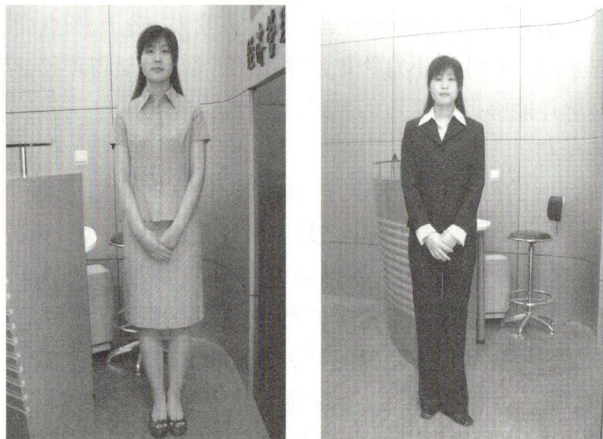

图2-1 女士标准站姿

(3)男士标准站姿。双手背放背后尾骨处,右手握住左手,左手拇指压住右手拇指,双肘成菱形(在一个平面上);或一手背后,一手垂于体侧;或放于身前,双手相握。脚位可为V字步(立正姿势站好,脚尖打开)和分腿站立式(双脚可打开三拳,约一脚的距离)。如图2-2所示。

图2-2 男士标准站姿

图 2 - 3　不正确站姿

（4）不良站姿。忌站立时探脖、斜肩、驼背、挺腹、撅臀、耸肩、双腿弯曲或不停颤抖、双手插兜、倚墙靠柱等。如图 2 - 3 所示。

2. 坐姿。正确的坐姿是：落座轻稳，坐下后不能松懈。在公务场合、涉外场合，坐姿一定要端正。女性腿要并拢，绝不能叉开腿，特别是穿短裙时更要注意。在比较严肃的场合，坐椅子的 1/2 到 2/3 就可以了。如果对方是很重要的客人，与之交谈时，身体可以略向前倾，不要靠椅子背。

案例

三位应届毕业生同时去某外企参加面试。公司领导让他们先坐在沙发上等候，随后就出去了。一见没人，左边的同学立刻仰靠在沙发上，腿也向前伸出；中间的则跷起了二郎腿，腿一抖一抖的；只有右边的同学上身挺直，保持正确的姿势坐好。一会儿，面试人员进来了，看到这种情形，直接对左边和中间的同学说，你们的面试已经结束，可以走了。

（1）女士正确坐姿。双脚正脚位平行步，双膝并拢，双腿垂直于地面，小腿稍向前伸 10 厘米，使脚背舒展，从视觉上延长小腿的长度。大臂垂放，尽量与地面垂直，双手握放于左腿膝上 10 厘米。上半身与地面垂直，身体略向前倾，收腹，收胃，双肩向后舒展下沉，后背展平，肩胛骨内收，头颈正直，目视前方。

（2）男士正确坐姿。双膝打开，与肩同宽，双脚打开与肩同宽（打开幅度越小，越正式）。双手自然叉开，放于膝上，双肘自然打开。上半身与地面垂直，稍向前倾。如图 2 - 4 所示。

（3）女士各种坐姿的脚位变化，主要有以下几种：

①45 度丁字步式：左脚跟靠于右脚内侧中间部位，两脚尖展开 45 度，两膝并拢。如图 2 - 5 所示。

②丁字步前伸式：同上一姿势，然后将两小腿向前

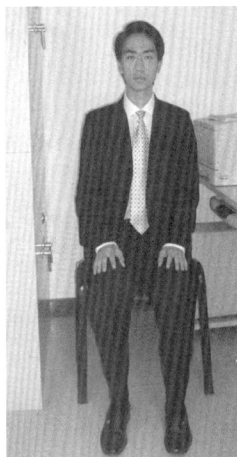

图 2 - 4　男士正确坐姿

伸出45度。

③交叉平行步式:休息时,小腿前伸,左右脚踝关节处交叉(两脚前端外侧着地,膝部可展开,不可过大)。正式场合,双脚踩向地面,身体稍向前倾。如图2-6所示。

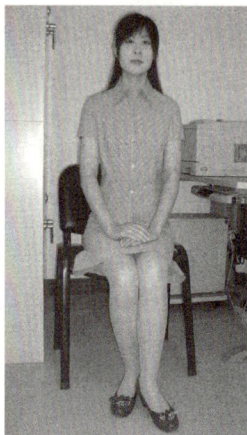

图2-5　女士坐姿:45度丁字步式

图2-6　女士坐姿:交叉平行步式

④点式丁字步:又称90度丁字,左腿前伸,右脚后撤,脚掌着地,两膝并紧,两脚前后在一条线上。如图2-7所示。

⑤后点步:两脚后撤,脚尖点地。如图2-8所示。

图2-7　女士坐姿:点式丁字步式

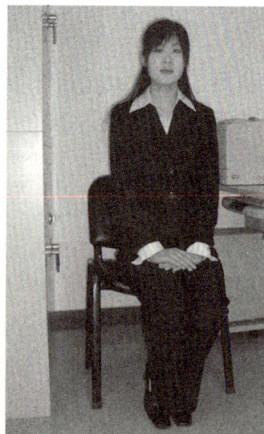

图2-8　女士坐姿:后点步式

⑥左侧点式(右侧点式):两腿并拢,向右侧或向左侧平放,脚尖点地。如图2-9、图2-10所示。

图 2 - 9 女士坐姿:左侧点式   图 2 - 10 女士坐姿:右侧点式

⑦小叠步式:两腿交叉叠放,膝关节相连,两腿相贴,可往一边斜放,即一般说的二郎腿。在非重要场合可以用,但要注意脚尖要尽量向下,不要把鞋底对着别人,双腿不要抖动。

(4)男士坐姿脚位变化。男士坐姿的脚位变化主要有以下几种:

①开膝式:双脚自然平行停放,双膝弯曲 90 度至 120 度。如图 2 - 11 所示。

②交叉式:双脚脚踝部分自然交叉,往前停放在椅前或曲回停放在椅下。

③重叠式(二郎腿):注意不要摆成 4 字形,不要鞋底向人。如图 2 - 12 所示。在严肃的公务场合,不宜跷二郎腿。因为它往往意味着心理上的放松。在别人都很严肃的时候,这种姿势会被解读为傲慢、懒散、不敬业等。

图 2 - 11 男士坐姿:开膝式   图 2 - 12 男士坐姿:重叠式

（5）入座礼仪。入座时，主人先请宾客入座，客人应待主人示意后入座。陪同应等主人或主宾入座后再坐。

入座离座时动作要轻稳，不要让椅子发出声响。在宴会、会谈等有台桌的场合，最好遵从左进左出的出入座方式。坐下后不可随意挪动椅子，或站起来整理衣服。

3. 走姿

（1）不正确的走姿。不正确的走姿主要包括：

- 内八字、外八字。
- 弯腰驼背，歪肩晃膀。
- 走路大甩手，扭腰摆臀。
- 双腿过于弯曲，步子太大或太碎。
- 蹭地面、背手、插兜、叉腰。
- 上下楼梯时，弯腰弓背，手撑大腿，一步踏两三级楼梯。

（2）走姿的规范标准。双肩平稳，不要过于僵硬，双臂前后自然摆动，摆幅以30～45度为宜。前臂不要向上甩动。挺胸，收臀立腰，重心稍前倾，大腿带动小腿向前迈。膝和脚腕不可过于僵硬。脚尖略开，脚跟先接触地面，后腿将身体重心推送到前脚掌，两只脚的内侧落地时，行走的线迹是一条直线。步幅适当，一般前脚跟与后脚尖相距一脚之隔。行走时要直膝立腰，收腹收臀，挺胸略抬头；踝关节、膝关节、髋关节挺直。

4. 搭乘轿车姿势。女士穿裙装乘坐小轿车时，应先坐在座位上，然后将双腿一起收进车内。如图2-13所示。男士乘坐小轿车时，也应先坐下，再把腿一前一后收进车中即可，或者先迈进一条腿坐下，再将另一条腿收进车内。

图 2-13　女士搭乘轿车姿势

5. 不正确的体姿。不正确的体姿主要包括以下几项：

- 与人交谈时双手交叉抱于胸前，使人产生距离感。
- 与人交谈时双手抱头。
- 与人交谈时抓耳挠腮、挖鼻孔、搓汗泥。
- 与人交谈时双手叉腰，形成一种盛气凌人之势。

(二)手势

1. "请"的手势。"请"的手势在秘书工作中是运用得最多的,如引导客人、请坐、介绍、指示方向、指点人时都会用到。使用"请"的手势时要五指并拢,女性大拇指可稍向中指靠拢,显得比较秀美。如图 2 - 14 所示。常用的"请"的姿势还有很多,具体的方位指示如图 2 - 15 所示。

图 2 - 14 "请"的姿势

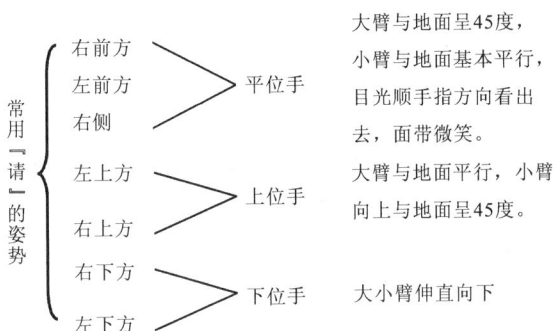

图 2 - 15 常用"请"的方位

2. 递送物品。递送物品一般要用双手,不方便时也要用右手,左手递物一般被视为失礼。递送带尖的剪刀等物品时应把尖朝向自己,把把手交给对方。如图 2 - 16 所示。

图 2 - 16 递送物品的姿势

案例

在一次招聘会现场,一家外企负责招聘的人员对采访的记者说,现在很多应届毕业生在礼仪修养上都有欠缺,这直接影响了他们找工作。如很多人递简历时都是一只手递过来,甚至是左手,语言也不够礼貌,这种简历即使做得再精致我们也会放在一边,不会考虑的。因为我们招的是办公室文员以及销售人员,没有礼仪修养的人是不能赢得客户的好感的。

3. OK手势。有些人爱用右手的拇指和食指做成一个圈,其余三个手指伸出,表示事情顺利。但这个手势在日本则表示钱,在巴西则表示非常下流的意思。

4. 竖大拇指。在我国,竖大拇指是积极的信号,通常指高度的称赞,但在希腊则表示让对方滚蛋。在新西兰、澳大利亚,这一手势也有恶意骂人的含义。

5. V字手势。右手食指、中指向外伸出,掌心向外,构成英文字母"V"字,为英国首相丘吉尔在第二次世界大战中首次使用,代表胜利的意思。但在希腊等国家,这却是侮辱人的手势。而如果掌心向内,在英国、澳大利亚、新西兰等英语国家就成为侮辱人的手势。

6. 指点自己。不要使用右手食指或者大拇指指点自己,这显得很粗俗。与他人谈话涉及自己时,可以伸出右手,手指并拢,手掌朝向身体,按在左胸前,这样既文明,又显出自尊自信的内在修养。

我们的一些习惯性的手势在涉外场合最好不要用,否则容易引起误解或造成失礼。如,用右手食指甚至大拇指指人、指路、指示某种事物等都是失礼的。与阿拉伯国家等信仰伊斯兰教的人交往时忌用左手,因为他们认为左手是不洁净的。

(三)表情语

表情也是一种沟通的语言。在涉外活动中,秘书人员的待人态度和表情更为重要。秘书的表情应自然、镇定、平和,不过分外露。

1. 微笑语。微笑是人际沟通最好的桥梁,是待人接物最基本的表情。微笑应是发自内心的,真诚友好地对待每一个人,就会经常微笑。当心情不好时要学会控制自己的情绪,露出"职业性"的微笑。这并不是虚伪,而是体现了秘书的敬业精神。因为工作时我们代表的是组织而不仅仅是自己。要注意自己的笑"相"和"度",是微笑,而不是哈哈大笑,也不必非得露几颗牙,只要笑得自然亲切、让人舒服即可。

2. 目光语。"眼睛是心灵的窗户",目光也是构成面部表情的一个重要因素。

在日本、印度、柬埔寨等亚洲国家和一些非洲国家,忌盯视对方眼睛,但在法国、意大利、拉美及中东国家,眼神注视对方表示诚挚专一。在国际通行的礼仪中,谈话的大部分时间要注视对方。如果一个人与人交往时总看别处而不注视对方,会给人消极的印象,如不自信、心虚甚至不诚实。不论中外,目光游移不定的人都不会给人以信任感。

谈话时的目光要注视对方但并不是一直盯视对方的眼睛,目光相接的时间占说话时间的30%～50%,其余多为注视脸部的一个范围。当然,谈话的场合不同,注视的部位也不一样。

(1)公务凝视:在严肃的公务活动场合,目光应注视对方双眼到前额的部位。

(2)社交凝视:在社交场合,应注视对方双眼到嘴的三角形区域。

(3)亲密凝视:亲朋好友、恋人、夫妻之间,目光范围大一些,可注视双眼到胸部。

总之,越严肃的场合,目光所注视的范围就越窄。

四、语言谈吐礼仪

优雅得体的谈吐有利于树立自己良好的职业形象。

声音信号和语言信号(主要指措辞、讲话等)占一个人给别人"第一印象"的15%,一个声音优美动听的人会给自己的形象加很多分,而一个人越善于使用语言与他人沟通,在工作、生活中就越易取得成功。

案例点评

香港客商张先生到内地某公司商谈合作事宜。公司上下都非常重视,总经理特意安排出专门的时间在会客室迎候贵客,并准备了烟、茶、水果等,还派秘书提前到公司门口等候。张先生一下车,等候在门口的秘书就迎上前去热情与客人握手,没想到一时紧张竟对客人说:"我们经理在那边(手指会客室)呢,他叫你过去。"张先生一听,满脸不悦,当即说道:"他叫我去? 我又不是他的下属,凭什么叫我,你们现在就这样对我,以后还了得。合作应当是关系平等的。"说完一转身,边往外走边说:"贵公司如果有合作的诚意,就叫你们经理到我住的宾馆去谈吧。"

案例点评:

恰当得体的语言能沟通感情,增进了解,结交朋友,不恰当的语言会产生误解,造成分歧,得罪别人。"叫"和"请"仅一字之差,却有截然不同的效果,可见言谈礼仪的重要性。

(一)充分聆听

充分聆听是对讲话者的一种尊重,是起码的礼仪要求,也是双方互动交流的基础。在交流的过程中要尽可能有问必答,要通过参与对方的谈话,如点头或说"对"、"好"、"嗯"等来鼓励对方将话说出来。

(二)要经常使用敬语、谦语、礼貌用语

说话礼貌的关键就在于尊重对方和自我谦让。如,多用"您"、"请"、"贵公司"、"谢谢"、"对不起"等等。

(三)掌握说话分寸

说话时机要合乎时宜,不可不分场合,避免不该讲话时讲话,该讲时又不讲的现象。首先要认清自己在这个场合的"角色地位",才能准确把握说话的语气、分寸。要适当考虑措辞,不能"哪壶不开提哪壶"。比如,在朋友失意时,不要谈自己的得意事。

1. 初次见面与人谈话时禁忌的话题

(1)隐私问题。初次与人见面,不要问对方的工资收入、年龄、婚否、健康、个人经历以及家庭、私人电话及住址所忙何事等。

(2)令人反感的话题,如死亡、疾病等。

(3)涉及对方自身短处的话题,如对方的生理缺陷等。

(4)政治或者宗教信仰方面的话题。

2. 初次见面合适的话题。初次见面适合谈论的话题主要有:①对方擅长的主题;②格调高雅的主题;③轻松愉快的主题;④时尚流行的主题。

3. 职场应酬聊天"六不谈"。这"六不谈"主要包括:

(1)不能非议国家和政府;

(2)不能涉及国家机密和行业秘密;

(3)不能随意涉及交往对象的内部事务;

(4)不能背后议论同行、领导、同事;

(5)不能谈论格调不高的问题;

(6)不涉及私人问题。

(四)与人为善

不说刻薄、挖苦别人、伤害对方感情的话。公共场合不要指责别人的毛病,不要扬人隐私等。

(五)言谈的注意事项

1. 与人谈话时最好不打断别人、不纠正别人、不质疑别人、不否定别人。

2. 要使用通用的语言,说对方能理解的规范语言,如英语、普通话。

3. 与谈话对象互动,要有反馈,如点头等。

4. 按一定顺序交谈,不冷落任何人。

5. 少讲自己,少用"我"字自吹自擂。

6.适可而止。自己总说个没完的人是不受欢迎的。一个人说话最好不长于3分钟。一般交谈以半小时为宜,最长不超过1小时。要突出重点,不啰唆。

第三节 日常交往礼仪

一、称谓

称谓是对他人的一种尊重和礼节性的称呼。在公务活动中,人们习惯按人的职务职称称呼,一般在姓氏后面加上职务职称,如:张经理、陈教授等。在国际交往中,一般称男士为先生;对女性,没有结婚的称"小姐",对戴结婚戒指的(左手无名指上),可称"夫人";不了解婚姻状况的最为合适的称呼是"女士",称"小姐"也可以。有博士头衔的,可称"某博士"。

正确的称呼表现了一个人的礼貌和修养。切忌与人说话不带称呼,如"喂,把报纸放哪儿了?"这容易让人反感。

二、问候

接待客人时,要主动问候客人;早晨或一天中在单位里第一次与某个同事见面也应主动问候。问候的一般次序是位低者先行,即职位低者、年轻人、男性先向职位高者、年长者、女性问候。

问候语因时间不同可细化,使用这些时效性问候语更显得独具特色和更加亲切。

不同时间的问候语	
8:00前	早安
8:00—10:00	早上好
10:00—12:00	上午好
12:00—14:00	中午好
14:00—18:00	下午好
18:00—21:00	晚上好
21:00后	晚安

知识链接

三、致意

致意是最简单的礼节。在不方便打招呼的时候,我们常使用致意来表示与对方的友好关系。如在会场中,两人距离较远,可点头致意。在公司的楼道里遇到客人,尽管不是找你的,也要主动致意,以示欢迎。致意包括:①点头致意;②微笑致意;③

举手(摆手)致意;④脱帽致意。

四、握手

握手是国际交往中最常见的礼节。初次见面、久别重逢、告别或表示祝贺、鼓励、感谢、慰问等都可行握手礼。

(一)握手的标准姿势

双方保持一步左右距离,各自伸出右手,四指并拢,拇指张开指向对方,手掌与地面垂直。上身稍前倾,头略低。手心对手心,握紧握实,稍摇动两三下即可放开。握手时,要求双方的虎口要相碰,力度不要太大,也不能太轻。握手时应微笑,眼睛注视对方,并伴有问候性语言。不要长时间握着手谈话,也不要大幅度上下抖动。如图2-17、图2-18所示。

图2-17 正确握手姿势

图2-18 不正确握手姿势

(二)伸手的先后顺序

在商务场合,一般职位高者、主人先伸手。社交场合,女士、年长者先伸手。同时与多人握手,应先上级后下级,先长辈后晚辈,先主人后其他客人,先女士后男士。

在国际上,特别是近年来,这一次序变得不太重要了,谁先伸手问题都不大,这是礼仪方面的新变化,值得关注。

握手时应站立、脱帽、摘墨镜、摘下手套。手要干净,正巧不便可伸手示意致歉,但注意任何时候不要用左手与人握手。

握完手后不能搓手、擦手。一般情况下,如他人已伸手,不得拒绝握手。男士对女士、初次相识者一般不采用双手握,那样会显得有点儿过分热情,让人不太自在。几个人在一起时,可顺时针握手,但忌交叉握手。

五、介绍

介绍是使陌生的双方相识的必不可少的礼节。介绍分他人介绍和自我介绍两种方式。

(一)为他人介绍

1.介绍的顺序。为他人介绍时,讲究介绍顺序,总原则是位尊者优先了解情况。先把男士介绍给女士,把年轻的介绍给年长的,把职位低的介绍给职位高的,以此表示对后者的尊重。在公务活动中,一般不考虑女士优先的原则,而是以身份、地位为首选因素。在身份地位差不多的情况下,应先把客人介绍给主人,这样主人可以更主动一些,因为他要马上向身份最高的客人伸出手来握手,以示欢迎。

介绍时先向对方打招呼,"陈经理,请允许我来介绍一下","王小姐,我来给你介绍一位朋友"。先提到某人的名字是表示对他的一种尊重。

2.介绍的姿态。介绍时,作为介绍者,提到谁的名字,向谁介绍,目光就应该注视谁。用"请"的手势,右手打开,五指自然并拢,手心向上指向被介绍人。千万不要只用一个手指指点。如图 2－19、图 2－20 所示。

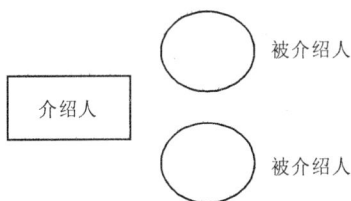

图 2－19　介绍人与被介绍人的位置关系　　图 2－20　介绍的姿态

注意手势一定要清晰,不能含糊。介绍时三人均起立,要对他人的介绍做出礼貌反应。介绍完毕,被介绍双方应微笑点头示意或握手示意。宴会、谈判桌旁可不

起立,可微笑点头或举手致意。

(二)自我介绍

当秘书独自去机场迎接客人或对外联络工作时,就需要通过自我介绍方式,让对方认识自己。应首先向对方点头致意,得到回应后再向对方介绍自己的姓名、职务(公务场合)或与主人之间的关系(社交场合)。

如:"您好,我是刘明,是张总的秘书。"

"您好,我叫李小阳,是京北公司的业务代理。"

"你好,我叫王钢,我和你是同行,都是做广告业务的。"

商务活动中尽量先递名片,这样显得训练有素,可加深客户的印象。

在讲座、演出、接待参观团等正规隆重场合,可以说"尊敬的各位来宾,大家好!欢迎你们来到本公司参观。我叫××,是××公司的秘书,我代表本公司热烈欢迎大家的到来。"介绍时态度应自然友善、落落大方、真实诚恳。

六、名片礼仪

(一)名片的分类

名片分为公务名片和社交名片两类。

公务名片的风格应是朴素的,一般以白色纸张为首选,内容有本人归属:如,企业标志、单位全称、所属部门;本人姓名、行政职务、头衔(身份定位);联络方式:所在地址、邮政编码、办公电话等。如电话或办公地址改变应重新印制,不能在上面随便改动,最好不要提供两个以上头衔。一般不提供私人联络方式,如家庭住址及电话号码。

社交名片用于社交场合,从选择纸张到印制的形式和内容,都可以按自己喜爱的风格来设计,最好不印公务活动时的身份,因为在社交场合,人们往往以另外的身份出现。

(二)名片的使用礼仪

初次见面时,经介绍人介绍或自我介绍,双方稍有了解,此时交换名片最好。递名片时要做好准备工作,名片最好放在名片夹中,不要临时现找。交换时要双手拿名片的两边,把字朝向对方,注视对方,以齐胸高度递上,并说"这是我的名片,请多指教"之类的话。如图2-21所示。

位低者、客人主动给职位高者、主人递

图2-21 递送名片的姿势

名片为宜。东方人比较注重双手递送名片,表示尊重。欧美人则较随意,也可用右手递送名片。

接名片的人应立即放下手中事情,起立,双手接名片。要仔细阅读上面的名字和职位,可读出来。名字中有不认识的字要请教对方,然后要将名片郑重收好。在开会时可将对方的名片放在桌子上,按座次放好,以此来帮助记忆他人的名字。上面不能压东西或弄脏,因为名片即代表对方。

七、拜访约会的礼仪

(一)有约在先

在现代社会,拜访以前先预约已是约定俗成的规矩,应尽量不做不速之客。因为没有预约首先会影响对方的工作,不为对方着想,是一种没有礼貌的做法。其次,不预约就贸然而去,对方如拒绝接待,就会影响己方的工作。预约时除了约定时间,最好也要约定人数,并告知名单,以便对方有所准备。

(二)拜访前的准备

"有备而来"的成功率会比随意而访的成功率大得多。准备得越充分,拜访、商谈就会越顺利。秘书要准备好会谈所需的资料,包括会谈所涉及的项目、对方公司的背景资料、对方主要负责人及具体参与会见的人士的背景、业务特长,甚至性格等个人信息,都不要忽略。对其中的重要之处,秘书要做出摘要提醒上司注意。

(三)准时赴约

遵守时间是涉外人员最为基本的素质之一。它不仅仅是为了提高工作效率,讲求个人信用,也是对交往对象尊重的表现。一般情况下,欧洲人、美国人、加拿大人和日本人、韩国人等都习惯准时到达。而阿拉伯国家、拉丁美洲一些国家却认为迟到几分钟甚至半小时才是尊重对方。

赴约前秘书要把所带资料检查一遍,避免遗漏。如果提前了10分钟以上到达,最好先不要进去,可在外面找个地方等一会儿。

(四)登门有礼

公务拜访时,要先向对方负责接待的前台人员打招呼,报上自己一行人的单位、姓名以及拜访对象的姓名,然后安静地等待接见。即便不是初次拜访,也不能绕过前台直接去找拜访对象。在会客室等待会见时,同行人不可大声谈笑,也不要对会客室的布置指指点点,要按照接待人员的安排就座,安静等待。

（五）适时告退

要想做受欢迎的客人，适时告退是要点之一。这一举动表现了对主人的理解和尊重，并且也表明我方的工作效率和修养。当正事会谈完毕，闲聊几句之后，客人应该主动起身告辞。告辞时可以说"占用了您的宝贵时间，非常感谢"等。

初次拜访或礼节性拜访，应该控制在15分钟到半小时之内。

第四节　接待礼仪

一、接待工作的基本原则

（一）诚恳热情

无论来访者是什么身份，秘书都要诚恳热情，要耐心倾听、回答来访者的问题，积极帮助来访者解决各种问题等，让客人有宾至如归的感觉。而冷冰冰的态度，不耐烦的回答，将拒人于千里之外，对组织形象极为不利。此外，秘书还要善于记住见过的客人的相貌、姓名，以便应对更加得体。

（二）讲究礼仪

从事接待工作的秘书应该仪表端庄、举止大方、语言得体、待人礼貌，注重接待礼仪，显示出良好的修养。

在接待工作中讲究"三声"：来有迎声，问有答声，去有送声。

（三）细致周到

在接待工作中，秘书还应做到细致周到，这样才能不出差错，让人感到宾至如归。

二、迎客的礼仪

秘书见到客人应遵守3S原则：stand up，see，smile，即站起来，用亲切的目光注视客人，微笑。这些动作传递的意思是"我愿意为您服务""我愿意帮助您解决问题"。

秘书常用的迎客语有："您好，欢迎。""您好，很高兴为您服务。""您好，需要我帮忙吗？""您好，欢迎您的来访。"

正确处理预约的和未预约的客人在第三章办公室日常事务中将作详细介绍，这里不再赘述。

二、热情待客

(一)引导客人

涉外秘书在引领客人时,要按照国际惯例以右为尊。

1.走廊引导方法。秘书走在客人左前方一步到一步半左右,侧身向客人,提前向客人说明要去哪里,在拐弯处要用"请"的手势引导方向。路上要与客人自然交谈,如顺便告诉他卫生间的位置等。

2.楼梯引导方法。为了保证客人的安全,上楼时,让客人走在前面,秘书在他左后方一点。下楼时,秘书可走在前,客人在后,并提醒客人注意安全。

3.电梯引导方法。有人值守的电梯,秘书应请客人先进先出。无人值守的电梯,秘书应先进去按住电梯按钮,再请客人进入,到达后请客人先出。

(二)开门礼仪

朝外开的门,秘书应拉开门后站在走廊按住门,请客人进入后再进去。

向内开的门,秘书应推开门后先进入把住门边,侧身请客人入内。

(三)会客室座次安排

座次的安排有几个可以参考的标准:

1.以右为尊。宾主并排而坐,以右为上,宾主对面而坐,面门为上。靠近门的一方为下座,长沙发尊于单沙发。如图 2 - 22 所示。

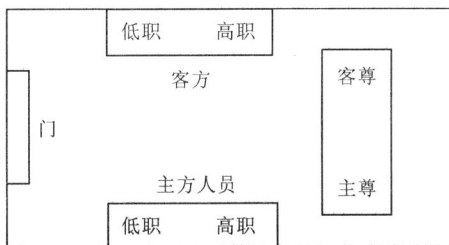

图 2 - 22 会客室座位图(1)

2.面门为尊。一般以门作为确定尊位的参照物,背墙朝门的位置为尊位,背门的位置为次位。应当请客人坐于面朝门的位置,这样可以让客人看清整个会客室门内门外的情况,让其对自身安全放心。如图 2 - 23 所示。

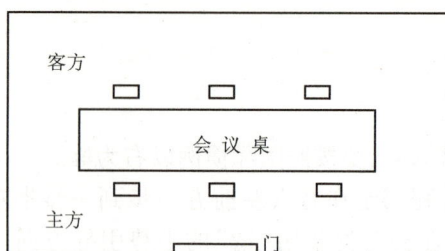

图 2-23　会客室座位图(2)

(四)敬茶礼仪

1.茶具的使用。茶具一般选择陶瓷器皿,茶杯要有柄,以避免手与杯体、杯口接触。正规的场合应用碟托茶杯。茶具洗净擦干,不能有污垢和裂痕、缺口,也可用一次性纸杯、罐装茶等。一般说来,接待档次越高,茶具越讲究。

2.泡茶。不可在客人到来之前先沏好茶,而是在客人到达后开始沏茶。沏茶时用开水冲泡,水倒七八分满;水的冷热要控制好,不要烫到客人。

3.奉茶。奉茶要用双手端送,身体略前倾以示敬意。手不要触及杯口,一般放客人右前方,杯把斜45度朝向客人,不要正对客人。

4.敬茶。敬茶的顺序为:主要宾客→其他客人→上级领导→其他同事。围坐一圈时,应由身后右侧上茶,并轻声说:"请用茶。"

(五)退出

退出时不能马上转身背对客人,应面对客人倒走一两步,然后转身走出,轻轻关门。退出时,要用目光扫视一下所有客人,看他们还有何事要自己代办。

四、礼貌送客

主人一般不好主动提出送客,常规是由客人提出告辞。一般来客可送至门口;常客可送到电梯、楼梯旁;初次来访的贵客应送到大楼下、院门外、汽车旁,并等客人车开出视野后再离开,切忌露出不耐烦的神态。采用的送别用语有:"您走好!""再见!""有空多联系。""多多保重!""代问××好。"……秘书如果和上司一起送客人的话,要站在上司侧后方一步左右。

第五节　宴请礼仪

宴请是一项重要的礼仪活动。遵守宴请的礼仪,不仅可以显示自己的修养,更重要的是能够加强宾主之间的相互了解和友谊,为合作增加融洽的气氛。

一、宴请的组织

(一)正式宴会的准备工作

1. 确定宴请对象名单。主人一方首先要确定被邀请者的名单。秘书可根据宴请目的或主宾身份草拟一份名单,最后由上司确定。

2. 确定宴请的地点。宴请的地点要特别注意环境的优雅安静。

3. 宴请的时间。一般要考虑主宾双方,尤其是来宾是否方便,要避开重要节假日、重要活动日或一方的禁忌日。如西方国家忌讳 13 号,特别是恰逢 13 号的星期五。伊斯兰民族的斋月有白天禁食的习俗,宴会只宜安排在日落以后。

4. 发出邀请。名单确定之后,就要发出邀请。最好是书面邀请,显得郑重其事。请柬上要写清楚被邀请者姓名,如果是外宾夫妇两人一起赴宴,最好也邀请几对夫妻作陪。请柬上要写清请客的原因、具体地点、时间、主要客人有谁等,以显示主人的郑重,也让客人知道这次宴会都有谁出席,以便决定是否接受邀请或做好准备。

请柬一般提前一周或 10 天发出。特别重要的宴会甚至提前三四周就发出邀请,以便客人提前安排好时间。

5. 确定菜单。拟订菜单时要考虑宴请对象的喜好和禁忌;既要注意通行的常规,又要照顾到地方特色;要考虑开支标准,做到丰俭得当;应冷热荤素搭配,有主有次,以营养丰富、味道多样为原则;考虑季节,菜肴应时、鲜、特。一般来说,晚宴比午宴要隆重,菜的种类应更丰富些。

6. 确定桌次和席次。正式宴请要事先排定桌次和座次,秘书草拟后呈上司确认。

(1)桌次。中餐讲究用圆桌,面对饭厅门,右高左低,以离主桌位置远近而排列,越近越好。

(2)席次安排。在席次安排中,主桌的座次十分讲究。中国地域广大,各地风俗习惯不同,特别是桌次、座次的排列上常有不一样的习惯。中国的传统文化是以左为尊,但现在一般遵循国际惯例,以右为尊。以面对餐厅正门的座位为主人座位,右侧为主宾位。背靠门口的座位是下座,一定是主方的人来坐。如图 2 - 24 所示。

如果主宾身份比主人高或主人为表示非常敬重他,可请主宾坐主人的位置。

(二)宴会的程序

1. 迎接客人。宴会前,主方应提前到达宴会厅检查准备情况。如来宾对路线不太熟悉,还需派车去宾馆接。主人应比预定时间提前 10 分钟左右在宴会厅门口或休息室等候。秘书等人在大门口迎接客人。如主宾身份较高,主人也应到大门口迎接。主宾到达后,双方可以先在休息室寒暄,等客人基本到齐后进入餐厅。一般客人最好早于主宾到达。

2. 入席。正式宴请,桌上应摆放名牌,主人可示意大家按名牌入座。等主人及

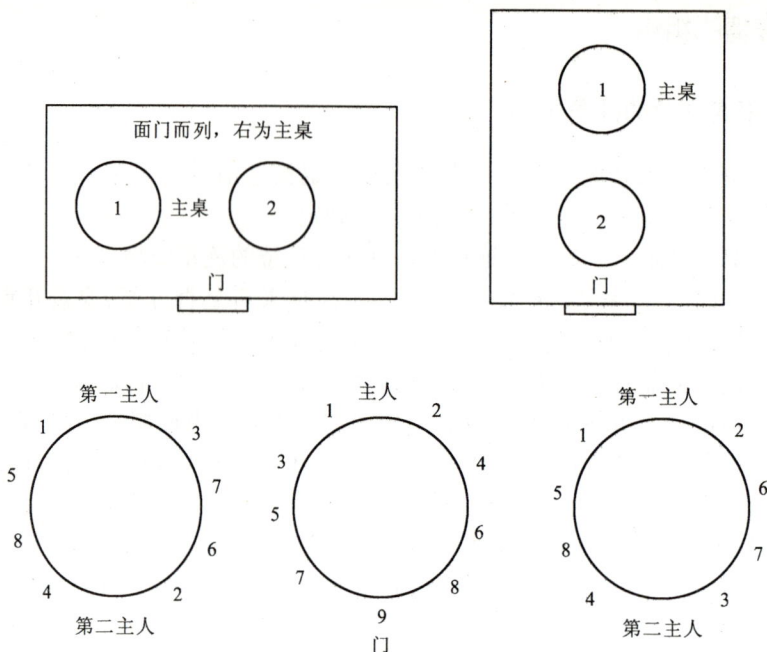

图 2-24　宴会的桌次和席次安排

主要宾客入座后随从人员再落座。入座时一般为左进左出。

3. 致辞、敬酒。规模较大的宴会,主人应致欢迎词,客人致以答谢词。致辞后敬酒。

4. 进餐。进餐时要注意餐桌礼仪,即使先吃完也尽量不要提前退席。秘书一般坐背靠门的下座,方便进出。秘书要注意关照全桌,但不要给客人夹菜。

5. 宴请结束。我国是以第一主人的举动为准。当主人和主宾吃完水果起立时,就表示宴请结束。主人可将主宾送到大门口,待主宾一行离去再送其他客人。

二、用餐礼仪

进餐时,坐姿要始终保持端正,不论中餐还是西餐,肘部都不能放上餐桌;应和自己左右相邻的两位客人交谈,不能冷淡一方。

(一)中餐礼仪

1. 餐具的使用

(1)筷子。使用筷子的礼节很多,如:

- 忌把筷子插在饭碗里;
- 忌用筷子敲打餐具;
- 忌一次夹得太多;

- 忌夹菜途中汁水不停落下;
- 忌夹菜时在盘中拨找食物;
- 忌连续夹菜而不用饭;
- 忌筷子放入汤中洗涮;
- 忌用嘴吮筷头上的菜卤后再去夹菜;
- 忌用筷子指点人;
- 忌用自己的筷子给客人夹菜;
- 忌用筷剔牙缝等。

（2）汤匙。不能右手握筷,左手持匙,"两面开弓"。不要用自己的汤匙直接到汤盘中舀汤。

（3）牙签。不要当众用牙签剔牙。

2.进食时的禁忌。进食时要注意如下方面:

（1）用餐时忌发出很大的声音;

（2）忌站起身夹取食物;

（3）忌进食时拼命往口中塞食物,不注意吃相;

（4）喝汤时不能用嘴去吹凉或者用勺子来回搅,放在一边晾凉即可;

（5）忌口内含有食物就与他人交谈;

（6）忌骨头渣、鱼刺乱吐,非吐不可要先用筷子接住,再放在碟子里;

（7）进餐时不要整理头发或当众补妆;

（8）忌在水杯、碗筷上留下自己的口红唇印,应在用餐之前用纸轻轻抹去唇膏。

3.宴请外宾时,不要给客人夹菜,哪怕是使用公筷,要尊重客人的选择。为表示热情友好,可向其介绍各种菜肴的做法、口味,随其选择。

（二）西餐礼仪

接到请柬后要看清请柬的各项内容,如服装的要求,是否要求回复等,如果在请柬的左下方印有 R.S.V.P 字样（即"敬请答复"）,则需回复主人。如已决定接受邀请并已答复主人就不要轻易改变。确实有突然情况不能出席宴请,要及时通知主人并致歉。

去别人家赴宴应带礼物,一瓶酒、一束花等均可;到饭店赴宴可不带礼品。

1.西餐的餐具使用礼仪

（1）西餐的餐具主要是刀、叉、勺。刀有很多种,主要的是牛排刀和主餐刀（肉刀,吃鸡、鸭、猪排等用,大小同牛排刀,齿较钝）。其他还有牛油刀、鱼刀等。

欧式的用餐礼仪是左手持叉,右手持刀,切一块吃一块,不换手。而美国式则是左手持叉按住肉排,右手将肉排全部切成小块,放下刀,右手持叉,将肉送入口中,俗称"碎尸万段法"。一般提倡学习欧式用餐礼仪。

西餐的摆台很讲究,一道菜一副刀叉餐具,看自己面前摆有几副刀叉就知道今天有几道主菜,最基本的原则是:永远选用两边排在最外面的刀叉或匙。

吃完一道菜将刀叉并拢平行,叉尖向上,放在盘中,表示吃完。摆放成八字形,刀刃面向自己,叉尖向下表示用餐中。刀叉掉地上不要弯腰拾,要请侍者更换。

切割食物动作不宜过大,不要发出刺耳的声音。盘中食物如需推移,以用刀推移为宜。必要时刀叉可易位,忌转动盘子。

(2)进食时的禁忌。进食时要注意:

- 不可直接用刀叉起食物送入口中;
- 不可刀叉同时将食物送入口中;
- 不可舐食刀上的酱料,不可把刀拿到嘴边;
- 不可就餐中挥舞刀叉。

(3)餐巾的使用。等大家坐定后方可使用餐巾,以女主人为先。餐巾应放在腿上,千万别塞在领口处。餐巾可对角折也可对边折,小餐巾不用折。就餐完毕,餐巾应放在桌上;暂时离席,餐巾要置于椅子上。

2.西餐饮酒礼仪。中餐餐桌上可以同时上啤酒、白酒、葡萄酒,西餐则餐前有餐前酒(宴会开始前)即开胃酒,如威士忌、马丁尼、雪利酒等。不喝酒可喝姜汁水、果汁、可乐,席间喝的席上酒(即佐餐酒)只限于葡萄酒(白、红葡萄酒和香槟酒)。

酒与菜搭配的基本原则是红酒配红肉(牛、羊、猪肉),白酒配白肉(鸡、海鲜等)。香槟酒在最后一道菜或甜点时上桌,宾主有演说,举杯互祝。餐后酒为一些甜酒或白兰地酒,用以化解油腻,一般在吃完甜点后饮用,切忌斟满,白兰地只斟五分之一即可。鸡尾酒是酒会用酒或作宴会餐前酒。

中餐一般是向客人劝酒,来表现主人的热情。客人喝得越多,主人越觉得有面子。西餐是分餐制,主宾互相敬酒,但不劝酒,尊重客人的选择。国际礼仪亦如是。

3.喝汤的礼仪。喝汤时必用汤匙,不能端碗喝汤。喝汤时,左手扶盘边,自里向外舀。喝完后,匙心向上,匙柄置于盘子右边缘外。汤较热时,不得用口吹凉,用勺搅和。

4.吃面包的礼仪。吃长生菜、芹菜、面包等可用手取食,面包应掰一块吃一块,不要拿刀切。

5.吸烟的禁忌。永远不要在每道菜之间吸烟,如果你想在喝咖啡时吸烟,事先应征得别人的同意。在正式宴会中,在主人宣布"女士们、先生们,现在你们想吸烟的话就请便吧"之前,不能吸烟。

第六节　国际商务礼俗

世界各个国家和地区的礼仪习俗千差万别,丰富多彩,限于篇幅,不可能详细说明,这里仅选择大的方面简要加以介绍。

一、饮食习俗

对外交往,对于国外饮食方面的禁忌要有所了解。这些禁忌有因宗教信仰而产生的,也有因生活习俗而来的。要充分尊重他国这些方面的风俗习惯。特别要注意:信仰伊斯兰教的穆斯林忌食猪肉,不使用一切猪制品;不吃无鳞鱼、狗肉、驴肉、龟、鳖、虾、鳝鱼、自死的动物、动物血液以及未诵安拉之名而屠宰的动物;不饮酒和含有酒精的饮料。

西方人有六不吃:动物内脏、动物头脚、宠物(狗等)、珍稀动物、淡水鱼、无鳞无鳍动物(蛇、鳝等)。

除此之外,美国人不爱吃肥肉、红烧或清蒸的食物;英国人不爱吃带黏汁和辣味的菜;法国人不爱吃辣味食品;德国人不大吃鱼虾、海味,不喜欢油腻、太辣的食品;日本人不喜欢吃肥肉、猪内脏和羊肉、鳝鱼等。

二、谈话习俗

案例点评

某女大学生小苗在一位外国专家的家里做家政服务。因为她热情负责、精明能干,起初专家夫妇对她印象很不错,她也把自己当成专家家庭里的一员。一个星期天,专家夫妇外出回来,小苗就像聊家常似的随口便问:"你们去哪儿玩了?"专家迟疑了良久,才吞吞吐吐地说:"我们去建国门外大街了。"小苗以为他只是累了,接着又问:"你们逛了什么商店?"对方被迫答道:"友谊商店。""你们怎么不去国贸和赛特购物中心看看,秀水街也不错……"小苗好心好意地向对方建议。然而,她的话还未说完,专家夫妇已转身离去了。几天后,小苗被辞退了。

案例点评:

由于各国的文化背景不同,在国际交往中应注意言谈有度。小苗的话全是出于好心,但外国专家却认为她很过分,在打探他们的隐私生活。

社会文化制约着人们的语言行为,人们的言语行为反映一定的社会文化背景。与外国人士交谈时,若忽视了这一事实,就容易造成误会、难堪,甚至导致敌对情绪。因此,涉外秘书一定要了解一些中外语言习俗的不同。

欧美社会文化是建立在人文主义基础之上的,因此,与欧美人士交流时,要特别注意不要涉及对方的隐私。而中国人初次见面很爱问人家年龄、婚否等问题,不仅不会被认为是失礼,还似有亲切、拉近距离之感。

(一)与欧美人士交谈时应注意的问题

1.不过分热情关心。中国人看到朋友感冒,往往会说"一定要多喝水""多穿些衣服"等话以示关心，但欧美人独立意识较强，受不了带有长者劝告口吻的话，不但不会感谢你的关心，反而觉得你对他有失尊重。对外国人而言，不该关心的私事是不允许外人关心的。

2. 不过分谦虚。欧美人把自己做的点心送给你时，一定说自己亲手制作的点心很可口，而中国人和日本人则会说自己做得不好，以示谦虚。因此，自谦与否要根据你面对的对象灵活把握，在欧美人看来，过分的谦虚就是做作。

3. 有话不妨直说。欧美人一般都爱直率地表达自己的意见，各人意见不同被认为是正常的事，对方也决不会因为你的意见不同而感到惊讶。有人做过调查，200个中国人提出请求，有124个是先说明请求原因，然后才提出请求。而180个美国人提出请求，有113个先提出请求，然后才附带说明请求的原因。由于这种差异，美国人的请求在中国人看来是唐突的，而中国人的请求在欧美人看来是啰唆的。

4. 不要过分客气礼让。在中国，讲究"礼多人不怪"，这对欧美人来说是不适用的，尤其美国人性格开朗，办事利索，礼多反而会让他们觉得不诚恳。例如：有个中国人在公共汽车上踩了美国人一脚，赶紧说："对不起。"美国人回答："没关系。"可中国人又加一句："实在对不起，我是不小心的。"这回美国人根本不作答了。

(二)中日语言习俗的不同

在中国，对于副职，如副市长、副总经理等，特别是下级对上级称呼时，往往把副字略去，直接称"某总""某市长"，但日本人却一定要称"某副总经理"。

有些中国人讲话时不管对方是否知道，喜欢用"你不知道……"作为开场白。如："你不知道，中国的变化太大了……"而这种讲话方式往往会伤害日本人的感情。对方问你问题时，你说："我不知道。"在日本人看来，会觉得是"我不告诉你"的意思，因此，一定要说："很抱歉，我不知道。"日本人对人总是笑脸相迎，含蓄委婉到从不愿意断然对人说一个"不"字。为了保全面子或避免公开对抗，日本人常拐弯抹角，含糊其辞。

三、送礼习俗

由于各国的文化背景不同，在赠送礼物方面形成了各种不同的习俗，涉外秘书必须要了解送礼的习俗，否则有时会事与愿违。

(一)涉外交往八不送

1. 不送现金、有价证券；

2. 不送天然珠宝和贵重金属首饰；

3. 不送药品和营养品；

4. 不送广告性、宣传性物品；

5. 不送易引起异性误会的物品；

0

6. 不送为受礼人所忌讳的物品;

7. 不送粗制滥造的物品或过季商品;

8. 不送法律禁止流通或不道德的物品(如大麻、毒品等)。

(二)各国家、地区、民族禁忌的礼品

1. 港台地区:忌送剪刀、毛巾、雨伞、扇子等。在港台地区,剪刀有一刀两断的意思;一般丧事后才送毛巾;雨伞音同"给散",易引起误解;台湾讲究"送扇无相见",忌送。

2. 日本:送给日本人的礼物上一般不宜刻字留名,因为礼物很可能会被转送出去。数量忌4和9,因发音与"死"和"苦"相近。日本人喜欢奇数,如"3",故礼品数量以奇数为佳。礼品包装必须漂亮精致,里面的礼品可以是朴素的。

3. 韩国:韩国人喜欢"本地特产",对"4"很反感,礼物的数量不要是4和4的倍数。

4. 阿拉伯人:阿拉伯人把初次见面就送礼物视为行贿,因而非常忌讳。他们信仰伊斯兰教,不能送酒和雕塑等物品。不能给阿拉伯人的妻子送礼,不要送带有动物形象的东西,因为他们认为这会带来厄运。也不要送带有星状图案的东西,因为星是以色列国徽的标记,会引起他们的反感。

5. 英国人:喜欢巧克力、名酒、鲜花,但不要送有送礼人公司标志的礼品。英国人互赠的礼品都不太贵重。

6. 法国人:讨厌初次见面就送礼,送礼应安排在第二次见面时。法国人喜欢有美感、能体现文化修养的礼品,如书籍、唱片、艺术画册等。不能送菊花和康乃馨。

7. 拉美人:首先要考虑颜色,墨西哥人认为白色可避邪,黄色意味死亡,红色会给人带来晦气。巴西人对紫色很反感。不能送刀剑,暗示友谊完结;不送手绢,因它和眼泪联系在一起,易使人有悲伤感。

送给外国人的礼物一定要加以精心包装,去掉价签,不要放在超市的塑料袋里送别人。应适当说明礼品的含义、功能等。商务礼品应由在场地位最高者出面赠送。

接受礼品应态度大方,不过分推让。接过礼品要启封赞赏,尤其对欧美人送的礼品,更应如此。

知识链接

本章小结

礼仪是一个人综合素质的外化。秘书的言行举止代表着其所在组织的人员素质和管理水平,所以,涉外秘书尤其要重视学习礼仪。本章较系统地介绍了涉外秘书在日常工作、生活中用到的基本礼仪知识,主要有涉外礼仪的基本概念、特点及运

用原则;如何从仪容仪表、化妆、举止行为、着装、谈吐等方面塑造自己良好的职业形象,给人留下良好的第一印象;日常交往的礼仪,包括称呼、问候、握手、致意、介绍、递送名片等;以及接待拜访、宴请礼仪等几项主要内容。

学习礼仪要以真正尊重他人为核心,学会为他人着想,而不只是学习一些技巧,否则就本末倒置了。

复习思考题

1. 礼仪最核心的内容是什么?
2. 你是怎样理解入乡随主和入乡随俗的区别的,试举一些例子。
3. 一个涉外秘书的职业形象有哪些要求,你达到这些要求了吗?
4. 拜访约会要做好哪些准备工作?
5. 宴请的程序是什么?
6. 正式宴请的桌次、席次应如何安排?
7. 正式宴会应注意哪些餐桌礼仪?
8. 接待室的座次应如何排列?

课堂实训题

1. 练习标准站姿及各种脚位的站姿。
2. 练习标准坐姿及各种脚位的坐姿。
3. 练习走姿。
4. 练习"请"的各种姿态。
5. 练习引导客人的姿态。
6. 当你伸出手想与某人握手而他却毫无反应时,你如何应对。
7. 三人一组,扮演不同身份和性别的人,练习介绍、握手、递接名片的礼仪。
8. 几人一组,分别扮演我方经理、我方秘书、客方经理、客方秘书等,练习接待时引导客人、引座、待客、送客礼仪。
9. 举办职业形象风采大赛。学生准备职业装、休闲装练习模特表演,由评委评分。

第三章　办公室日常事务

学习目标

- 了解电话礼仪
- 能够处理各种电话事务
- 掌握电话沟通技巧
- 能够做好接待工作
- 会管理领导工作日志
- 掌握办公用品的管理方法
- 能够做好信函处理工作
- 能够应用各种方式购买或租用办公设备
- 具有正确选择办公用品供应商的能力
- 能够高效率地进行库存的监督与管理

案例导入

钟秘书的两个错误

下面是发生在总经理办公室中的一段对话:

总经理助理高红:(进门后问总经理办公室秘书钟小姐)小钟,刚才快递公司那位客人一脸的不高兴是怎么回事啊?

钟秘书:没有什么。上午10点来钟,快递公司的人刚进来,我问他预约了没有,正在这时,中国银行××支行的田行长就来了。他约好是10点整跟王总见面。田行长进来之后,我给田行长和他的秘书沏了两杯茶。我给王总打过电话之后,准备领着田行长去接待室。我就对那位快递公司的先生说对不起,我太忙,要喝茶,茶杯在饮水机旁,自己倒一下。等我从接待室回来,那位客人就走了。

高红:知道吗?你今天犯了两个方面的错误。第一,你没有坚持接待客人先来后到的原则。

钟秘书：可是田行长是王总的老朋友，而且还是预约好的。

高红：我知道田行长是王总的老朋友，他们中行也是我们多年的开户行，但是，在值班接待客人的时候，无论如何你也不能违反先来后到的原则。你在接待快递公司客人的时候，见到田行长进来，你只要朝他稍微笑笑，跟他说声请稍等就行了。正因为田行长是我们的老朋友，所以他肯定会理解你的做法。如果今天快递公司来的是一位脾气急躁的客人，看你这么厚此薄彼，当时跟你吵起来，你怎么办？这会给田行长和其他客人一个什么印象？第二，你今天在接待客人时，犯了以衣貌取人的错误。

钟秘书：我没有以衣貌取人。

高红：你没有以衣貌取人？作为秘书，他预约没预约，你心里没数？你问他预约了没有，实际上就是看他是个速递公司的，告诉他是个不受欢迎的人。的确，现在有许多送水、送饭、快递公司的人员会经常上门，这在一定程度上会影响到我们的正常工作，即使如此，你见了他们，也不能表现出一副不耐烦的样子。重要的是，我们不能给别人一种店大欺客的感觉。我们公司希望成为一家百年老店，作为一家百年老店靠什么？靠的是诚信！诚信是什么？其中之一就是对所有到我们企业来的人一视同仁！

案例评点：

上面的案例提示我们，热情招呼每一位客人是秘书人员的义务，以貌取人很不应该。高红助理的观点才是秘书应有的正确认识。当有客人来时应马上礼貌接待客人，而不是恼火客人打断了自己的工作，敷衍了事。

秘书的接待工作是树立公司形象、体现公司工作效率和良好服务的窗口。秘书如何做才能让工作得到最好的效果，日常接待、团体接待中有哪些需要注意和重视的要点，在下面的叙述中我们可以学习到这些相关知识。

第一节　办公室电话工作与接待工作

电话工作与接待工作是秘书日常事务工作中很重要的内容，秘书每天要通过电话进行大量的对内、对外的联络工作，要迎来送往各式各样的来访客人，是组织工作效率、社会形象的一个展示窗口。如何才能给对方留下良好的印象？如何才能礼貌而高效、专业地完成工作目标？为了做到这些，涉外秘书有必要掌握一些礼仪知识和有效的工作方法。

一、办公室的电话工作

（一）树立电话形象

在电话中，人们彼此不能谋面，看不见对方的表情、举动，但人们通过电话应答的声音、表达方式，会在心里想象出对方的模样，是亲切大方的还是刻板冷漠。秘书电话应答的声音或方式是对方能够直接感受到的全部信息,因此,要学会树立自己的电话形象,给所有电话那一边的人们一个良好的印象。

1.让对方听到你的笑容。脸部的表情会影响你的发音,绷着脸说话和带着微笑讲话,声音听起来绝对是不一样的。尽管对方不会看到你的表情,但微笑会使你的声音听起来更加柔和、悦耳,让人有一种愉悦的感受,它传达的信息就是"我很高兴接到您的电话。"

2.施展声音的魅力

(1)注意语调。语调是言语声调的高低变化,语调能反映出说话者的内心世界,表露出个人的情感和态度。冷淡生硬的语调会令听者不快,明快、热情的语调有使人心情舒畅的力量。语调关系到电话交谈的成败。

(2)注意发音。正确清晰的发音有助于语言的准确表达。在电话交往中,由于发音或表达的缘故,可能会使电话另一方理解困难甚至产生误解。所以在电话表达中,吐字一定要清晰,可以试着把自己的声音用录音机录下来,注意纠正自己某些不良的发音习惯。发音刺耳或过多地使用鼻音以及说话吐字不清都会让人听起来极不舒服,从而产生一种抵触情绪。遇到多音字或发音相近的字最好加以解释或说明。

(3)控制说话的音量。办公室讲究安静和谐,在接打电话时,秘书的音量应既能让对方听清,又不影响他人的工作。与话筒保持1~2厘米的间距最为规范,用比平常聊天稍高的音量即可。不要旁若无人地大声讲话、大笑。

(4)注意说话的节奏。节奏即语音的顿挫和快慢。语速太慢会让人感觉懒散,语速过快又会让人感觉忙乱紧张,甚至听不清,如果不讲究节奏会使说话单调乏味。适当的说话速度为每分钟120~160个字,让人感觉自信、镇定。

3.保持正确的姿势。在电话事务中对方虽然看不见你,但却能通过电话里的声音想象出你现在的姿态。良好的姿势能把你的真诚传给对方,而无礼的姿势会让人感觉你不尊重对方。

(1)接打电话时错误的姿势。这些姿势主要包括:边打电话边嚼口香糖;边打电话边吃东西或喝饮料;边打电话边吸烟;边打电话边用手或笔敲击桌面;边打电话边敲击电脑键盘;躺靠在椅子上,甚至双脚放在桌面上打电话;趴在桌面上打电话;跷二郎腿打电话(跷二郎腿也会妨碍身体的重心,减弱你的音量)。

(2)采用正确的接打电话姿势。这主要是指接打电话时要挺胸、收腹,双脚平放地面,即保持正确的坐姿。这种姿势能使你的声音达到最佳状态。

4.注意聆听。对方讲话时,你如长时间沉默,会使对方猜疑你没注意听,给人留下不好的印象。专家研究证明,影响电话效果的细节主要有Listen聆听、Express表达、Smile微笑和Polite有礼貌。因此,用心聆听是非常重要的。卡耐基说过,"每个人都渴望被尊重",要让电话另一端的人感到你在用心听他讲话,对他的话很感兴趣,这样才会让对方觉得受到重视而满足。听的同时要时时给对方积极的回应反馈,可使用"是啊,确实如此""您说得太对了""我明白了""请继续说"等语言来回应。

5.语言委婉,有礼貌。在通话过程中,秘书应该让对方感觉你是非常欢迎他打电话来的,而不是感到厌烦。这时,秘书电话应答的态度至关重要,应表现出礼貌友好的态度,让对方觉得心情愉快,并且要用语文明,这样才能轻松沟通。

(1)尽量使用礼貌用语,如"您好""请""谢谢"等。

(2)不要使用强硬的措辞,而要用委婉而又温和的语言告知他人不愉快的事情。如:"对不起""失礼了""十分抱歉,给您添麻烦了""打搅了""不敢当"等。

6.善于辨析声音。如果对方已经不止一次打来电话,秘书应用心记住客户的声音,这样不用对方自我通报,就能及时称呼他,会使人觉得受到尊重,有温暖的感觉。辨别电话里的声音是秘书的一种专业技巧。

秘书经常与之通话的特殊客人应该记住他们的名字,这些人包括:同行同业内的知名人士;公司业务上有密切来往的人物;与老板私交甚笃的朋友;公司高层管理人员等。

7.语言简捷明了,得体准确。电话联络是口头联络的一种重要方式,方便快捷,但有时不如书面表达准确严谨。因为人们在讲话时由于发音或表达的缘故,可能会让电话另一方的人理解困难甚至产生误解,平常秘书要花些时间去注意自己的发音,纠正某些不良的发音习惯。

秘书使用的电话语言要简捷高效,在进行复杂内容的通话时,要事先打好腹稿,避免临时组织语言。尽量不在工作时间扯无关的话题。

8.提高电话工作的效率,注意保密。电话工作也要讲究效率,要善于处理电话中的闲聊和纠缠。应避免打电话时和旁边的人交谈。要注意不要在打电话时随意谈论他人和公司的秘密。

9.移动电话使用礼仪。移动电话要放在公文包里或上衣口袋里,切勿挂在衣内的腰带上。经常撩起衣服取用查看很不雅观。公共场所活动时,尽量关闭手机或转为振动状态。谈判、会客、出席重要仪式活动,必要时要当着他人的面关掉手机,表明自己一心不二用,这是表示对交往对象的尊重,对有关活动的重视。不可用手机照相功能四处乱拍摄别人。不应不负责任地将别人的手机号码转告他人或对外界广而告之。在加油站旁、飞机上、医院医疗设备旁不要使用手机,以免引起事故。不要在公务宴请时给菜品拍照并且转发到微信上。

(二)秘书接听电话技巧

1.一般流程

(1)铃声响完两声拿起电话,问候对方。一次电话会谈应从问候语开始。如说:"您好""上午好""下午好"等。

(2)自报家门。以下是各种不同人员自报家门的方式:

秘书或助理:主动报出自己单位的名称、自己的姓名和职务。

前台接待员:一般只报出公司名称即可,不需报自己的名字。如:"下午好,天地公司。"

接听部门分机:报部门名称 + 自己名字,如:"您好,销售部,我是李明。"

接程控电话:公司 + 部门 + 自己名字,如:"您好,星云公司销售部,我是秘书李明。"

公司内线:直接报出自己姓名即可。

(3)确认对方身份。询问对方单位名称、姓名、职务。信息沟通顺利进行的前提是沟通双方身份的明确。

(4)详细记录通话内容。重要电话,无论是接听还是打出的,都要有完备的电话记录,重要电话记录跟其他公文一样,都要立卷归档。如果某些电话涉及机密,一定要严格保管电话记录。

电话一般要放在左手边,并准备好专用的电话记录本和笔。电话铃响时,左手拿起电话,右手就要准备做电话记录。可按国际通用的5W2H法进行记录:What(什么事? 需要什么?)、When(时间)、Where(地点)、Who(谁)、Why(事情原因)、How(怎样完成或处置)、How much(需花费多长时间或费用、要使用怎样的物品或设备等)。表3 – 1、表3 – 2、表3 – 3分别是电话记录单和留言单的示例。

表3 – 1 电话记录单1

来电单位(姓名)		电 话	
来电时间		年 月 日 时 分	
来电内容			
处理意见			
第 号	记录人		

表3 – 2 电话记录单2

时间: 年 月 日 时 分
单位: 姓名: 电话号码:
来电内容: 1. 2.
处理情况: 1.请交 处理 ( ) 2.请回电 ( ) 3.约于 再来电话 ( ) 4.其他 ( )

71

表3-3　留言单

李经理： 在您外出期间腾远纺织公司的张雨森先生			
来过电话	√	将再来电话	
回电话		来访过	
请回电话	√	将来访	
电话号码：8879××××			
留言内容： 张先生希望能在春季贸易会开幕前再与您会面。			
日期：2007年6月6日		时间：上午9：00	
接电话人：王静			

（5）复述通话内容，以便得到确认。复述重要的通话内容是秘书接听电话非常重要的一点，可以避免电话沟通中听错音、语言歧义、理解不一致等口语沟通中常见问题的出现，使传递的信息更加准确。一个职业秘书首先要有确认意识，其次要反应快，知道何时可以礼貌打断对方，进行重复和确认。需要复述的电话内容有：对方电话号码；对方的姓名，如果是外文要逐字母拼写；有关时间、地点、航班、旅店、数字等易发生错误的细节；对方确定的解决方案；双方认同的地方，以及仍然存在分歧的地方。

（6）道别，挂断电话。确认事情已经谈完后，接听方最好不马上提出结束通话，可礼貌地问一句："请问还有什么事情吗？""谢谢您打电话来，再见。"

（7）整理记录提出拟办意见，请上司批阅。重要紧急电话立即呈上司批阅。其他若干电话内容相对集中处理，有条理地做一次性报告，并附上自己的看法、意见，帮助领导处理。理解并接受上司意见后执行。

2.接转同事的电话

（1）前台直接转入。找一般同事的电话可直接转到其分机上。

（2）学会处理不在的同事的电话。此种情况下，不要生硬的说"他不在"，而应委婉地告知对方"对不起，他现在不在座位上"，"他外出办事了"等，并提供其大致回来的时间等信息。询问对方有什么事，确认对方的姓名、联系方式等，以便转告同事。最好自报姓名，让对方放心。如果是一般的客户，还可询问可否愿意与其他人通话或由你代为处理。

3.学会处理转接电话

（1）告知客户你会把该问题转告负责处理这类事情的人员或部门。

（2）如果不知应由谁负责此事，则告知对方这个事情不由你的部门管，但你愿意帮助对方查看谁能处理。

（3）当外部电话必须从一个分机转到另一个分机时，要把打电话人的姓名和通话内容转告另一分机,这样对方可不必重复他说过的话。

4.妥善处理打给上司的电话

(1)善于分辨声音。秘书要注意培养声音的听辨能力,如果你听到以前打过电话的人的声音就能马上知道对方的身份,不仅会免去询问的麻烦,也会使对方感觉受到了重视。

(2)上级、熟人、重要客户的电话要马上通报上司。

(3)上司不在时的电话处理包括以下技巧:

- 应解释原因:外出、开会、接待客人等不方便接听电话(注意保密)。
- 问清对方的身份、事由、联系方式,以便稍后回复。
- 授权范围内可由自己或他人处理。
- 做好电话记录,重要或无法做出决定的电话,应及时向上司请示汇报。
- 如上司正在开会或接待客人,有急事、要事的电话可用便条请示。

(4)陌生人找上司的电话

①一定要问清对方的身份、目的。有的人上来就说"我找你们总经理"而不表明身份,不要问:"你是谁? 您找某先生有什么事?"可表示不知上司在不在或正开会、接电话、会客等,留下回旋余地。

可委婉地说:

"我给您看看总经理在不在,请问我怎样向经理通报您?"

"可以告诉我贵公司的名字吗?"

"某先生正在开会,我可以找他说有他的电话,但我可以告诉他是哪一位先生打电话找他吗?"

"对不起,张先生正在开会,请问怎样称呼您?"

"张先生正在接电话,有什么事可否让我为您转达呢?"

"张先生正在开会,我可以告诉他是哪一位先生打电话找他吗?"

"李总经理现在不在办公室,请问等经理回来后,我怎样向他转达?"

"张先生现在有客人,不知道是否方便现在和您通话,我想,让他等会儿打电话给您比较好点,我能告诉他您的姓名,找他有什么事吗?"

英语的电话用语也要客气、恭敬,不宜说:"Who are you?"

而应说:

"Who is this speaking?"

"May I ask who is calling ?"

"May I ask who is speaking there?"

"May I have your company's name?"

"Would you tell me your company's name,please?"

②如对方就是不说出姓名,可向他解释公司的规定:

"实在对不起,先生,我们公司有规定,秘书接转电话时必须通报您的姓名,请您谅解。"

③按下保留键,向上司请示,如上司不想接,就可以跟对方说:

"真对不起,张先生现在不能离开会议室,他吩咐我来帮您的忙,我是他的秘书,我姓李。我能帮您做些什么吗?"

"林先生,吕小姐在,但此刻正在开会,实在无法接听电话,您能找别的什么人谈一谈吗?"

④对执意要同上司讲话的人:

"我已经告诉过您,总经理此刻无法来接电话,我将乐意为您传话,或者您告诉我想同他谈什么事情,我会请他给您回电话。"

"我将转告梅小姐,一有时间马上给您回电话,但她要开一天的会,恐怕要等明天了。"

5.注意事项

(1)要让第一句问候语很精神,很亲切。听到电话铃响,若口中正嚼东西,不要立刻接电话,应迅速吐出食物,再接电话。若正嬉笑打闹,一定等情绪平稳后再接电话。

(2)对提出超越常规要求的来访者,要以适当的方式回绝。如,询问某位职员家里的电话,应予以解释:"很抱歉,我无权向你提供这方面的情况。或许,你可以在明天他上班后,给他办公室打电话。"

(3)出言不逊的人,不管他多么无理,都应尽量平息他的怒火,可以说:"如果我有什么地方冒犯了您,我非常抱歉,但我在这件事上确实无法再帮什么忙。"

(三)秘书拨打电话技巧

1.通话前的准备。通话前要核对对方的电话号码、单位、姓名;理清思路,列出提纲,备齐资料;在电话中与他人谈话时,对方肯定会问一些问题,所以应该考虑对方有可能问的问题,事先准备好如何做出回答。

2.拨通电话后要耐心等候,至少响6声后再挂断。不要埋怨对方接晚了。

3.立即表明自己的身份。电话接通后,先问清楚是否就是要通话的单位,然后通报自己的单位名称、职务和姓名,再问对方的称呼。如:

"您好(上午好),请问是明达公司吗? 我是欣欣公司李明,请问周先生在吗?"

"Good morning. Smith Company. My name is Mary, Secretary. May I speak to Mr. John, please?"

4.表明自己打电话的目的。在通报身份后,立即向对方讲明自己打电话的目的,迅速转入所谈事情的正题。

有关专家认为,商场上的机智就在于能否在30秒内引起他人的注意。

5.适时结束通话。一般的商务电话尽量在3分钟内结束。结束时,要把刚才谈过的问题适当总结一下。最后应说几句客气话,以便显得热情,不至那么生硬。

6.挂断电话前应礼貌道谢,等对方先挂电话后再挂断电话。

7.要将语气、语调调节到最佳状态再开始打电话。打电话合适的表达方式应是热情的、友好的、愉快的、自信的、轻松的、谦逊的、措辞得体的、冷静的、态度明确的。

(四)特殊情况处理

1.线路中断。在通话过程中,有时会因为临时的意外或故障而中断对话,这时应由主拨方再打一遍,并向对方解释并道歉,否则是不礼貌的。即使通话即将结束,只剩下最后的"谢谢""再见"还没说,也应再拨一遍,使通话完整。

2.打错电话或接到打错电话。拨错号码要道歉,可用下面的表达方式:"对不起,我可能拨错号了""对不起,打扰您了。"

拨错号码后,不可盘问对方,可询问一下对方的号码,看是否与自己所拨号码相同,以免再次拨错。接到打错的电话,不要不耐烦,如果知道对方要找的单位的电话,可以主动告诉他。

3.同时接两部电话。秘书的工作很繁忙,办公室里经常电话铃声不断,有时可能遇到两部电话同时响起而只有你一人接电话的情形。

当两部电话同时响起时,要镇定地接起其中一部电话,并马上询问对方是否介意自己先接听另一部电话。"对不起,还有一部电话也在响,您介意我先接一下吗?""您稍等一下可以吗? 我接一个电话。"对方同意后,按下保留键。之后赶紧接听另一部电话,不要让电话铃响的时间太长。拿起电话,要向客人道歉,问清身份目的、长途还是本地电话后,迅速对两个电话的轻重缓急做出判断。

如果是没什么急事的本地电话,可告诉他自己还有一个电话正在接听,请对方留下联系方式,一会儿再打给他。然后迅速接通第一部电话,并向对方道歉。

如果第二个电话很紧急和重要,不能等待,可长话短说。如需时间较长,可先向第一位客人道歉,解释有另外紧急的事要处理,必须结束通话,一会儿一定给对方回电。

4.处理投诉电话。处理投诉电话的原则是不要急于与对方争辩,要耐心倾听对方诉说。要站在对方的立场上考虑,并赔礼道歉。

(五)常见电话机的功能

1.呼叫限制:如只能拨叫市内电话和DDD电话,不能打IDD电话(国际长途)。

2.呼叫转送:可以在分机间转接。

3.分机锁定:可用密码锁定分机不让他人使用。

4.等待音乐:可播放音乐让对方等待时心情愉快。

5.转接功能:可将来电转接到手机上。

6. 电话留言:电话有自动录音装置,可以让来电者留言,再提取处理。

7. 电话会议:可实现几地多方的电话会议。

8. 信息待处理提示:如果有留言,会有提示。

9. 暂停等待按钮,即保留键:接听者按下此键可让对方听不到我方说话声,又可保持线路不断。

10. 呼叫记录:能记录使用电话的情况,计算电话费。

11. 不同的铃声:可通过不同铃声区分内外线。

12. 免提键:不用拿起话筒就能接打电话。

13. 重拨键:自动重播电话号码。

14. "井"字键和"星"号键:"井"字键一般作为电话的确认键;"星"号键一般用于返回上一级菜单。

二、接待的准备工作

(一)接待准备

涉外秘书要随时注意保持接待环境的整洁有序,当客人来访时才手忙脚乱地收拾是极不妥的。为此,涉外秘书每天上班时都要做到:

1. 保持接待环境整洁有序。前台、会客室等要干净整洁、光线明亮、空气清新、色彩和谐、绿化到位。忌前台、办公桌上凌乱,不要摆放化妆品、镜子、毛绒玩具等。

2. 做好物质准备工作,会客室(区)应有准备好的座椅、茶具、茶叶、饮料、报纸杂志、宣传资料、衣帽架等。

3. 每次会客室使用完毕后要及时整理。

(二)接待基本程序

1. 接待预约的客人

(1)事先确认。秘书在下班前应在准备第二天的工作日志时与上司确认第二天的来访安排,还可与事先约好的来访者再次确认来访时间。一方面,可以提醒对方按时履约,避免我方空等浪费时间;另一方面,如有变化,还来得及更改工作计划。

(2)提前向接待室或前台接待人员提供来访者名单。如单位有专门的接待机构或接待人员,秘书应提前向他们提供当天的来访者名单,以便来访者能够得到迅速的接待。

重要的来访者如需在办公楼前或公司的大门口迎接,秘书应比约定的时间提前5~10分钟到达。

(3)礼貌招呼客人。初次拜访的客人,人生地不熟,最怕会受到冷遇,因此秘书应立即停下手头工作,按照 3S 原则接待来客:站起身(stand up),面带微笑(smile),目光注视客人(see),热情打招呼,如说"您好,欢迎光临我们公司"。

(4)查对预约登记。了解来访者约定见面的部门或人员。

(5)通知被访者。如来访者在约定时间到达,立即通知被访者。上司如有要事一时无法会见客人,应诚恳向客人道歉,并说明等待时间。如可说:"对不起,张经理正在处理一件急事,马上就完,请您稍等一会儿,他很快就过来。"

如客人提前到达,可请其入座,上茶,递送一些报刊资料以供其消遣时间,或轻松地和他们交流,不要使来访者觉得受到冷落。但要注意:不能议论公司的长短及保密事项;离约定时间前 5~10 分钟再通知被访者。

(6)可按照单位要求给来访者发放宾客卡,并提醒来访者离开前返还宾客卡。

(7)引导客人至要去的部门或按单位要求安排人员陪同前往。引导客人前要将文件收拾好,重要文件锁入柜中。

(8)介绍主客双方。公务活动中介绍主客双方主要以身份高低为标准,但在主客双方职位差异不大的情况下,先把客人介绍给主人。

(9)巧妙结束会客。秘书事先可礼貌提醒客人约定的谈话时间,以便来客把握好时间。如客人忘记了,谈了很久还不结束,而上司后面还有别的安排,秘书要主动帮助上司结束会客,因为上司主动提出送客一般是不太礼貌的。可以将上司下一项的工作安排写在卡片上交给上司;或进入办公室提醒上司,但注意不要透露保密信息,不要对着上司耳朵说悄悄话;也可每隔 10 分钟用内线电话提醒一次。这样客人一般会主动提出告辞,使上司可以不失礼貌地结束谈话。

(10)做好来访记录。为了更好地掌握、总结接待来访工作的情况,秘书应对每天的来访情况进行记录。记录可采取表格的形式(如表 3 - 4 所示)。来访记录本用完后至少要保留 1 年,以备以后工作中查阅。

表 3 - 4 来访记录单

序号	来访时间	来访人姓名	来访人单位	来访目的	要求接见的人	实际接见的人	备注

(11)送别来访者。来访者离开时,应礼貌地送至电梯门口或公司大门口,切忌露出不耐烦、急于脱身的神态,以免留给客人匆忙打发他走的感觉。

2.接待无约来访客人的工作程序。拜访别人,按国际惯例应提前预约,但秘书在工作中会遇到大量的无约来访。当了解到对方未做预约时,秘书仍然要礼貌友好地接待,并尽量安排,以满足客人的愿望。如果当天确实不能找到适当的时间、适当的人与来访者见面,要立即向来访者说明情况,切忌不要让客人产生等一等还有希望的误解,以免浪费双方时间,使自己更加被动。因为是临时出现的客人,事先没有做好接待准备,往往需要秘书多做一些工作,并进行认真妥善的处理。

(1)问清来访者的身份、来意。陌生的客人光临时,务必问清其姓名及公司或单位名称。如:"请问贵姓?""请问您是哪家公司的?"与此同时,要郑重地接过对方的名片。若来访者是要求见上司的,要婉转问清对方的来意。不要因为说是朋友或事情紧急就安排会见,因为有些人可能是领导不愿意见的。可以说:"我去看看他是否在,请问您有什么事吗?"

(2)对来访者进行分流。最好事先与上司进行沟通,列出上司一般不见的客人的种类或名单,如推销员、广告业务员等。若上司吩咐这段时间不安排会客,除特殊情况外可直接拒绝。

尽量从客人的回答中判断来客的身份与类型,以便决定是否引见,何者优先等。向上司请示,如上司正在会客,可写纸条或送名片进去,静听回音。表3-5列出了对各种类型客人的接待方式。

表3-5 接待方式一览表

未预约客人	接待方式
上级、重要客户	热情招呼,问明身份后马上通报,再将其引领至被访者处,或请来访者稍坐片刻,待被访者亲自来接。
工作上的合作伙伴、搭档、常来的客人	最好马上认出对方,并用得体的称呼问候,给对方一种亲切感,同时应礼貌地问明其来意,然后用电话询问一下被访者是否有空会见,如可以,再将其引领至被访者处,或请来访者稍坐片刻,待被访者亲自来接。
家属、亲戚、私人朋友	热情招呼,问清身份来意后礼貌地请客人就座,并立即告诉被访问者。
客 户	热情招呼,问清身份后礼貌地请客人就座,并快速通报被访问者,按照被访问者的指示接待。
不需要会见上司就能解决问题的来客	1.问清身份、来意,可请相关部门的主管或其他人员接待,之后引导客人前往(事先要打电话通知该部门客人的到来)。 2.对前来咨询一般性问题的来客或秘书被授权可以自己接待处理的来客,应耐心解答问题,尽量使他们满意。
推销员	打电话征求采购部门的意见,如无意见面,可明确大方地告知对方。可请他留下名片和相关资料,如果上司有兴趣会与他联系。
媒体记者	在确认其身份、来意后应采取主动合作的态度接待他,并表示出乐意帮忙的意愿,但要斟酌回答的内容,不轻易表示自己对某件事的态度;要请示上司,按上司的指示接待。

如同时有多位来访者到达,应根据来访者的身份、地位及事情的重要性立刻做出判断,安排先后顺序,对需暂时等候的来者,客气地请其稍坐一会儿,送上茶水。奉茶时要依据次序。

未经上司同意,不要轻易引见来客,但一般也不要私自挡驾,以免误事。但如果是前来无理取闹、胁迫上司或多次纠缠的客人,则应坚决挡驾。

(3)婉拒与挡驾。如果上司不愿见客人,秘书不能"直言相告",要学会委婉地拒绝。可采取以下方式:

①说出大致的原因。如说:"张先生正在开一个十分重要的会议,实在抽不出时间"等。但不要说:"张先生正在接待一位重要的客人。"

②微笑着道歉。这样做有利于消除被拒绝来客的不快。

③如方便,可为客人提供其他帮助或请示上司是否派他人会见来客。

④如上司愿意见客人,但抽不出时间,可告诉他要等多久,使他意识到最好还是事先预约。如,可以告知来客:"张先生马上还有一个约会,但他很高兴见到您,只是大约要等40多分钟,您看您是在这里等他还是另外约个时间,或留下资料等,我代为转达。"

3.接待团体来访的工作程序

(1)准备工作。团体来访一般来人较多,时间也长一些,因此比日常接待工作复杂许多,需要提前做好周密的准备。

①搜集背景资料。要尽可能多地搜集各种背景资料,这是接待工作成功的基础。如:来宾的具体人数和来宾的个人简况;来宾的抵离时间和乘坐的交通工具和车次(航班);来宾的任务、目的和行程。了解了这些情况,可以更为方便地安排食宿、接送和准备相关资料等。

②拟订接待方案。应事先制订出详细的接待方案,以便提前明确接待任务,做好准备工作。日程安排表应提前传给对方,双方进行沟通,再修改定稿。接待方案的内容包括:

● 接待规格。根据来访者的身份确定接待规格,即确定本次接待工作应由哪位高层管理人员出面接待。接待规格从主陪人角度而言分为高规格接待、对等接待和低规格接待三种。高规格接待是主要陪同人员比主要来宾的职位高;对等接待是主要陪同人员与主要来宾职位相当;低规格接待是主要陪同人员比主宾的职位低。如上级领导检查工作,只能是低规格接待。这是接待方案的核心环节。一般采用对等接待,慎用高规格接待。如对方以前来访过,最好按以前的接待规格接待,以免引起不必要的误会和不满。

● 日程安排,涉及时间、地点、主陪人、活动内容等。日程安排表主要是提供给客人看的。

● 经费预算,涉及住宿地点、标准房间数量、宴请地点和标准、人数费用等。

● 接待方工作人员安排表,内容与日程安排表相似,但在人员安排、准备工作等方面应更具体,是给我方接待人员看的。

③具体准备工作。具体准备工作包括:提前预订住房,用车,机、船、车票,以及宴会、拜会地点;准备专业活动,落实参观单位,落实会议室等会见场所;通知迎接、陪同人员,准备礼品,以及各种相关资料的准备(欢迎词、发言材料、技术资料、相关信息资料、提供我方人员了解的来访团体背景资料等)。团体来访涉及的部门和人员较多,应及时做好协调沟通工作。

(2)接待方案的实施。接待方案的实施主要包括以下环节:

①迎接。迎接工作主要包括:双方要预先约定清楚接站(机)时间,并要在来宾启程前后再次予以确认。要提前至少20分钟到达迎宾地点。正式的迎宾地点多在主方办公地点门外。迎接的人员身份要与对方大体相仿,最好职责范围或专业相似。

迎宾时应相互介绍主宾双方,要先将我方主要人员介绍给来宾。主客双方热情握手后可向来宾献花,接待人员要主动与来宾寒暄并周到服务。

礼仪献花知识

1.一定要献鲜花,不能献给客人纸花、塑料花。

2.在法国、比利时等国家,菊花被看做"葬礼之花",献菊花有诅咒之意。

3.在加拿大,白色的百合花也是葬礼用花,不宜做迎宾献花使用。

4.不宜向来宾献杜鹃花,因为在欧美国家,杜鹃花被视为"贫贱之花"。

5.在西方一些国家以及墨西哥等国忌黄色的花。

6.欧美人喜欢奇数,如1,3,5,但忌13。在所献花的数量上要注意这一问题。

7.日本人也喜欢奇数,但讨厌9和4,因而花的数量不能是9枝或4枝。

知识链接

---

②安排饮食起居、交通工具等。要事前与客方做好沟通,如了解主要宾客的口味和饮食禁忌、职位排序等,以便安排菜单和座次。因为很多国际企业内部的结构不一,最容易碰到的难点是不知道客方的职位排序,应请对方拟出一个按职位排序的名单。

③各项活动的实施。要严格按照接待方案实施各项活动,会谈、参观、娱乐活动等每个环节都要周密安排,争取不出任何疏漏。遇到突发情况,要能及时灵活地处理。总之,大型的接待工作要想取得成功,秘书需付出大量的时间、精力和体力。

第二节 工作程序与时间管理

一、工作程序的管理

工作程序的管理,是指为了实现某项工作目标,对于工作中的各个环节、步骤进行科学安排和管理,优化工作流程,并使之成为处理同类工作的固定模式和方法。

对于程序化工作制定工作程序,可以使日常工作有序、高效地运行;对于非程序化工作,例如对于一些突发事件,制定适用的管理程序也是必要的,有助于有条不紊地快速处理问题。

(一)秘书部门的工作程序与计划制订

涉外秘书工作的内容繁杂,我们可以把它们分为三大类型,即常规性事务工作、指派性工作、自主独创性工作。不论做哪类工作,涉外秘书都要学会合理地安排时间,严守工作程序、流程和规则,以提高工作效率,不出纰漏。

常规性工作最需要遵守工作程序。只有把每天需要做的工作高效率地完成,才有余力做好其他临时出现的工作,以及进一步从事富有创意的工作。

制定工作程序的三个步骤是:

1. 找出问题所在。如果工作中出现了问题,首先需要找出原因,明确程序中哪一部分是问题的关键。以下是工作中容易出现问题的地方:

(1)与他人的联系(工作衔接部分)出现问题。例如,由于值班制度制定得不严密,致使在交接班时有事无人处理或责任难以分清。

(2)在时间安排上不合理。有些工作先后次序性较强,次序错了就会降低工作效率,甚至导致难以挽回的错误。以邮件的寄发工作为例,在邮件起草之后,秘书应该先按正确的格式打印、校对,保证没有错误之后再请上司签字。如果把这个程序颠倒了,上司签字后秘书才发现邮件中有错误,这不仅会让秘书自己为难,也会影响上司的工作效率。

(3)办公资源使用有问题。工作中使用的各种仪器设备、文件资料信息、办公用品,有的是归个人使用,有的是公用的。不管是归个人使用的还是公用的,都需要按一定的程序去领取或使用。例如,文件的归档,如果秘书不在规定的时间内、按正确的方法整理文件,就会影响其他同事对于文件的查阅和使用。

找出问题所在,分析问题产生的原因,才能够有针对性地提出解决方案。

2. 明确希望达到的目标

(1)要有系统观念。一个组织有发展的总体目标,有年度要实现的目标,这些都会规定、控制部门的工作目标。秘书部门在制定工作程序的时候,一定要有系统观念,把自身的工作纳入到全局工作中考虑,注意与相邻部门工作的衔接与互动。

（2）目标要明确、具体、统一。目标有涉及时间的,也有涉及空间(范围)的,或者二者都有涉及。例如,有的公司规定,对于客户的意见或咨询要在两个工作日内予以答复,这是从时间上要求达到的目标。不论是何目标,参与制定工作程序的各方认识都要一致,否则目标就不统一,提出的解决方案必定五花八门,确定方案就会面临困难。

（3）目标的稳定性及弹性。一套工作程序确定之后,是不应该轻易变动的,否则将会引起工作中的混乱局面。但是,由于工作目标往往不是固定不变的,会根据组织外部环境和内部环境的变化而调整,所以制定工作程序一方面要以现实条件为基础,另一方面也要留有改进的空间和余地。

3.改进工作程序的方法

（1）确定、改进工作程序要以组织结构为根据,即前面所提及的要有系统观念。所谓组织结构,是指组织成员为完成工作任务、实现组织目标而在职责、职权等方面的分工协作体系。每一项工作都不会孤立存在,都有承前启后的因果关系。对此有深刻认识和把握,工作程序的制定才能是科学有序的,各项工作程序才能既是独立的,又有衔接和整合之处。在制定工作程序时,要充分考虑组织内部客户和外部客户的需求和方便。

（2）办公程序的设计与改进应该由经过上司明确授权的人员来负责。他可以针对问题开展调研工作,组织相关人员讨论,搜集反馈意见,提出解决方案。

（3）办公程序应该越精简越好,要具有可操作性和可检查性。要以提高工作效率为宗旨,减少不必要的环节和看似漂亮而难以实行和检查的空话。

（二）时间管理

现代企业要想提高管理水平,提高员工的工作效率,就要学会时间管理。下面介绍一些行之有效的时间管理的方法。

1.承办周期制度。为了在时间管理上规范员工的行为,很多涉外企业制定了承办周期制度。这是一种比较有效的管理手段。

制定承办周期制度需要考虑的因素有:

（1）必要性:本组织或本部门有哪些工作是需要在时间方面做出限制的。

（2）合理性:从工作实际出发考虑限定时间的合理性和标准。要考虑的因素有:是否确实能提高工作效率;是否能树立良好的组织形象;员工经过努力能否达到制定的标准;这一标准有其他外来因素干扰吗? 例如,曾有银行规定,业务人员在窗口接待一位客户的时间不超过 3 分钟,并为此购置了计时器放置在每个窗口。初衷是好的,以为如此即可提高工作效率,减少客户等待时间,但是实际上很难做到。因为有一个因素是银行员工很难控制的,即客户的需求和理解能力。同类的存取款业务,年轻人、文化水平较高的人很快就会填完单据,而文化水准较低、年纪较大的人就会慢得多,工作人员可能会花费不少时间来解释。这就使这项承办周期制度难以实行。

（3）针对性:完成同一项工作的具体方法不同、涉及对象不同,确定的期限也应不同。例如,同是一个会议的邀请函,如果拟邀请的对象在国外,邀请函发出的时间就应该比给国内的人要早得多。

（4）时限性:承办周期制度的制定突出的是时间上的限制,要考虑各项工作的紧急程度,如文件和信函可以分为"加急""急件""平件",承办周期自然不同。

（5）能够监督和检查:合理的规章制度是提高工作效率的基础。制定的承办周期制度应该十分具体,一项工作在多长时间内必须完成,要有具体的时间约束,不能使用"尽快完成"这样模糊的说法。还应该有完善的监督检查机制,由专人负责定期检查,发现问题及时纠正,领导也应该进行不定时的抽查,奖优罚劣。如果不是这样,制度制定出来就只能是纸上谈兵,没有实际意义。当然,秘书自己也应该严格按照办公程序工作,以改进工作方法,提高工作效率。

工作承办周期制度不是孤立的一个制度,以处理电话投诉为例,如何才能知道接待者是否按承办制度及时处理了这起投诉? 投诉者对处理结果是否满意? 就要有相应的一套工作程序,如要求接待人员掌握接电话的技巧,填写电话记录单,记录投诉者的意见、投诉时间、处理方法及其他必要的信息。监督检查人员据此进行回访,取得反馈信息等。

工作承办周期制度示例见表 3-6 所示:

表 3-6　工作承办周期制度

工作行为	工作承办周期
接电话	铃响三声之内接电话
回复信件	收到信件的 2 个工作日之内回复,紧急信件应在收到的当天回复
回复电子邮件	收到电子邮件后 1 个工作日内回复
处理投诉	接到电话投诉应立即处理,接到投诉信应在 2 个工作日之内回复
电话投诉处理回访	电话投诉处理后两天内对客户进行电话回访
文件复印	日常文件在 8 小时之内提交,紧急文件在 2 小时之内提交

2. 管理时间的其他方法。提高了管理时间的能力,就会提高工作效率。涉外秘书不仅要管理好自己的时间,而且要协助上司合理有效地利用时间。对于时间管理得好与差,可以说是秘书或其他工作人员个人能力的体现,也可以从中看出组织管理水平之一斑。

（1）ABCD 法则。这是个人管理时间的重要技巧之一。人们用 ABCD 法则排列出工作次序的先后等级。见图 3-1。

图中四个区域表示的是:

A:重要并且紧急的事项,值得用大量时间去做;

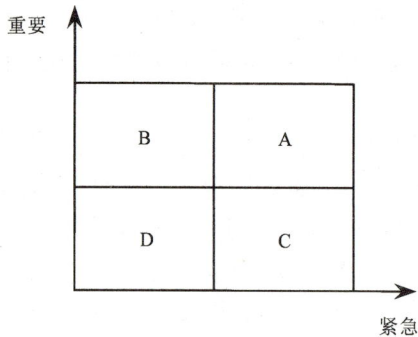

图3-1　个人时间管理的 ABCD 法则

B：重要但并不紧急的事项，计划好何时开始去做，并需要用较多时间；

C：有时间限制但并非重要的事项，应尽快解决，不要占用太多时间；

D：不紧急不重重的事项，在做好前面的工作后，花一点儿时间去做或者先放在一边。

如上所示，秘书在安排一天的工作顺序时，当然要把 A 放在优先的位置上去做，其次是 B，再次是 C，最后有时间再做 D。

那么，什么是重要的事情？据现阶段时间管理理论，是要以"目标"为中心，将与目标密切相关的事情界定为"重要"的事情，它值得人们优先处理，并在上面花费大量的精力。所以，秘书在应用这一法则时，应该注意以下方面：

● 目标：要了解公司的整体目标或远期目标，了解自己部门的工作目标或近期目标，了解上司近期工作的重点；

● 职责：秘书要明确自己的工作范围和职责，秘书近期的工作重点往往围绕上司的工作而设定，也与部门近期工作目标相联系，是所在部门整体工作目标的分解。

● 工作性质：秘书要会区分常规工作和非常规工作。常规工作有每天必做的，如接收、分发邮件，也有周期性较长的，如每隔一段时间就要发放一次办公用品，每到年底要为上司起草总结报告等。非常规性工作是不定期出现的，有时是突如其来的，如为上司准备近日出差的资料文件，接待一位不速之客等。常规性工作是可以事先安排控制的，也是必做的，秘书首先要在自己的时间表上把它们列出来，然后预留出比较充裕的时间以应对非常规性工作。

● 职业发展目标：秘书虽然每天要处理大量的事务性工作，但是仅埋头于此很难成为一名优秀的秘书，很难成为领导得力的参谋。秘书要明确自己职业发展的目标，培养自己统观全局的眼光，锻炼收集、分辨、整理、运用信息的能力，给自己留出学习的时间，这样才能有发展的空间。

（2）制订工作计划。工作计划有年度工作计划、季度工作计划、月工作计划、周工作计划等，年度计划注重重要事项、总体目标，而近期计划则侧重近期工作目标和具体事项的完成。

（3）利用管理时间的工具。目前，人们已在运用的管理时间的辅助手段有多种，这些辅助手段能够有效地帮助我们合理安排时间、利用时间。秘书常用的辅助手段有：

①工作记录本：用于记录上司的指示、自己要办的事情、替同事及客户办的事情等，这个记录本要时时带在身边，随时记录下要办的事情，它是安排一天工作计划的基础。即使你的记忆力很出色，也应该养成使用工作记录本的习惯。

②工作计划系统：秘书可以使用的工作计划工具很多。传统工具中，有一种附有 12 个月及两套以上 31 天的专用标签的文件夹或卡片柜，按 12 个月顺序排列，方便秘书将非当天、非当月的工作安排及有关文件放进去。假设现在是 1 月，那么在 1 月和 2 月要做的工作需要具体安排到每一天，就要用到那两套有 31 天标签的文件夹或抽屉。如果秘书在 1 月份就得知在 7 月将有一个重要会议需要准备，他就要把这个安排记录放入到 7 月份的文件夹或卡片柜中标志着 7 月份的抽屉里以备忘。秘书还要为这个会议做一系列准备工作，要按照工作进程表把各个月要做的事情也放入相应月份的文件夹或抽屉里。与这个工具类似的，是许多公司都用的"效率手册"一类的小册子，它们同样也能进行较长时期的时间管理，记下一些中远期的工作，如下个月某一天将在某地举行会议。它的优点是方便随身携带，缺点是记录空间相对固定，不能够完全满足需要，也不易随意添加、改变某些内容。

③各种时间计划表：包括从年度时间表直至日时间表、某项工作进程表、值班表等。月时间表、周时间表及日时间表是横向地展示某一时段安排，工作进程表是纵向地展示某项工作的进度，把二者结合起来，能够完整地展示某阶段工作的全貌。

④工作日志：工作日志是对每天工作的详细安排。秘书不仅要编制自己的工作日志，还要编制和管理上司的工作日志。

其一，为上司编制工作日志。首先，秘书要了解上司近期的工作和活动信息，提前填写在工作日志上，并于当天一早再次确认和补充。各项安排要清楚，包括事由、时间、地点、相关人、联络信息等。秘书还要了解上司的工作习惯和身体状况，每项工作之间要适当留有间隙，使上司有休息的时间，也有利于安插、应对突如其来的事情。如果哪项工作有变动，秘书要及时在上司和自己的日志上修改，并要提前告知上司或向上司确认。上司工作日志的示例见表 3-7。

表 3-7 李明副总经理的工作日志 3 月 31 日（星期一）

时 间	事 项	地 点	相关人员	备 注
9:05~9:15	听取秘书夏雪的汇报请示，安排一天工作	办公室	秘书夏雪	
9:20~9:40	浏览新资讯及一些文件	办公室		在电脑桌面"新资讯"文件夹内

续表

时 间	事 项	地 点	相关人员	备 注
9:50~10:50	审核第三季度的产品推广计划,听取市场部、企划部、公关部一季度工作汇报	第二会议室	市场部、企划部、公关部等负责人	
11:10~11:40	会见3T公司北京分公司副总经理董易先生	第一会客室	科研部、企划部、财务部经理	有关资料在红色文件夹内
12:00~13:30	设便宴招待董副总经理一行	海泉居菊厅	同上	
14:00~14:30	接见长春分公司郑朋经理、听取工作汇报	第二会客室	办公室主任刘涛、人力资源部总监张晓盟	长春分公司汇报材料在黄色文件夹内
15:00~15:30	陪同范总经理会见远大房地产公司总经理蔡一鹏	第一会客室	财务总监郝志远、办公室主任刘涛	
15:40~17:00	准备4月15日广州会议发言稿	办公室	秘书夏雪	初稿放在蓝色文件夹内

　　其二,编制秘书自己的工作日志。秘书在填写上司工作日志的同时,也要把同样的内容记在自己的日志里。仅此还远远不够,还要填入秘书为此项工作的完成而协助上司做的其他工作,如准备上司的发言稿、资料,为上司预订机票、与客户的秘书约定时间和地点等。另外,还要填写秘书自身职责中要做的工作和上司交办的工作,如办公用品的预订和发放、整理档案、替上司送一件东西给他的朋友等。秘书工作日志的示例见表3-8。

表3-8 秘书夏雪的工作日志 3月31日(星期一)

时 间	事 项	地 点	相关人员	备 注
8:30~9:00	浏览整理新资讯、整理办公室	办公室		
9:05~9:15	向李副总经理汇报请示、安排一天工作	办公室		
9:20~9:50	安排、调整一天工作计划、分发邮件、检查第二会议室、摆放会议资料、打开电脑和投影仪等仪器	办公室、第二会议室	秘书王莉莉协助,并请其准备第一会客室待用	·再次提醒市场部等部门负责人9:50开会
9:50~10:50	李副总审核第三季度的产品推广计划,听取市场部、企划部、公关部一季度工作汇报	第二会议室	市场部、企划部、公关部等负责人	做会议记录
11:00~11:10	提醒科研部、企划部经理准时参加会见、打电话给海泉居确认午餐、提醒司机班中午用车	办公室		带公司宣传资料、礼品等准备送3T公司

续表

时　间	事　项	地　点	相关人员	备　注
11：10～11：40	李副总会见3T公司北京分公司副总经理董易先生	第一会客室	科研部、企划部、财务部经理	做记录
12：00～13：30	李副总设便宴招待董副总经理一行	海泉居菊厅	同上	陪同
13：50	检查第二会客室、打开多媒体	第二会客室		
14：00～14：30	李副总接见长春分公司郑朋经理、听取工作汇报	第二会客室	办公室主任刘涛、人力资源部总监张晓盟	做会议记录
15：00～15：30	李副总陪同范总经理会见远大房地产公司总经理蔡一鹏	第一会客室	财务总监郝志远、办公室主任刘涛	刘主任做记录
15：00～15：30	打印李副总广州会议发言初稿及有关资料、预订到广州的机票、给远洋公司王秘书打电话确认明日拜访事宜、整理本日会议记录	办公室		把初稿放在蓝色文件夹内
15：40～17：00	协助李副总准备4月15日广州会议发言稿定稿	办公室		提醒李副总明早到远洋公司拜访事宜
17：00～17：15	整理明天到远洋公司所需资料、整理办公室	办公室		

其三，工作日志的变化与调整。有一些因素会影响到对于时间的管理，秘书在这样的时候必须尽早调整时间，并把它反映到工作日志上。例如，前一项工作延时（上司接见客户，超过预定时间；或者谈判进展得不太顺利，双方都希望时间能够更充裕一些；等等）。针对这些情况，秘书在安排上司的活动时就要注意：

- 不要一次安排得太满，要留出适当的空隙以备变化。
- 进行项目调整时依然遵循先重急后轻缓的原则，并请示领导。
- 在上司和自己的日志上都要有变更信息记录，避免出错。
- 变更项目涉及的时间、地点的变化要及时通知有关各方。

二、办公用品的发放与管理

任何一个单位要开展工作，都离不开办公用品。办公用品的采购、发放与管理按常规是属于秘书工作职责范围内的。秘书需要了解和熟悉有关办公用品的种类、采购计划、发放管理等相关知识。

(一)办公用品的种类

1. 纸簿类,主要包括:各种规格的办公复印纸,带单位抬头的信纸、便条纸、标签纸、复写纸,包装用的牛皮纸等;大、中、小号及开窗信封;不同规格的笔记本、活页本、专用本册(如现金收据本)。

2. 笔尺类,主要包括:签字笔、圆珠笔、钢笔、铅笔、彩色笔、白板笔、橡皮、修正液、各种规格的尺子。

3. 装订类,主要包括:大头针、曲别针、剪刀、各种胶带、打孔机、订书机、订书钉、起钉器、橡皮筋等。

4. 归档用品,主要包括:各种文件夹、档案袋、收件日期戳。

5. 办公设备专用易耗品,主要包括:打字机用硒鼓、复印机用墨盒、计算机用磁盘。

上述办公用品在储存时应该按类存放,以方便管理和领取。

(二)办公用品的管理

办公用品的管理应该考虑两个方面的因素:一是要保证供应,不能因为缺少办公用品而影响工作进程;二是要考虑控制办公成本,办公用品不能大量积压,占用很大的库房面积和资金。因此,需要建立有效的库存控制系统解决上述问题。

1. 库存控制。秘书应该对库存量进行有效控制,了解库存余额,确定是否需要补充办公用品。库存量是否合理,是需要经过大量的实践活动才能确定的,而且还要随着组织的发展变化而调整。秘书首先要了解下面三个概念:

(1)最大库存量,是某一种库存物品的最大数量。它受到库房空间、所占资金和保存期限的控制。库存物品在任何时候都不能超过这个库存量,否则将会造成各方面的浪费。

(2)最小库存量,是某一种库存物品的最小保存量,如果库存物品余额达到这一数量时,就必须检查是否已订货,询问供货商交货的时间,或者紧急订货。总之,应该在最短的时间内把物品补充上,避免因办公用品不足而影响业务工作的正常进行。

(3)再订货量,也称重新订购线,这是库存物品需要重新订购的标准。如果库存余额达到这个水平,就必须重新订货使之达到最大库存量,以保证业务活动的正常运转。再订货量的计算公式如下:

再订货量 = 日用量 × 运送时间 + 最小库存量

例如,一家公司 A4 打印纸的日用量约为 4 包,订货后需要 2 天时间到货,最小库存量为 8 包,那么,再订货量就是:$4 \times 2 + 8 = 16$ 包。

2. 库存控制卡。库存监督需要使用库存控制卡,可以是手工记录在卡片上,也可以在计算机中使用库存控制软件包、电子表格或数据库。要为每一种物品建一张库存卡,用来记录登记、接收和发放物品的信息以及最大库存量、再订货量、最小库存量等相关信息。有了这样的记录,管理人员对于库存状况就能了然于胸。

库存控制卡上的主要内容见表3-9所示。

表3-9 库存控制卡

库存参考号:				最大库存量:				
项　目:				最小库存量:				
单　位:				再订货量:				
日　期	接　收			日　期	发　放			余　额
	接收数量	发票号	供应商		发放数量	申请号	领用者	

其中:

● 库存参考号是为每一项物品编的号,编号一般与货物存放的位置相关,这样便于查找。例如:A2,即意味着该项物品存放在编号A的货柜上的2号架板上。

● 项目是对各种库存物品的描述。例如:0.7毫米黑色中性笔,包括颜色、规格、特征等内容,能把它与其他同类用品区别开来。

● 单位是物品订购、存储和发放的单位,如包、盒等。

秘书应该按制度认真填写库存控制卡。在每次库存物品出现变动时都要填写这张卡片,记录物品的余额。要保证办公用品和设备的进货卡、出货卡与库存卡三卡一致,互相对应。

3.库存监督。除了填写库存控制卡以外,秘书或其他负责人员还要经常对物品的库存状况进行监督检查。其目的在于:

(1)防止浪费和被盗。将库存实际余额与库存控制卡相对照,看有无出入,既能检查出物品是否被盗,也能发现管理人员漏填、误填记录的情况,便于及时纠正。了解各部门和个人使用办公物品的状况,与正常消费数量相比较,以杜绝浪费现象。如果发现有从未被申请使用的物品,也应该及时剔除,为其他物品腾出使用空间。

(2)了解物品项目、使用数量等方面的变化,调整最大、最小库存量和再订货量。随着组织事业的发展或者业务范围的变化,办公用品的数量和种类也会调整,某类物品可能不再使用,不必再进货,另一些物品的最大库存量或许应该增加。对比库存控制卡和进货卡、出货卡,就能得出较为科学的结论。

上述监督检查究竟多久进行一次,还要参照本单位的规章制度。

(三)办公用品的发放

1.审核物品领用申请表。无论何人领取何种办公用品都必须填写物品领用申请表,申请表填写后还要由主管审核签字以后才能生效,负责发放物品的秘书或其他指定人员必须严格执行这一制度,来人领取办公用品时,先要审核申请表,看各项填写是否清楚,特别是有无主管和领用人的签字。物品领用申请表见表3-10所示。

表3-10 物品领用申请表

申请部门： 编号：

领用物品名称	数　量	备　注
领用人：	主管审核：	发放人：
日　期：	日　期：	日　期：

2.发放办公用品。要依照申请表中填写的项目和数量发放办公用品,不得随意添减。领取人不得随意涂改表格上的内容,否则管理者有权拒绝发放。

(1)填写物品出库卡和更新库存控制卡。物品发放后,要填写物品出库卡(单)以备案(见表3-11),内容包括:领用物品时间、项目名称、数量、领用人等,并要求领用人在出库卡(单)上签字。这样,每一次物品领用的情况都清清楚楚,有利于对库存物品进行监督,并了解各部门物品的使用情况。另外,还要及时填写库存控制卡上的相关内容,记下新的余额。

表3-11 出库单

领取时间	项目名称及型号	数　量	领取人	发放人

(2)由专人在规定时间发放。发放办公用品的工作,一般由秘书承担,也可以是领导指定的人来做,不允许员工随意取用。时间也应该是相对固定的,如每周二上午。如果允许随时来领,会给秘书的工作带来干扰,影响工作效率。

(3)对各部门办公用品的使用数量和品种方面应该有一个基本估计,要有所控制和倾斜。有的部门出于业务的需要,对某类办公用品的需求量可能高于其他部门,对此应该给予满足。

第三节　处理邮件和电子信息

涉外企业要开展工作、发展业务,需要频繁地与外部联络,沟通信息。因此,每天都会有大量的邮件信函往来。从沟通渠道上划分,邮件信函可以分为两大类:一种是通过邮政系统传递的邮件,包括各类信函、电报、包裹等;另一类是电子邮件,包括通过电话线路或互联网传递的传真、电传、E – mail 等。处理邮件是指在邮件信函的接收和发出过程中要进行的一系列工作。它是秘书的一项日常工作。如果不能熟练地掌握这项工作的各个环节,不仅会降低秘书的工作效率,也会给上司的工作带来消极影响。

一、邮件的寄发程序

邮件的寄发程序是指在邮件拟写完以后,至交寄之前所要经过的一系列环节。

(一)核对

1.核对内容。邮件起草完成后,秘书要检查格式、标点符号是否规范,遣词造句是否准确,打印后还要校对。

2.核对附件。秘书要核对附件是否齐全,是否与原件放在一起。如果附件规格较原件小,可以把它订在原件的左上角。

(二)签发

秘书发出的邮件有些必须经过上司签字之后才能生效。秘书将需要上司签发的邮件准备好后,选择恰当的时间请上司过目、签字。一般是把需要签字的邮件信函放在一起统一签字,这样比较节省时间。

(三)分类

按邮件内容、性质分类,便于选择不同型号信封和不同类型信封(平信、快件、印刷品、包裹等)装封。

邮件的发送要考虑时间、经济、便利等因素。秘书应该根据信件内容的重要性及时效性选择妥当的发送方式,既保证信件可以在需要的时间内安全投递至收信人手中,又控制邮资开支。邮件的发送方式主要有以下几种:

1.一般信件和明信片。这种邮件不保价,传递速度也稍慢些,但费用也相对低廉。

2.挂号信。这种邮件适用于相对重要的信件和资料。挂号信如果未收到,可到邮局进行查询,安全性比一般信件高。

3. 保价信件。它适用于发送各种有价证券和非常重要的信件。保价信件在邮寄时由邮局给付收据,收件人要登记签收,安全系数高,但费用也相当高。

4. 转递或快递邮件国际服务。这种服务由专人专车投递到收件人手里,它是各发送方式中最方便快捷的。转递或快递邮件国际服务能够为用户高速度、高质量地运送国内、国际紧急邮件,但这种邮件的发送费用比前三者都高。

(四)写信封

如果发送大量的标准信封装邮件,可以用信封封面打印机,自动将收信人的姓名、地址从计算机邮件列表中调出来,打印到信封上或标签上。如果是手写信封,则一定注意地址、姓名及称呼要写准确。有人认为信封上的名字是给邮递员看的,因此不必写称呼,这是不对的。因为信封上的内容也是会被收信人看到的,如果没有称呼,会显得非常没有礼貌。所以其上的姓名和称呼必须与信笺上的一致。

(五)最后的核对

最后核对信封上与信笺上的地址、收件人姓名、称呼等是否正确、一致。

发送邮件时,收信人和发信人的地址都是非常重要的,它是邮件投递正确的保证。收信人的姓名、地址要书写或打印完整,完整地址包括所在公司、部门、房间号、邮政编码、路或街名、城市名称、国名等。寄信人的地址一般包括公司名称、地址、邮政编码,必要时可加上发送方所在部门。中文和英文邮件在信封上的姓名、地址书写位置有所不同,中文邮件上方写收件人姓名、地址,下方写发件人姓名、地址,而英文邮件发件人姓名、地址写在信封的左上角,收件人姓名、地址写在信封中间。中、英文信封上地址、姓名顺序也不同,英文信封的第一行写收信人的姓名,从第二行起才写地址,地址的写法与中文信封恰恰相反,不是从大到小,而是从小到大,即先写门牌号,然后依次写街道名、城镇名、县或州名以及邮政编码。中、英文信封的写法见图3-2、图3-3所示。

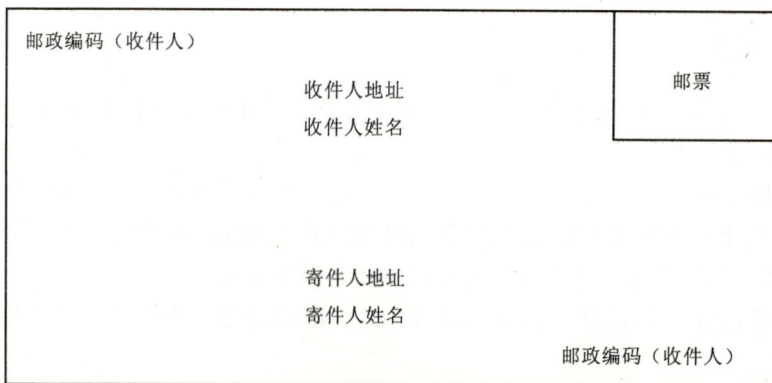

图 3-2　中文信封写法

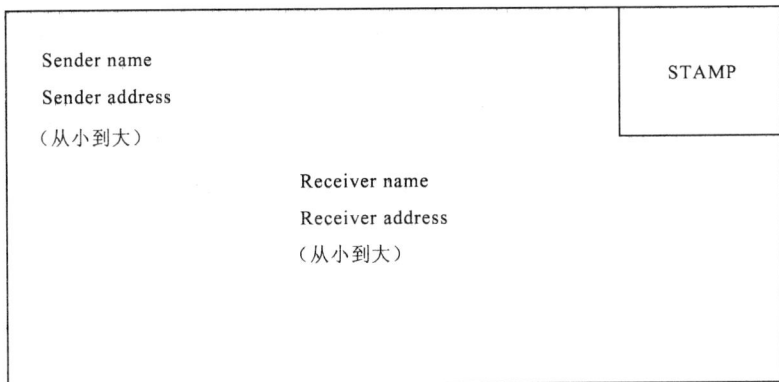

图 3-3　英文信封写法

(六)折叠装封

信纸装封之前,先把夹在信纸上的小夹子之类的用具取下。应视信封的大小和信纸的规格选择不同的折法。以 A4 规格的复印纸为例,一般有如下几种折法:

1.不折叠:重要的文件或纸张较多的文件采用这种方法,直接装入大信封。

2.二折法:纸张对折,将底边折到距顶边 0.5 厘米处。

3.三折法:先把底边向上折不到 1/3,再往上折至距顶边 0.5 厘米处。

4.四折法:先将信纸按二折法折叠,然后将信纸的左边向右折至距右边 0.5 厘米处。

用这样的折叠方法,可以使拆阅邮件的收信人准确地判断出哪里是信纸的上端,为收件人带来方便,以此表示对收件人的尊重。如图 3-4 至图 3-6 所示:

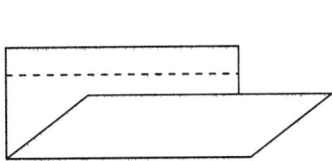

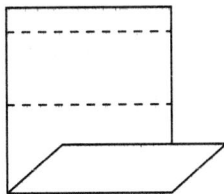

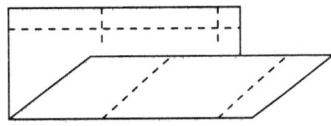

图 3-4　二折法　　　　　图 3-5　三折法　　　　　图 3-6　四折法

(七)做标记

根据信件的性质,在信封上盖上"急件""密件""私人"等标记,便于分别处理,也有利于收件人辨识。

（八）登记

重要信件发送前要在登记簿上登记。见表3－12。

表3－12　邮件发出登记表

序　号	邮件名称	寄出时间	收件人及单位名称	邮件内容或主题	回信时间	回信人	备　注

二、邮件的接收程序

邮件接收程序是指对通过各种渠道传递到公司来的邮件进行处理的一整套程序。很多邮件最终都需要领导层人员来处理。为了提高上司处理邮件的效率，秘书常常在上司授权的情况下，对邮件进行先期处理，整理好后再交上司处理。这些处理工作包括邮件签收、登记、分类、拆封、阅览加注、分送、呈送及特殊情况下的邮件处理等相关活动。见图3－7所示。

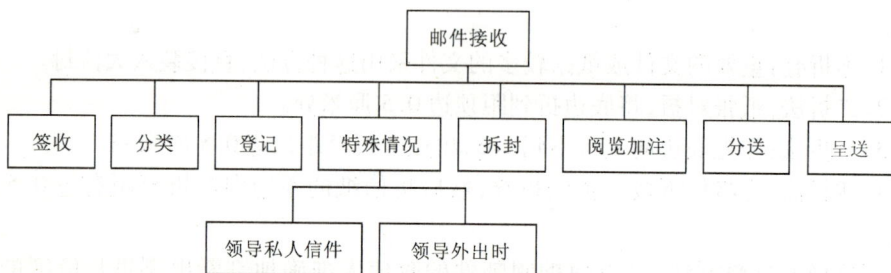

图3－7　邮件的接收

（一）签收

首先对收到的邮件进行清点，检查实收邮件与投递清单上的件数是否相符。然后检查邮件信封上的收件单位与本单位是否相符、收件人是否是本单位人员。如有误投，立即退回。还要检查邮件是否有损坏。邮件清点无误后，在投递人的回执单或送文簿上签字。

（二）分类

对邮件可按重要或紧急程度分类，见图3－8所示。

1. 重要和紧急信函，包括特快专递、航空信、保价信、电报等，有的体现了时间上的要求，有的显示出内容重要，因此要优先处理。

```
                        ┌──────────────┐
                        │   邮件分类    │
                        └──────┬───────┘
        ┌──────────────────────┼──────────────────────┐
┌───────────────┐      ┌───────────────┐      ┌───────────────┐
│ 重要或紧急邮件 │      │   一般邮件    │      │   私人信件    │
└───────┬───────┘      └───────┬───────┘      └───────┬───────┘
        │ ┌─────────────────┐  │ ┌───────────────┐    │ ┌─────────────────┐
        ├─│电报、特殊性专递、│  ├─│  报纸、杂志   │    ├─│写明上司亲启的信函│
        │ │航空信等急件      │  │ └───────────────┘    │ └─────────────────┘
        │ └─────────────────┘  │ ┌───────────────┐    │ ┌─────────────────┐
        │ ┌─────────────────┐  └─│  包裹、印刷品 │    └─│同事的私人信函    │
        ├─│  汇票、汇款单    │    └───────────────┘      └─────────────────┘
        │ └─────────────────┘
        │ ┌─────────────────┐
        └─│  业务往来信函    │
          └─────────────────┘
```

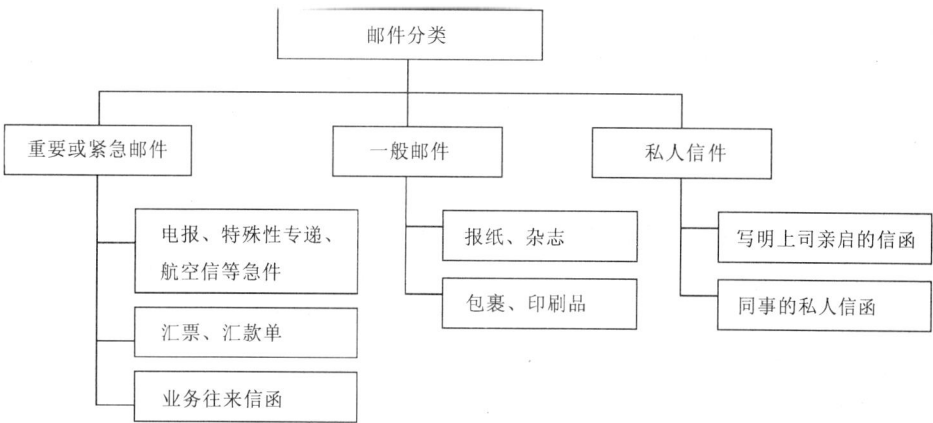

图 3 - 8　邮件分类

2. 一般信函,上面没有"急件"等特殊标记,不需要邮局提供收据,也就是说这类信函不强调时间性和重要性,可以在处理完重要和紧急信函之后再作处理。

3. 广告、报刊,处理的时限可以更宽一些。

4. 私人信件,包括寄给上司和公司里其他成员的信件,一般上面有"亲启""私人"字样。这类信件不要误拆,要及时转给对方。

(三)登记

邮件分类后,要及时对邮件进行分发或拆封等方面的处理。分发邮件时,如果是重要的邮件,如保价信函、特快专递、机要邮件等,秘书应先制印好登记簿,让收件人收到邮件后在上面签字,以备查考。为邮件建立登记簿,其目的有两个:收发文件有误时可以作为核对依据;可以作为回复邮件的提示依据。表 3 - 13 是邮件接收登记簿的样例。

表 3 - 13　邮件接收登记簿

收到日期	发出日期	收到时间	发件人	收件人	来件种类	处理日期

(四)拆封

拆封应该及时,否则会耽误工作。每天邮件投递的时间基本是固定的,因此秘书在安排工作时间表时,要把处理邮件的时间事先预留出来。

1.首先确定哪些邮件是秘书可以拆封的。写有"私人""亲启""密件"等标记的邮件秘书不应拆阅,除非上司明确授权。如果误拆,一定要对收件人说明并致歉。

2.拆封信件应该从信件的左端(有的信件可能需要从背面)启封。启封时不要用手撕,而要用开封刀或自动开封器,而且不能太用力,以防止信封里面的信件被损坏,使寄信人的地址、邮政编码等有用信息丢失。

3.拆封后,要从三个方面进行检查:一是检查是否把信封内的物件(信纸及有关的附件)全部取出,对信件里的重要文件要妥善并及时处理。信件里面如果有重要文件,如提货单等要妥善保管,避免和普通邮件混在一起。二是检查信件中所提到的附件与信封内所附附件是否相符。如果发现缺少附件,要在邮件上注明。最好把附件用环形针或订书钉固定在邮件上。有的重要邮件,信封也一并固定在正文之后。三是检查信纸与信封上的地址、姓名是否一致。如果检查过程发现有哪些不符的现象,应及时做好标记或与寄信人取得联系,予以确认。

4.如果无意拆开了不应该拆的邮件,应该立即在邮件上注明"误拆"字样,并封上邮件,并及时向收信人道歉并予以说明。如果不方便直接见到收信人,应在信封外另加一个组织信封,并在上面注明"对不起,误拆"之类的字样,并注上自己的名字。

5.挂号信、保价单据、支票、账单、结算单等应及时转交给财会或相关部门。

(五)阅办

秘书在阅读邮件时,要把与自己工作相关的内容记录下来。如果来信所涉及的内容属于自己的工作范围,便应根据来信人的要求及时予以办理。否则,对邮件中的重点内容用彩色荧光笔画出(彩色荧光笔所做的记号在复印文件时不会显示出来),以提醒上司注意。还可以在旁边标注,如"参见×日××文件"等内容。如果不便在信函上写字,可采用自动粘贴之类的移动小纸条,以方便上司阅读处理。内容冗长的信函,可以做摘要,甚至提出拟办意见附于信前,请上司过目、签字,以便提高工作效率。

如果公司或上司反对秘书人员阅函加注,这时,秘书人员便应按上司的要求来做。每份信笺、信封及附件等应平整装订在一起,然后分送上司或有关部门处理,以便于办理完毕保管备查。

阅后的信函应分类,并放入不同颜色的文件夹中。

- 需要上司本人阅读、批示的信件,要按紧急程度加以排列,需要先处理的放在上面。

- 需要其他部门处理的信件,秘书要请示上司,不能自作主张直接就把信件交给具体承办人。

- 如果信件要分送给多人,秘书人员可以按照职务高低排列,设计一个传阅顺序提示条,贴在邮件上。每个人在看完信件后必须签上自己的名字,然后再传给下一个人。邮件分送提示条可以设计为如表3-14所示的格式。

表 3－14　邮件分送提示条

年　　月　　日			
按数字顺序传阅			
1	××先生	（签字）	×月×日
2	××女士	（签字）	×月×日

● 经过上司授权,秘书可以处理一些日常信件,秘书把草拟的回函写好后,仍要把它与来信放在一起,请上司过目后签发。

三、上司外出时秘书处理邮件的方法

上司因为出差或其他原因不在公司时,秘书人员对于处理邮件要给予更多的重视,并承担更多的责任。首先应该弄清上司不在时,邮件的处理程序和方式有什么变动,怎样变动;秘书人员获得了上司哪些授权,具体应如何办理。

（一）不同情景的处理方法

1. 与上司约定每天的通话时间,最好定在秘书能够接收处理邮件之后,有助于上司了解每天的新邮件内容。秘书除把邮件分类以外,还要把每封信的内容做一摘要,以便向上司汇报。如果上司不习惯每天往办公室打电话,或者有时不方便打电话,秘书应在合适的时间主动打电话向上司汇报需要他亲自处理的重要邮件的内容。

2. 如果上司外出时间较长,秘书应该把他离开时间内收到的所有邮件都通知他。对于秘书不能代为处理的邮件,如私人信件,应该及时请示上司如何处理;或者以秘书的身份给发信人写信,告知上司外出及回来的时间。

3. 如果上司指示把有些信件交给公司其他有权处理的人,秘书应该及时把信件交递对方处理。

4. 在上司返回公司的时候,秘书一定要把上司离开这段时间中收到的所有邮件呈上,以便上司马上掌握这些信息,快速与先前的工作衔接上。如果邮件很多,秘书人员还可以制作邮件摘要表,表上列出何时收到邮件,怎样处理的,采取了哪些措施,等等。见表 3－15 所示。

表 3－15　邮件摘要表

序号	日期	邮件名称	寄件人	内容摘要	处理结果	办理时间	备注
1	×月×日	信函	×××	×××	×××	×月×日	
2	×月×日	信函	×××	×××	×××	×月×日	
3	×月×日	××	×××	×××	×××	×月×日	

(二)注意事项

秘书应该把上司外出期间的邮件分类装入纸袋,并作标记,如"需要签字的邮件""需要阅读的邮件""需要回复的邮件""私人邮件""需要其他部门处理的邮件"等等,以便于上司阅读处理。

四、处理电子邮件

随着办公自动化程度的不断提高,电子邮件在组织中所占的比例越来越大,尤其是在涉外企业中。因此,如果组织已启用了电子邮件系统,那么,秘书人员上班后第一件事就是检查电子邮箱或其他设备,如传真机等,检查晚上是否有信件传送进来,以免耽误了急事、要事的及时处理。这里重点介绍利用传真机和 E-mail 接收电子信息。

(一)传真

1.传真的接收。对于利用传真机接收电子信息来说,接收传真有人工和自动两种方法,有自动接收功能的传真机通过设置,当有传真传入时能自动接收;如果一条电话线上连接电话机和传真机两个终端,而且电话比较忙碌,那么传真可采用人工接收的方法。秘书可根据办公条件采用相应的方法并应熟悉相关设备的操作。除此之外,接收传真要建立管理登记制度。传真接收登记表一般包括序号、收文时间、收件人、文件名称、发文单位及传真号码、急度、密级、接文人、领取人、归档号、备注等内容。见表 3-16 所示。

表 3-16 公司普通传真机接收登记表

序号	收文时间				发件单位（电话）	文件名称或主要内容	接文人	备注
	月	日	时	分				

2.传真的复印。如果是传真信件,组织使用的传真纸是热敏纸,必要时,秘书应将传真信件进行复印后再作处理,因为热敏纸上的字迹不能长久保留,因而不能直接存档。

3.传真的发送。在传真过程中,文件被转换成信号,可以通过电话线传送到一个接收终端,在目的地,传真机又把信号转换成一种与原件一致的可读形式。无论是什么样的文本和图表,几乎都能通过传真发送,对传送手工制作的图表和手工签名的文本尤其有优势。发出传真除了要熟悉其发送方法外,还要注意:

(1)拟写文稿。书写传真文稿应简明扼要,书写时字迹应清楚端正,并且使用深色墨水。如果打印,字号不要小于4号。如果传真内容过多,可另纸书写或打印,但必须加以说明,并使用A4纸。

(2)登记。传真管理,要建立收发登记制度。秘书可制作专门的传真收发登记本进行登记,以便日后查看。表3-17列出了传真发送登记表的格式,可参考。

表3-17　传真发送登记表

编号	发送时间	发送人	文件名称	收件单位及传真号码	收件人	密级	急度	承办人	归档号	备注

(二)电子邮件

1.电子邮件的接收。电子邮件(E-mail)是现代通信技术和计算机网络综合发展的产物。在信息技术广泛应用的环境下,电子信息的传递主要以电子邮件的形式进行。电子邮件的接收是一个比较简单的过程,用户只要打开自己的信箱,看看有没有新来的信件,如果有,下载下来保存在电脑里即可。如果收到E-mail,上司不习惯于机上阅读时,秘书还要将它先打印出来。秘书每天会接到大量的邮件,应该把重要的邮件分门别类保存在不同的文件夹里,以备上司查阅。

2.电子邮件发送。秘书人员发送电子邮件时应注意以下几个环节:

(1)了解商务电子邮件的基本礼仪。第一次和对方进行电子邮件联络,为减少散播病毒的风险,最好寄送纯文字格式的电子邮件,且不要在未获得对方同意之前就夹带附件。不经对方同意最好不要抄送第三人。

(2)标题问题。电子邮件一定要注明标题,因为有许多电子邮件的收件人是以标题来决定是否愿意继续详读信件内容的。此外,邮件标题应尽量写得具有描述性,或是体现信件内容的主旨大意,让人一目了然。尽量掌握"一个信息、一个主题"的原则。

(3)发送对象问题。发送电子邮件时,必须确认对象是否正确,是否是信息沟通对象及信息的执行人,以免造成不必要的麻烦。

第四节　设备采购与管理

案例导入

　　年初,公司领导在年度财务结算时发现,去年办公设备的购买、租用和维修费用比前年增加了两倍,而公司的规模并没有太大变化。于是,为了提高公司办公设备采购和管理的效率和质量,公司行政主管安排办公室秘书小高负责全公司的办公设备采购与管理。为了做好这项工作,小高制定了关于办公设备采购的相关规定,购买了办公用品和设备管理软件来统一协调与管理公司各部门的办公用品和设备,加强了办公设备的整体采购计划管理。同时,小高从众多供应商中选择了三个作为长期合作伙伴,他们之间良好的合作关系使得采购成本大大降低。一年之后,公司办公设备的购买和维修费用比去年减少了30%,而且,公司的整体采购计划能够在最短的时间内根据公司的需要进行相应的调整。

简析:

　　在进行办公设备的采购和管理时,秘书应具有比较、选择办公设备和供应商,以及监督库存的能力。良好有效的采购管理来源于与供应商良好的伙伴关系,来源于细腻的采购计划、准确的采购预算以及及时有效的采购控制。根据美国采购学者威斯汀所主张的采购基本流程,办公设备的采购流程如图 3 - 9 所示:

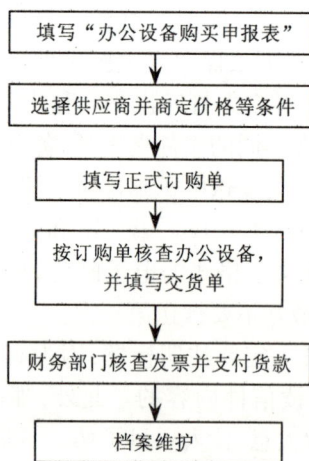

```
┌─────────────────────────┐
│ 填写"办公设备购买申报表" │
└─────────────────────────┘
             ↓
┌─────────────────────────┐
│ 选择供应商并商定价格等条件 │
└─────────────────────────┘
             ↓
┌─────────────────────────┐
│      填写正式订购单        │
└─────────────────────────┘
             ↓
┌─────────────────────────┐
│  按订购单核查办公设备,     │
│     并填写交货单          │
└─────────────────────────┘
             ↓
┌─────────────────────────┐
│ 财务部门核查发票并支付货款 │
└─────────────────────────┘
             ↓
┌─────────────────────────┐
│        档案维护           │
└─────────────────────────┘
```

图 3 - 9　办公设备采购流程图

一、办公设备的采购

采购的含义有广义与狭义之分。广义上的采购即为社会采购,包括政府、教育或军事采购等。而狭义角度的采购指企业采购。简单来讲,企业采购就是买东西,是采购人员或者采购单位基于高使用质量、低成本等目的和要求购买商品或服务的一种行为。扩展开来就是组织根据需求提出采购计划、审核计划、选好供应商,经过谈判确定价格、交货及相关条件,最终签订合同并按要求收货付款的过程。还可通过租赁、借贷、交换等途径取得物品的使用权,来达到满足采购和使用需求的目的。

因此,获得办公设备的使用权有两种常用方式,一种是采购,一种是租用。采购的优势在于拥有设备的所有权,使用方便,但需要一次性支付全部或大部分货款。租用的优势是最初的投入较低,但如果租期过长则支出的租用费用也会相当可观。

(一)采购的分类

根据采购规模与采购对象性质、要求的不同及资金来源渠道的不同,涉外企业可以选择的采购方式主要有以下几种:

1. 招标采购。招标采购时,要详细列明所有条件,如货物名称、规格、品质要求、交货期、付款条件、处罚规则、投标押金、投标资格等。投标厂商按公告的条件,在规定的时间内,交纳投标押金,参加投标。开标后原则上以报价最低的厂商得标,但得标的报价仍高过标底时,采购人员有权宣布流标,或征得监办人员的同意,以议价方式办理。招标采购又可分为公开招标采购和邀请招标采购。

(1)公开招标是由招标单位通过报刊、广播、电视等媒体工具发布招标广告,凡对该招标项目感兴趣又符合投标条件的法人,都可以在规定的时间内向招标单位提交意向书,由招标单位进行资格审查,核准后购买招标文件,进行投标。采用这种方式可以为一切有能力的供应商提供一个平等的竞争机会。

(2)邀请招标,又称为有限竞争性招标,或选择招标。邀请招标是指由招标单位根据自己的经验和调查研究获得的资料,或由权威的咨询机构提供的信息,根据供应商的技术力量、管理水平、过去承担类似采购项目的经历和信誉等,选择数目有限的几家供应商发出投标邀请函,进行招标竞争。受邀请的供应商(必须有 3 家以上)在规定时间内向招标单位提交投标意向书,购买投标文件进行投标。这种方式的优点是应邀投标者的技术水平、经济实力、信誉等方面具有一定保障,基本上能保证招标目标顺利完成。而且,参与竞争的供应商数较少,招标工作量小,可以节约时间和费用,比较适合工作内容相对不太复杂、金额不大的项目。缺点是在邀请时如带有感情色彩,会使一些更有竞争力的投标单位失去机会。

2. 公开市场采购,是指采购人员在公开交易或拍卖时随机采购。

3.议价采购。议价采购指采购人员选取信用可靠的供应商,讲明采购条件,并向对方询价,供应商报价后,采购人员从中比较选择,与其进行讨价还价,议定价格后即可进行采购。因此,一般来说,询价、比价和议价是结合使用的。

政府采购

随着财政收入规模增长,政府调控社会和经济的力量增强,政府采购与经济、社会等方面的连接更加紧密。近年来,我国陆续出台了《政府采购管理暂行办法》、《政府采购合同监督暂行办法》及《中华人民共和国招标投标法》、《政府采购货物和服务招标投标管理办法》(中华人民共和国财政部令第87号)等法律法规。根据相关条款的规定,各级国家机关、实行预算管理的事业单位和社会团体以购买、租用、委托或雇用等方式获取货物、工程和服务的行为被界定为政府采购。政府采购的主体包括采购机关和供应商。我国政府采购的主要方式有公开招标、邀请招标、询价、单一来源等几种采购方式。一般情况下,应实行公开招标采购方式。在当前移动互联网高速发展和应用普及的环境中,政府采购的形式和渠道已经实现了全面的信息化和移动化。由监督管理、资源管理、业务系统、辅助系统、系统管理构成的政府采购信息化平台,全面实现政府采购执行、管理与分析的自动化流程。

知识链接

(二)采购计划的内容

采购计划是确定采购商品需求和采购方式的文件,一般包括以下几个方面的内容:

1.采购什么。"采购什么"决定的是采购的对象及品质。设备的采购管理要求采购的商品和质量应满足三个条件:一是要符合实际办公的质量要求,并且能够通用;二是能够在需要的时间内,以适当的价格,得到所需数量的供给;三是能够在供应商中选择成本最低的。

2.何时采购。"何时采购"决定的是采购时间和周期。采购时间过早,会增加库存量和库存成本;采购时间过晚,会因存量不足而造成工作的延误。从确定采购设备种类、数量开始,到选择供应商、签订采购合同、设备入库,都需要时间。因此,采购办公设备的时候,需要考虑到从提交订单到收到货物的时间间隔,即采购的提前期。虽然现在的电商平台处理订单的速度、物流快递的速度都比较快,但仍然要考虑到一定的提前期,以免影响正常的办公使用。

3.如何采购。"如何采购"决定的是采购的工作方式,如是否采用分批交货的方式、需要采用何种供给运输方式、具体交货方式和地点如何等。办公设备和耗材的采购通常有电话采购、传真采购、填写订购单和网络采购等方式。随着互联网和移动互联网应用的普及，秘书人员都应该能够通过网络实现办公用品和设备的快速采购。

4. 采购多少。"采购多少"决定的是采购数量。采购数量的管理必须根据实际情况决定。与采购数量相关的问题有两个。一个是安全库存的问题。安全库存（Safety Stock，简称 SS）是指为了防止不确定性因素（如临时性用量增加）而预计的保险储备量（缓冲库存）。另一个是经济批量采购的问题。经济批量（Economic Order Quantity，简称 EOQ），又称经济订货量，指的是一定时期储存成本和订货成本总和最低的采购批量。随着订购批量的变化，储存成本和订货成本此消彼长。确定经济批量的目的，就是要寻找使这两种成本之和最小的订购批量。

5. 向谁采购。要决定"向谁采购"，需要事先调查各个供应商的设备规模、技术和供应能力，生产用原材料的来源和质量，供应商的质量管理情况，供应商的组织能力和财务信用状况等。在采购过程中，应经常与供应商保持联系，从而保证商品供应的质量、数量和及时性。

6. 以何种价格采购。"以何种价格采购"决定的是采购方与供应商的买卖条件。价格水平的高低受到很多因素的影响，如市场供求关系的影响，供方成本的计算方法的影响，采购条件（如交货日期、付款方法、采购数量等）的影响，供应商的成本因素影响，国家政策的影响，物价波动和通货膨胀的影响等。

7. 制订采购预算。"制订采购预算"决定的是在采购之前对采购成本的估计和预测，是一种理性的规划。它同时建立了一个资金的使用标准。有了采购预算的约束，能提高采购资金的使用效率，优化采购管理中资源的调配，有效地控制资金的流向和流量，从而达到控制采购成本的目的。

（三）设备采购程序

1. 设备采购申请阶段。需要办公设备的人员或部门应根据需求，认真填写"办公设备购买申请表"中的相关内容，如购买理由、购买型号与数量、办公设备性能要求等，之后交由主管领导审批。

2. 财务部门审批阶段。"办公设备购买申请表"给各级领导签字批准后，由财务部门进行综合平衡，确认并落实采购经费来源。财务主管签字后交设备采购部门或负责采购的人员。

3. 选择采购方式和供应商阶段。采购人员根据采购申请部门或个人的要求，收集设备及供应商信息，并根据单位的相关规定选择合适的采购方式，向供应商发出询价请求。根据供应商的报价，采购人员进行议价、比较、筛选，最终选定供应商。在这个过程中，采购人员应尽量多地征求使用者的意见。

4. 签订供货合同阶段。设备采购部门会同财务部与供应商进行谈判，选定合适的供应商之后,与之签订正式的采购供货合同。合同中应详细规定所订购货物的型号、规格、数量等细节,约定交货方式与付款方式等,由公司高级主管签字批准。同时,复制一份给财务部门。

5. 货物入库阶段。设备采购部门根据采购合同条款,跟踪供应商的合同履行进度直至交付。供应商的货物运到后,采购人员要对照交货单和自己的订购单检查货物,及时组织使用部门验收,确认采购的物品是否符合要求。如果发现设备或票据不符合要求,应立即与供应商联系。签收后的交货单送财务部门。

6. 支付货款阶段。财务部门收到发票后,对照交货单、入库单和订购单,三单货名、数字应当相符,经财务主管签字批准,根据合同约定支付货款。

7. 采购文档的维护阶段。采购人员应在采购结束后,按照公司内部管理规定,存放整套采购文档,包括各种单据、合同、相关文件、发票、使用手册等。

二、供应商的选择

设备采购时应向所有符合条件的供应商提供均等的机会,这样才能对采购成本有所控制,提高采购的质量。一般来讲,在采购计划的制订过程中,就应该制定出供应商的选择标准,这是采购计划文件的一个重要组成部分。

(一)影响供应商选择的因素

在选择供应商时,应考虑的主要因素有:

1. 价格与成本。相对于其他因素,虽然价格并不是最重要的,但比较各个供应商提供的价格连同各种折扣是选择供应商不可或缺的一个重要指标。对企业而言,供应商提供具有竞争力的价格,不一定意味着市场最低价。企业应综合考虑供应商的供货时间、数量、服务、质量等综合因素,以保证一个较优的性价比,实现价格体系的下降。

2. 质量。办公设备的质量也是选择供应商的一个十分重要的影响因素。办公设备的质量涉及设计、特性、技术规格、使用寿命、可维护性、耐用性等性能,供应商要有一个良好的、稳定的质量控制保证体系。只有质量达到使用要求,才能获得供货的资格。

3. 服务。服务也是选择供应商的一个很重要的影响因素,如更换残次品、指导设备使用、维修设备等。类似这样的一些服务在某些情况下,可能会起到关键作用。

4. 位置。供应商所处的位置对送货时间、运输成本等都有影响。选择在当地有营销和维修网点的供应商,将有助于保障良好的售后服务。

选择供应商的数量

单一的供货来源对采购方会增加一定的风险,不利于对供应商进行压价,缺乏采购成本控制的力度。而供应商如果太多,则会由于供货批量太少而无法给予采购方一定的商业折扣和其他附加费用。因而,在进行供应商数量的选择时既要避免单一货源,又要保证所选供应商的供应份额充足,以获取供应商的优惠政策,降低物资的价格和采购成本。一般来说,供应商的数量以不超过3～4家为宜。

(二)选择供应商的程序

选择供应商,要在对供应商充分调查了解的基础上,对供应商的生产和服务能力、产品质量、交付及时性等进行认真考核、分析比较后加以确定。

1.调查了解阶段。对供应商的初步调查通常比较简单,基本依据就是办公设备的品种规格、质量价格水平,以及供应商的供货能力、地理位置、运输条件等。而深入调查则主要是调查供应商的实力、维修技术水平、质量保障体系和管理水平等。

2.审核阶段。对供应商调查了解之后,应进行初步筛选和审核。建议使用统一标准的供应商情况登记表来管理供应商提供的信息,例如供应商的注册地、注册资金、经营业务、主要产品等。通过分析这些信息,可以评估其工艺能力、供应的稳定性、资源的可靠性以及其综合竞争能力。剔除掉明显不合适的供应商后,对调查后暂定的供应商一般要进行更全面、更严格的审核。供应商审核方法有两种:主观法是根据个人的印象和以往的经验对供应商进行评判,评判的依据都是一些质化的指标,十分笼统;客观法是依据事先制定的标准或原则对供应商相应的情况进行量化的考核和审定,具体有调查表法、现场打分评比法、供应商绩效考评法、供应商综合审核以及总成本法等。在复杂的采购过程中,还要进行所有评价指标的考核评估或综合评估,即把各个指标进行加权平均计算而得出最后的综合成绩。

3.选择阶段。经过考核供应商阶段,得出各个供应商的综合评估成绩,达到优秀级的合适人选被确定为供应商,一般或较差的供应商予以淘汰。对于良好级的供应商,可以根据情况,将其列入候补名单。

三、采购合同的管理

合同具有法律效力,合同上规定签约者应履行和应获得的权利和义务(不能列入与法律相抵触的条款),受到国家法律的承认、维护和监督。签订合同既是一种经济活动,同时也是一种法律行为。大部分的采购过程都是按照有法律约束力的合同来进行的。数量或金额较大的办公设备采购,也经常采用这种方式。

(一)采购合同的类型

采购合同是指采购方和供应商为了实现采购计划,明确双方的权利和义务关系的协议。采购双方要根据采购商品、服务或工程的具体情况,对各种合同类型的适用情况进行权衡比较,选择最合适的合同类型。按照支付方式的不同,采购合同一般有以下三种:

1.固定价格合同。在固定价格合同中,采购方与供应商就价格达成一致意见,只有在双方都同意的情况下才能改变价格。这对于采购方来说,风险是比较低的。因为不管采购实际耗费了供应商多少成本,采购方都不必付出多于固定价格的部分。

2.成本补偿合同。在成本补偿合同中,采购方付给供应商的价格实际上是在所有实际花费的成本之上增加一定的协商利润,而不规定总体数额。这对于采购方来说,风险要高很多。因为采购费用很有可能会超过预算。

3.单位价格合同。在单位价格合同中,供应商从自己付出的每单位服务中得到一个预定数量的报酬。整个合同的总价值是供应商所需完成工作的数量与这些工作量的单位价格的乘积。这种合同比较适合于获取服务的交易。

(二)采购合同的内容

采购合同的内容主要包括以下方面:采购商品的名称和规格,技术性能,质量、数量、包装、时间和地点的要求,合同价格,计价方法,结算方式,发货方式和补偿条件,双方的责任和权利,双方的违约责任,合同变更和解除的条件及其他事宜等。

(三)采购合同管理

采购合同管理是指保证合同双方严格地按照所签订合同规定的各项要求,自觉履行各自的义务,维护各自权益的过程。合同管理的内容主要有以下几个方面:

1.采购合同的实施。采购方应根据合同规定,在适当的时间监督和控制供应商的商品与服务供应工作。为了及时采购设备和耗材,在需要供货之前的一定时间内,就应提前与供应商联系,以免影响工作。

2.报告供应的实施情况。采购方应对供应商的工作进行必要的跟踪评估,并完成供应绩效报告书。这能为采购管理者提供有关供应商如何有效地实现合同目标的信息。

3.采购的质量控制。采购方应对供应商的商品或服务及时地进行检查、验收等采购质量控制工作。在采购合同管理实践中,基本的验收方式有:凭到货的现状验收、凭货物的封存样品验收、根据卖主提供的样品验收、凭权威部门的鉴定结论验收等。

4.合同变更的控制。在采购合同的实施过程中,合同双方经常根据某种需要对合同条款进行变更。合同的变更会对双方的利益产生影响,因此,合同中都有关于合同变更的协定条款。这些条款规定了变更合同的过程,包括一些文书工作、合同实施跟踪系统、争议解决程序以及批准变更所需的程序等。

实际上,合同的变更经常导致双方的争议和经济纠纷。一般的处理原则是:如果合同中有处理争议的条款,那么就按照合同条款中的办法处理;如果没有此类条款,那么可以请双方约定的第三方进行调解,如果双方经过调解仍然不能达成一致,那么就通过仲裁或诉讼来解决。

5. 支付管理。合同双方当事人依照合同的规定,在履行了全部义务之后,采购方按约定对供应商提交的发货单进行审核,然后进行付款,并严格管理这些支付活动。

四、办公设备的管理

微电子技术和信息科学的发展,推动了办公设备的进步。这必将引起办公制度、工作方式、办公流程、工作环境和决策进程等各方面的深刻变革,使办公行为科学化、规范化、标准化和无纸化。

(一)办公设备的分类

一般来说,根据办公活动的信息流,可将办公设备分为以下几类:

1. 输入设备。输入设备主要有键盘、鼠标、扫描仪、触摸屏、光笔、数字化仪、话筒等。

2. 处理设备。处理设备以计算机为主体,包括各类计算机、文字处理机等,也包括一些辅助设备,如汉卡、压缩/解压卡等。

3. 存储设备。存储设备主要有移动存储器、磁带、光盘等。

4. 输出设备。输入设备主要有显示器、打印机、绘图仪、声卡、喇叭等。

5. 复制设备。复制设备主要有复印机、桌面印刷系统等。

6. 通信设备。通信设备主要有网卡、集线器、交换机、路由器、调制解调器。有时也包括电传机、传真机、多功能电话、无线寻呼机等信息通信设备。

7. 其他设备。其他设备指办公活动的辅助设备,如计算器、照相机、摄像机、不间断电源、碎纸机等。

(二)办公设备的配置原则

在市场竞争日趋激烈的今天,办公设备的规格、数量也在日益增多。办公设备的整体配置可以遵照以下原则进行:

1. 实用原则。在选购办公设备时,应避免盲目追求高性能、高指标,避免不同设备功能上的重复,避免"最贵的就是最好的""功能越多越好"等误区。

2. 兼容原则。所谓兼容性,是指不同的硬件设备或软件程序是否能连接。软、硬件不配套,容易造成硬件设备闲置或不能充分发挥作用,达不到预期的目标。兼容原则对设备的维护、新旧设备衔接、设备升级、联网以及软件产品的应用和更新等,都是至关重要的。

3.系统原则。办公设备的合理配置应从全局考虑,应用系统工程学的基本原理,建成一个有机整体。只有这样,才能真正提高办公设备采购与管理的效率和质量。

综上所述,办公设备应以"总量控制、综合平衡、保障工作需要"和"合理调配、分期实施、逐步到位"的原则配备。

(三)办公设备的管理

科学、合理地对办公设备进行管理,可以延长办公设备的使用时间,保证办公设备的使用效果,降低设备管理和维修的成本。

1.办公设备的采购管理

(1)办公设备的申请和购买。部门人员根据需要提出办公设备的购买申请,填写《办公设备采购申请单》,报部门主管和相关领导审批,由采购部门或采购人员专人购买。

(2)办公设备的领用。办公设备采购到货之后,设备购置申请人员持审批后的《办公设备采购申请单》到采购部门领取。除易耗品之外,采购部门应对发放的办公设备进行编号,以备盘点检查。

2.办公设备的使用和保养

(1)使用设备前应详细阅读《使用手册》。仔细阅读《使用手册》,设备使用者就可以清晰地了解设备的构成及可拆卸部件。如果使用过程中发生故障,也应严格按照《使用手册》的步骤进行检修。

(2)设备环境的优化。

①安放平台。办公设备应放在水平、平稳的工作台上,并且尽量避免阳光直射,远离高热、潮湿的地方。如果是计算机的外部设备,最好放在离计算机较近的工作台上,同时要留出操作和检修的空间。

②电源。办公设备的电源最好使用匹配的、标准化的交流电源插头和插座,接地要好。不要将办公设备与其他大型电机及大功率用电设备串入同一回路中使用,以防出现大的故障。另外,不要将整个计算机系统靠近干扰源,如大功率音箱或无线电话主机等。

③用纸。根据办公设备的要求,使用质量好的纸张。有些设备会对纸张有特殊的要求,如静电复印机的用纸最好不使用装订纸、铝箔纸、涂碳粉的纸张以及其他导电的纸,否则可能引起火灾;也不要使用卷曲、折叠或有摺缝的纸、撕破的纸、太光滑的纸、不平整的纸、表面粗糙的纸以及经其他设备复印或打印过的纸张,否则会影响复印效果。

纸张的存放地点应避免阳光直射,最好放在干燥平整的地方。当打开纸张的封装后,最好把纸张放在聚乙烯袋内,以避免受潮。如果使用受潮卷曲的纸张,办公设备很容易发生夹纸。

④外部环境。如果设备需要在室外环境中使用,应避免淋雨或受潮,尽量不要在极端天气条件下使用。

(3)设备的日常清洁与保养。办公设备的日常维护和保养,主要是环境、设备外部及允许清洁部位的清洁保养。设备的外表面可以使用微湿的沾有清水的布、干布或中性清洁剂清洁,设备内部可以用刷子或者光滑的干布清洁。如果有透镜,则最好使用专门的镜头纸擦拭。办公设备使用较长时间以后,可以请专业人员拆开机器进行全面的清洁。

3.办公设备的维修管理。办公设备发生故障时,应根据《使用手册》检查故障原因,如果是因为操作失误而造成的故障,可先自行根据《使用手册》的提示进行解决。如果是机器本身的故障或者自行无法解决的故障,需要向采购部门或设备管理部门上报,由其统一向供应商报修。设备的维修档案应记录清晰,如维修设备的名称、维修日期、故障现象及原因、维修费用等。

(四)办公设备档案的管理

办公设备的采购、入库、使用、维修等过程都应该有完整的档案。这套档案除了文本存储的方式之外,还可以在计算机的数据库中或专门的设备管理软件中存放相应的电子版档案。完整的办公设备档案包括:

1.设备的采购信息。设备的采购信息包括该设备的采购合同、采购订货单、供应商交货单、发票等。

2.设备的保修信息。设备的保修信息包括该设备的保修文件、定期或非定期维护保养合同等。

3.设备的使用手册。设备的使用手册包括由设备制造商编制的操作指南和相关手册。

4.设备的基本信息及日志记录和故障登记。设备的基本信息包括该设备的采购日期、设备编号、供应商、使用情况、检查日期和维修日期等。要定期对各类设备进行检查并记录在日志记录本上;设备发生故障的日期、故障情况、报告人、维修情况等,也应记录在设备故障登记本上。为了便于翻阅,这两种记录本都应放在设备旁边。

5.所有设备情况列表。所有设备要依据某种原则做出目录列表,并定期更新。

本章小结

本章介绍了电话礼仪与接打电话、电话沟通的技巧;接待工作的要求、领导工作日志的管理方法;信函处理流程,办公用品和设备的采购、库存以及管理发放的方法等。

课堂讨论题

1. 为什么要树立电话形象？怎样树立良好的电话形象？
2. 制定工作程序有什么意义？
3. 涉外企业应如何规范设备采购的程序？
4. 在办公室设备的管理过程中，涉外秘书人员应做好哪些工作？

复习思考题

1. 秘书接听电话的流程是怎样的？
2. 记录电话时要把握哪几项要素？
3. 秘书应如何妥善处理打给上司的电话？
4. 接待已经预约的客人应该依据何种程序？
5. 如何接待没有预约的客人？
6. 制定合理的工作程序需要把握哪几个步骤？
7. 试讲解管理时间的 ABCD 法则？
8. 在办公物品的管理过程中，什么是最大库存量、最小库存量和再订货量？
9. 秘书为什么要进行库存监督？
10. 邮件的寄发程序是怎样的？
11. 邮件的接收程序是怎样的？
12. 上司外出时秘书应怎样处理邮件？
13. 涉外企业在采购办公设备时，通常可以选择哪几种采购方式？
14. 办公设备的配置原则都有哪些？

第四章 文书写作与运转管理

学习目标

- 了解商务英语信函的特点及写作原则
- 掌握商务英语信函的构成及常用格式
- 掌握不同种类的商务英语信函的写作
- 掌握中文商务信函与内部文书的写作

案例导入

看好亚洲基建工程市场　英国财团创设了专业投资基金

鉴于亚洲地区经济迅速发展,基本建设工程方兴未艾,因而对建设资金的需求日益增加,英国财团巴克莱德左威投资管理(伦敦)公司最近推出一种新创建基金,专门投资于公共部门及与基建工程有关的公司。

据新加坡《联合早报》报道,这种基金命名为巴克莱亚洲公共部门基金。其成立的目的是将资金投资给亚洲各地同基本建设工程有关的公司,以求获得资本增值。这项新基金没有限额,初定筹资额为 5 000 万美元。本月 2 日起,巴克莱德左威委任的分销公司将在伦敦、香港及日本,以每股 10 美元的价格,公开售股给投资机构及个人。据透露,亚洲地区基建工程仍有极大的发展潜力。其中,马来西亚在第六个五年计划中将投资 110 亿马元用于电讯工程建设,5 年内投资 108 亿马元,兴建公路、机场、海港设施、发电站等。此外,马来西亚电力局明年将上市筹集巨额建设资金,届时会创下股票发行的空前纪录。新加坡计划继续建设地铁、地下管道工程、第二道新柔长堤、第三及第四个机场搭客大厦与新的飞机跑道等,工程投资额都是数亿新元。香港兴建新机场及兴建政府津贴公共住宅的计划正在加紧进行。印度尼西亚也将投资 15 亿美元在巴旦岛建设电信与海港设施。

简析:

这是一篇外企内部报告的开头部分,在外企的秘书工作中,商务信函写作、内部报告及各种管理性文书的写作是工作的重要组成部分,只有了解并掌握各种文体的写作内容、写作方法和写作格式,才能做好本职工作。

随着国际交往的日益频繁和密切,商务英语文书写作变得日益重要。商务英语文书写作的内容以国际商务活动为基础,涉外秘书人员必须掌握商务英语文书写作的技巧,并能在商务活动中熟练运用。

第一节　商务英语信函

一、商务英语信函写作概论

国际商务活动是一种国际性的社会交往活动。重视社交礼节是它的重要特点和必须遵循的客观要求,如请外商出席宴会需要缮写请柬。在商务英语写作中,也要"彬彬有礼",不仅能使双方情感融洽,增加商贸活动成功的机会,而且能显示国家民族的文明水平。因此,每个涉外秘书都要了解商务英语文书的基本知识。

(一)商务英语信函的特点

在商务英语文书写作中,各类文体都形成了各自约定俗成的格式,其主要特点包括:

1.章法。首先,商务英语文书要借助一些程式化的行文用语,遵循商务活动中形成的程式化结构来布局谋篇,这是其最显著的特征。涉外秘书人员常常只需依照既定的套路在常用的词汇和句式中加以选择即可。

其次,商务英语文书在整体布局、文义组织上更是要遵循一些规则。如:一种文书必须遵循某种基本格式,正文结构一般分几部分,每部分按照什么样的先后顺序来写等,都是约定俗成的。与公文写作一样,依循这些程式可以使撰写者更快地掌握每一种文书的写作要点和关键内容,同时也更易于沟通,可使阅读者提高效率。

2.句法。商务英语文书很多是对客观信息的客观描述,所以句型多选择陈述句,较少用祈使句、疑问句,基本不用感叹句。

在句式安排上,商务英语文书经常使用完整句(主语、谓语都齐备);有时为了行文简洁,也用一些省略句,但是以不产生歧义为前提。另一方面,这类句子具有较强的使令性和规定性,语气又显得较缓和,没有强制的色彩。

3.词语。首先,在商务英语文书中大量使用书面语和专门术语。书面语的使用使文书显得更正式,不掺杂个人感情色彩。商务英语文书中大量运用缩略语和符号化的语言。如,根据《1990 年国际贸易术语通则》(INCOTERMS1990),常使用 FOB—Free on Board(船上交货),CFR—Cost and Freight(成本加运费),CIF—Cost Insurance and Freight(成本保险加运费)等缩略用语。

其次,在词类上,商务英语文书多用专有名词和数量词。涉外秘书人员要掌握对专有名词和数量词的使用。

随着时代的发展,现代英语语言也产生了很大的变化。现代商务英语写作在整体风格和用词上更显现出简洁、平易、亲切的特点。以下是几点建议:

(1)简单的词效果好。研究表明,若文章难度稍低于人们的通常理解水平,那么他们理解起来会更快。所以,涉外秘书在英语写作时尽量挑选短小精悍的简单词汇,这样能减少产生误解的可能。

(2)写的每一个词都需言之有物。以下是一些例子:

Example	In addition, we are also sending you our latest brochure.
Better	In addition, we are sending you our latest brochure.
Example	In my past experience...
Better	In my experience...

Example	I understand that you are looking for a new account manager.
Better	I understand you are looking for a new account manager.

△ that

that 这个词常遭滥用。每次写 that 的时候,请大声朗读一下句子,以确定是否真的需要用到这个词,很多时候句子里去掉 that 读起来更顺畅。

(3)强烈的语气词如 very,highly,greatly 和 extremely 等会贬低你的专业形象。语气词给人一种夸大其词的感觉,这可能会使读者对你的可信度产生怀疑。

Example	I was very pleased to talk with you last week regarding...
Better	I was pleased to talk with you last week regarding...

(4)强语气动词创造强有力的表达效果。

Example	This letter is a confirmation of the details of our meeting last Monday.
Better	This letter confirms the details of last Monday's meeting.
Example	Preparation of an agenda should be done before a meeting.
Better	Prepare an agenda before the meeting.

(5)动词和习语应该激发你的自信。would,might 和 could 都是弱语气词,不要用这些动词,或以更肯定的 will 和 can 来取代它们。

Example	<u>Would</u> you please send us a copy of the financial statement?
Better	<u>Will</u> you please send us a copy of the financial statement?
Better	Please send us a copy of the financial statement.

（6）非人称习语如 it was suggested, it seems, it appears, we should consider...,
we seem to be in favor 以及 it may be that... 给人不可靠的感觉,最好不要出现在商务
英语文书中。

Example	<u>It appears</u> the figures are inaccurate.
Better	The figures are inaccurate.

（二）英语商务信函写作的基本原则

在商务英语文书中,商务信函是商业交往的开始,写得好坏对交易的成败有直
接关系。写好商务书信首先要具备良好的英语基础,还要具备丰富的贸易知识和对商
务信函写作基本要求的了解。以下将具体讲述商务英语信函写作的基本原则。

1.礼貌(Courtesy)。礼貌是指写信要有礼有节,恰当地运用礼貌用语并不影响
行文的简洁,而且有助于赢得读信人的好感;同时,礼貌绝不是客套,是一种真诚的
对"收信人的态度",应尽量避免使用那些过激、轻蔑的语言。此外,对来信及时回复
也是一种礼貌的表现。

△ 客套

We have received with many thanks your letter of 20 May, and we take the pleasure
of sending you our latest catalog. We wish to draw your attention to a special offer which
we have made in it.

△ 礼貌

You will be particularly interested in a special offer on page 5 of the latest catalog
enclosed, which you requested in your letter of 20 May.

2.体谅(Consideration)。体谅强调的是要尊重收信人的风俗习惯,遵从国际惯
例,多从对方的角度看问题,多替对方着想。写信时应牢记收信人的要求、需要、愿
望以及心情,以最佳的方式表达自己的写信内容。

写信用"收信人态度(You – attitude)"而不是"寄信人态度(We – attitude)"。这
主要体现在人称代词作主语时,多用"you"代替"We/I"作主语;一般用肯定表达;一
般使用"主动语态"而不是"被动语态",只有在表达否定含义时使用被动语态。试比
较下面几组实例。

Example	We allow 2 percent discount for cash payment. (收信人态度)
Better	You earn 2 percent discount when you pay cash. (寄信人态度)
Example	We won't be able to send you the brochure this week. (否定表达)
Better	We will send you the brochure next week. (肯定表达)
Example	The review of the proposals was conducted by Mr. Wang. (被动语态)
Better	Mr. Wang reviewed the proposals. (主动语态)
Example	You ignored this mistake. (主动语态)
Better	This mistake has been ignored. (被动语态)

3. 完整(Completeness)。完整是指商务信函的结构和内容完整。涉外秘书人员在发信前对全文进行仔细检查是非常必要的。

4. 清楚(Clarity)。清楚就是要求写信人语言表达要清楚,无晦涩难懂和模棱两可之处,使收信人一看就知道写信人要表达的意思,不会产生误解。切忌出现以下情况:

(1)避免使用含有不同词义或词义模糊的词语。

例句:As to the steamers sailing from Hong Kong to Shanghai, we have bimonthly direct services.

bimonthly 有两层意思,即 twice a month(每月两次)和 once two month(每两月一次)。所以应改写为如下表达:

◇ We have two direct sailings every month from Hong Kong to Shanghai.

我们每月有两班从香港至上海的直航。

◇ We have semimonthly direct sailing from Hong Kong to Shanghai.

我们每半个月有一班从香港到上海的直航。

◇ We have a direct sailing from Hong Kong to Shanghai every two months.

我们每两个月有一班从香港到上海的直航。

(2)注意修饰词所在的位置,位置不同,句子含义也不同。

比较下面两个句子:

◇ She told her boss only what she had read.

她只把读过的内容告诉了老板。

◇ She told only her boss what she had read.

她把读过的内容只告诉了老板。

(3)注意句子结构,认真而恰当地进行分段有助于文章意思的清楚表达。商务信函一般采用一个段落表达一个主题。

5. 简洁(Conciseness)。在不影响完整和清楚的情况下,商务书信用最简短的语句来表达是最受人欢迎的。可从以下方面来使表达简洁:

（1）避免累赘冗长的表达。请看下面的例子。

Example	We wish to acknowledge receipt of your letter of 5 May.
Better	We appreciate your letter. . .
Example	Enclosed herewith please find two copies of. . .
Better	We enclosed two copies of. . .

（2）避免不必要的重复。下面是商务文书写作中经常出现的冗词赘语，斜体字表示完全没有必要，应该去掉。

◇ Leather depreciates *in value* slowly.

皮革慢慢在价值上降价。

◇ It will cost *the sum of* one hundred dollars.

它要花一百美元的数目。

◇ In about two week's *time*, the tourist season begins.

大约两星期的时间之后，旅游季节就开始了。

有些写信者认为，一个词能表达的意思用两个词表达会更突出意思。实际上，第二个词则是"画蛇添足"的。以下是"语义重复"的例子。

◇ immediately and at once　立即和马上

◇ advise and inform　告知和通知

◇ demand and insist　要求和支持

◇ obligation and responsibility　义务和责任

（3）尽量使用短句和浅显的解释。

①用单词代替短语

enclosed herewith	⟶	enclosed
at this time	⟶	now
due to the fact that	⟶	because

②用短语代替句子

Example	Please don't hesitate to call upon us.
Better	Please write us.
Example	Please see that an enquiry is conducted to determine to reason.
Better	Please find out the reason.

③用词语代替从句

Example	We require full – automatic washing machine which is of the new type.
Better	We require new type full automatic washing machine.

6. 具体(Concreteness)。商务信函的内容要具体明确,尤其在答复对方或请对方做出答复时。商务信函的具体还指避免使用陈旧、多余的短语,表达时要具体。

Example	Please notify us at an early date.
Better	Please let us know within fifteen days.

7. 正确(Correctness)。正确指语法、标点和拼写方面的正确,而且也要求语言标准,陈述得当,数据准确,并要求正确理解贸易术语。正确作为商务信函写作的基本功,是涉外秘书人员要加强的。

以上是商务信函写作的七项原则,因为其英文表达都以 C 开头,我们常简称为7C 原则。7C 原则贯穿于商务信函写作的始末,希望涉外秘书人员在写作时细心体会。

(三)商务英语信函的构成和格式

1. 商务英语信函的构成。英文商务信函由基本部分(Standard Parts)和选择部分(Optional Parts)组成。

(1)基本部分(Standard Parts)。基本部分主要包括:

①信头(Letter Head)。信头可表明发信人的公司名称和地址、电话号码、传真号码、电子邮件地址、公司网址以及所经营的业务等。

很多公司的信笺都印有信头,该部分一般印刷在公司信笺顶部。有的还带有公司的标志(logo),这使收信人一看就知道信来自何处,也便于复信时参考。

②日期(Date Line)。日期指写信的年月日。但要注意,日期尽量避免简写,以免产生误会。例如:7/8/2007,根据英国英语是 2007 年 8 月 7 日,而美国英语则是指2007 年 7 月 8 日。总之,日期要注意年份应完全写出,月份要用英语表示,不能用数字来代替,但可用缩写,如 Aug. 代替 August,Oct. 代替 October,但 May,June,July 本身很短,就不再减缩了。

③封内地址(Inside Address)。封内地址指的是收信人所在公司的名称和地址,一般是沿纸张左边线写起,在日期之下两行。

英文信函的封内地址通常由小到大来表示,一般由以下几个部分构成:

- 收信公司的名称或收信人的职位称谓;
- 门牌号码和街道名称;
- 所在城市、州、县名和邮政编码;

● 国家名称。

④称呼(Salutation)。这是写信人对收信人的一种称呼,位于封内名称和地址的下两行。目前,外贸书信中常用的称呼有:Dear Sirs,美国人通常用 Gentlemen,Dear Sirs 后面用逗号,Gentlemen 后面用冒号。注意不能单独用 Sirs,Gentlemen 也不使用单数。

⑤正文(Body of the Letter)。信的正文是信函的主体,是最重要的部分。写信人应以最恰当的方式让收信人了解并接受你的主张;同时,信函应力求完整、正确、简洁、有礼,语法规范。

⑥结尾敬语(Complimentary Close)。结尾敬语是用来礼貌地结束书信的一种表达方式,通常与前面的称呼相呼应。称呼和结尾敬语常用的固定搭配有:

Dear sirs	⟶	Yours faithfully
Gentlemen	⟶	Truly yours
Dear Mr. Smith	⟶	Yours sincerely
Dear Ms. Smith	⟶	Yours cordially

⑦签名(Signature)。签名位于结尾敬语下面,应将商号的名称用大写字母写出,再由负责人签名,签名下面应打印签名人的姓名和职位。如:

Yours sincerely,

THE ABC TRANSPORT. CO.

Reese Smith(手签/Signature)

Reese Smith

Managing Director

(2)选择部分(Optional Parts)。选择部分主要包括:

①存档编号(Reference Number)。存档编号主要是为了信函将来便于查阅、存档。编号由写信人自己编制,没有固定格式。

②经办人名称(Attention Line)。经办人名称通常用于提请收信方某人阅读该信。如:

For the attention of Mr. Smith

或者用:Attention:Mr. Smith

③事由(Subject Line)。事由指该信的主要内容。事由一般要加下划线,前面加 Subject 或 Re。

Subject:Invoice No. 2345

Re:Invoice No. 2345

④附件(Enclosure)。信函如带有附件,则应在信的左下角打上"Enclosure"或其缩写"Encl."。若附件不止一份,则需注明附件的份数或详细列明。例如:

Enclosure:Price list

Encls:2 Invoices

Encls：1 Photo(照片一张)
　　　2 Invoices(发票两张)

⑤抄送(Carbon Copy，简写为 CC，cc.)。信件的内容需要抄送第三方时，可在签名或附件下两行沿左边线写上"CC"或"cc"，再打上抄送对象的名称即可。例如：

CC：The Bank of China

⑥附言(Postscript)。附言是一种追加说明，在正规的商业书信中应尽量避免使用，因为这是计划欠周全的表示。

图 4－1 是英文商务信函的构成示意图。

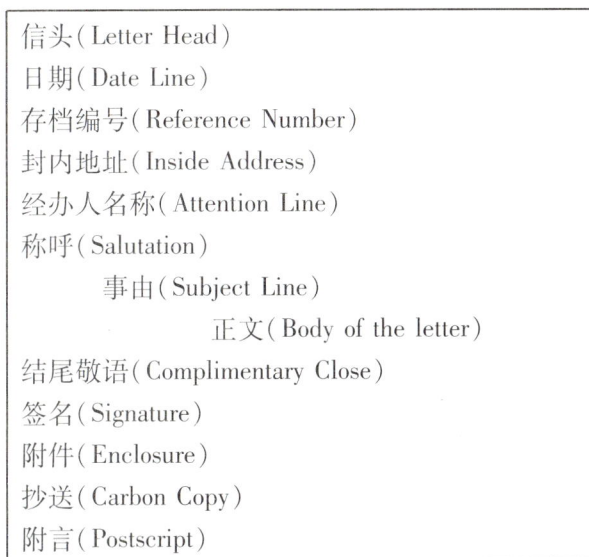

```
信头(Letter Head)

日期(Date Line)

存档编号(Reference Number)

封内地址(Inside Address)

经办人名称(Attention Line)

称呼(Salutation)
        事由(Subject Line)
                正文(Body of the letter)

结尾敬语(Complimentary Close)

签名(Signature)

附件(Enclosure)

抄送(Carbon Copy)

附言(Postscript)
```

图 4－1　英文商务信函构成示意图

2.英文商务信函的格式。英文商务信函常用的格式一般有两种：齐头式(Blocked Style)和混合式(Semi－blocked Style)。

(1)齐头式。这是目前人们最常用的一种书写格式。它的主要特征是所有各行全部从左边边缘栏线开始，而且，除了称呼、正文、结尾敬语，其他部分都采用免标点法，即日期、地址各行末尾均不用标点符号。参见图 4－2。

(2)混合式。混合式格式有如下特点：每一段第一行通常要缩进 4~6 个空格，封内名称和地址的各行与左边边缘线对齐，事由居中，日期、结尾敬语及签名置于中间稍偏右的位置。段落之间要空 1~2 行。参见图4－3。

3.信封的写法。信封的缮写应力争正确、字迹清楚和美观。英语信封格式在收信人和收信人地址以及寄信人和寄信人地址的书写位置上，不同于国内的写法。其主要特点是：

(1)寄信人姓名、地址写在信封的左上角，商贸机构所用的信封，通常在左上角印好寄信人地址。

（2）收信人姓名、地址写在信封中央偏下位置,按照现在流行的写法,除缩略语外均不用标点符号。

（3）邮票贴在右上角。

（4）寄信人和收信人姓名、地址现多用齐头式或缩进式。

（5）关于信件类别、投递方式及其他事项的说明,写在信封左边寄信人地址下方,或写在左下角。如怀疑信件能否送交收件人,可在信封最下缘标明: IF UNDELIVERED PLEASE RETURN TO ×××（无法投递,请退×××）。

Organizing Committee of DaLian International Fashion Festival
173 Hang Zhou Street
DaLian, 116000
PRC

September 18, 2007

Mr. Darrell
456 Carbondale Street
New Orleans, LA 70620
USA

Dear Sirs,

We would like to invite you to attend the 2006 DaLian International Fashion Festival. The Festival will be held from October 6 to 12. Details will be faxed to you soon.

We look forward to your coming.

Yours faithfully,

Zhang Qi(signature)
Director of the Organizing Committee

图4-2　齐头式格式

China National Industrial Import – Export Co.

No. 123 , 9th Section Wangjing ,

Chaoyang district , Beijing ,100075

PRC

Our Re：No. T – 678

Your Re：No.

April 23 , 2006

West Productions Inc.

478 Xiangfu Street

Liverpool AY1 3DF

England

Dear Miss Helen ,

We enclose details of our offer for air – conditioners to be delivered before the end of July.

Please let us know the exact details of your requirements so that we can make our offers accordingly. We assure you that we will do our utmost to meet your needs.

We look forward to hearing from you soon.

Yours faithfully ,

China National Industrial Import – Export Co.

(signature) Jim Smith

Manager

图 4 – 3 混合式格式

英文商务信函信封的书写格式参见图4－4所示。

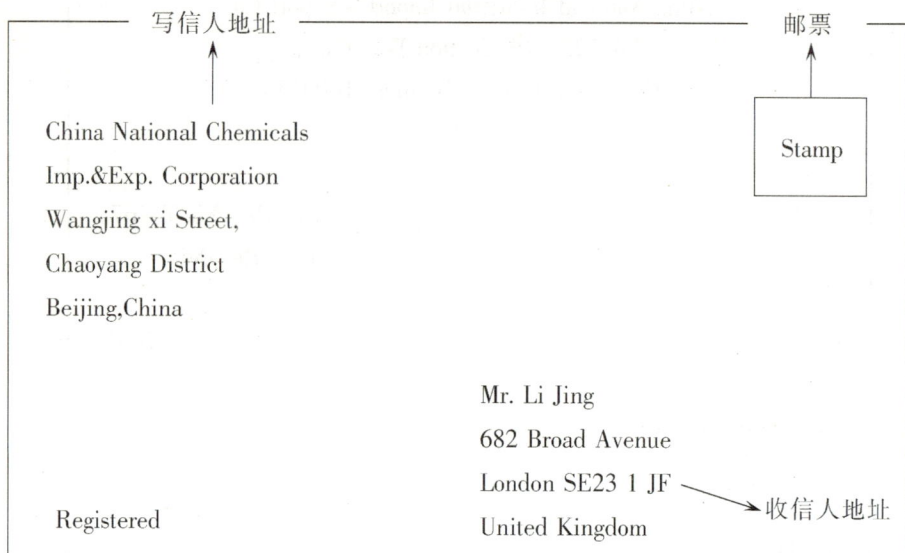

图4－4　英文商务信函信封的书写格式

二、常用英文商务信函的类型及写作技巧

国际商务活动中有各种类型的信函,我们在本部分将以各类文书的具体例子来讲述英文商务信函的写作技巧。

(一)建立业务关系(Establish Business Relations)

所谓建立业务关系,是贸易商不断地寻求有发展潜力的贸易商,从而不断扩展业务范围的活动。

如何获得所有关于新市场与新客户的必要信息呢？ 通常可通过如下渠道:报纸、广播中的广告节目、贸易客户的介绍、银行的介绍、商务参赞的介绍、国内外商会的介绍等。

写信人一般按下列步骤书写建立贸易关系的信函。

- the source of sender's information of receiver(收信人信息的来源)
- the sender's intention of writing the letter(写信人的意图)
- the business scope of sender's firm(公司的经营范围)
- the reference as to sender's financial position and integrity(有关公司财务状况及信誉状况的查询之处)
- Express the wish of cooperation and early reply(表达与对方合作和早日收到回

复的愿望)

　　建立业务关系的信函要写得热情、诚挚、礼貌,以求给对方留下良好的印象。

[参考例文]

Dear Sirs,

Having obtained your name and address from CCPIT as the leading exporter of Chinese arts & crafts. As this item fall within the scope of our business activities, we are shall be pleased to enter into direct business relations with you at an early date.

We have been importers arts & crafts for many years. At present, we are interested in various kinds of Chinese arts 87. crafts and would appreciate your catalogues and quotations.

If your prices are in line, we believe important business can be done.

For our business and financial standing, we may refer you to our bankers, The Commercial Bank of England.

We look forward to your early reply.

Yours faithfully,

[中文对照]

敬启者:

　　承蒙中国国际贸易促进会将你公司作为大有希望的中国工艺品出口商介绍给我方。中国工艺品属于我公司经营范围,我们愿与贵公司建立直接的业务关系。

　　我们多年来一直在进口工艺品。目前,我们对中国各种各样的工艺品感兴趣,很想获得你方的目录和报价。

　　如果你方的价格合理的话,相信我们双方能做成大生意。

　　关于我方业务和财务情况,请向英格兰商业银行查询。

　　盼佳音。

　　谨上

　　回复建立贸易关系的信函的写作步骤及常用表达方式包括:①感谢对方对你公司的兴趣;②表示对对方建立业务关系意愿的兴趣;③表示将采取进一步的行动。

[参考例文]

Dear Sirs,

Thank you for your letter of March 7 and shall be pleased to enter into business relation with you.

As requested we are sending you by another mail our latest catalogues and pricelists of our exports.

We shall be glad to have your specific enquiry.

Yours faithfully,

[中文对照]

敬启者：

感谢你方 3 月 7 日的来信,我们很高兴与你方建立业务关系。

按照你方的要求,我们另邮寄最新的出口产品目录和价格表。

收到你方的具体询价将不胜感激。

谨上

(二)询盘(Enquiry / Inquiry)

询盘、询价,是买方对所要购买的商品向卖方做出的探询。其内容并不仅限于价格,还可兼问商品的规格、性能、包装和交货期等。询盘是没有任何约束力的,也就是说,询盘的一方没有任何义务非要买被询盘一方的货物。询盘被认为是交易的真正开始。

询盘信的一般写作步骤是：

1.介绍信息来源或提一下上一封信等。

2.具体询问,比如要求对方提供相应信息或服务等。这一部分要写得具体、清楚。

3.表达合作愿望。

[参考例文]

Dear Sirs,

We learn from a friend in Shenzhen that you are exporting Men's Pajamas. There is a steady demand here for the above – mentioned commodities of high quality at moderate prices.

We should be appreciated if you send us a copy of your catalogues，with details and terms of payment. We should find it most helpful if you could also supply samples of these goods.

Your early reply is appreciated.

Yours faithfully，

[中文对照]

敬启者：

　　我们从深圳的一位朋友那里了解到你是出口男式睡衣的厂商,如果价格适中,我们市场对上述高质量的商品有稳定的需求。

　　如能收到一份你方的目录表,包括详细的报价单和付款方式,将不胜感激。如提供商品的样品,对我们将是非常有帮助的。

　　盼早复!

　　谨上

（三）报盘（Quotations and Offers）

　　报盘也叫报价,是外贸业务流程中的一个重要组成部分。报盘是卖方将某种产品按一定的交易条件(包括数量、价格、交货期、付款条件等)向买方表达成交愿望的行为。在国际业务中,报盘分实盘和虚盘两种。实盘是卖方按其所提供的条件达成交易目的的肯定承诺,一旦买方在规定的答复期限内接受了报盘,卖方将不得对盘中任何条款做任何修改。虚盘则对卖方没有这种约束力,在某些情况下,报盘中的具体条款仍可修改。

　　1.实盘。一项实盘必须具备以下内容：

　　(1)发盘的内容和词句必须肯定,不能用"大约(about)"、"参考价(reference price)"等模棱两可的词。

　　(2)发盘的内容明确完整,其内容应包括商品品质(quality)、数量(quantity)、包装(packing)、价格(price)、装运(shipment)、支付(payment)、有效期(validity)等。

　　(3)发盘中不能有保留条件,如：以我方最后确认为准(subject to our final confirmation);以货物的未售出为准(subject to goods being unsold)。

　　2.虚盘。虚盘是发盘人所做的不肯定交易的表示。凡不符合实盘所具备的上述三个条件的发盘,都是虚盘。虚盘无须详细的内容和具体的条件,也不注明有效期。它仅表示交易的意向,不具有法律效力。出现下列一类词句者,皆为虚盘。

　　● Without engagement.（不负任何责任）

- Subject to prior sale.（有权先售）
- All quotations are subject to our final confirmation unless otherwise stated.（所做报价，除特别注明外，须经我方确认后方能生效）
- Our offer is subject to approval of export license.（出口许可证准许签证，我方报价才有效）

3. 报盘信的写作。报盘信的一般写作步骤为：

(1)对询价表示感谢；

(2)说明价格、折扣及付款条款和细节；

(3)对装运期或交货期的承诺；

(4)表明报价的有效期；

(5)表达希望该报价能被接受的愿望。

[参考例文]

Dear Sirs,

Landis's sports wear

Thank you for your letter dated August 4, in which you express your interest in our Landis's sports wear. At your request, we take pleasure in making you the following offer, subject to our final confirmation:

Commodity: Landis's sports wear
Quantity: 2 000 dozen
Size: S/M/L
Color: White, blue, red
Price: At US $ 1 440 per dozen CIF Montreal.
Payment: By L/C at sight

If you find the above acceptable, please fax us for confirmation.

Yours faithfully,

[中文对照]

敬启者：

非常感谢你方8月4日的来信，表示对我方女式运动衣感兴趣。根据你方的要求，我们做出以下报盘，以我方最后确认为条件。

商品:女式运动装

数量:2 000 打

尺寸:大小中码

颜色:白色、蓝色、红色

价格:每打 1 440 美元,蒙特利尔成本加保险加运费价

付款方式:即期信用证

如果你方能接受以上的报盘,请来传真确认。

谨上

(四)还盘(Counter Offer)

还盘又称还价,指交易一方收到对方报盘后,不同意或不完全同意报盘中的内容,但又有意达成交易,为进一步商洽,便向对方提出新的条件、要求,或修改条件、要求的行为。还盘实质上是受盘人对发盘拒绝后,以发盘人的身份做出的一项新发盘。一项发盘一经还盘,还盘人(原受益人)就成为这项新发盘的发盘人。原发盘的效力经还盘后终止。

还盘是对卖方的原报盘的部分或全部拒绝。为了向卖方表明自己的立场,买方应阐明适当的理由,继而提出自己的条件。对买方的提议卖方可以接受,也可以拒绝。如果拒绝,卖方可提出反还盘。在还盘时,重要的是清楚地陈述自己的观点,斟酌用词,避免误解。

1.还盘信的写作。还盘信的一般写作步骤如下:

(1)感谢对方的报盘;

(2)对不能接受报盘表示歉意;

(3)说明自己不能接受报盘的理由;

(4)阐述自己的观点,包括可以接受的条款、价格等;

(5)表示希望对方考虑自己的还盘,敦促对方尽早接受。

[参考例文]

Dear Sirs,

We are in receipt of your letter of Match 5 offering us 4 000 pieces of bed – sheets at US $ 12.00/pc CIF Vancouver.

In reply, we regret to inform you that our end – users here find you prices too high and out of line with the prevailing market. You may be aware that some Indonesian dealers are lower their prices. No doubt there is keen competition in the market.

We do not deny that the quality of your bed – sheets is slightly better, but the difference in price should not, in case, be as big as 5%。To step up the trade, we, on behalf of our end – users make counter – offer as follows:

"5 000 pieces of bed – sheets, at US $ 11.4/pc CIF Vancouver, other terms as per your letter of Match 5. "

As the market is decline, we recommend your acceptance.

We are anticipating your early reply.

Yours faithfully,

[中文对照]

敬启者:

　　贵公司3月5日函悉,报盘4 000张床单,单价每个12美元,温哥华到岸价。

　　兹复,很遗憾,我处客户认为你方价格过高,且与现在市场水平不一致。贵公司可能了解,一些印度尼西亚商人正在削价销售,毋庸置疑,市场竞争激励。

　　我们不否认贵公司床单质量稍好,但差价决不至于高达5%。为促进贸易,谨代表客户还盘如下:

　　"5 000张床单,每个11.4美元,温哥华到岸价,其他条件按你方3月5日函办理。"

　　由于行情下跌,建议你方早日接受。

　　盼望早日得到答复。

　　谨上

　　2.回复还盘信。回复还盘信的写作步骤如下:

　　(1)告诉对方你已明了其意图并表示遗憾;

　　(2)说明可以接受或表示遗憾不能接受还盘;

　　(3)解释接受或者不能接受对方还盘的原因;

　　(4)表示希望建立长期的业务关系。

[参考例文]

Dear Sirs,

We are appreciative of your letter of March 13 which requested a 5% discount.

It is our company's policy not to give a discount on our standard prices. However, we are glad to make an exception in this case as an introduction to our bed – sheets. Thus, we accept your counter – offer for a 5% discount based on a purchase of 5 000 pieces by May, as follows:

"Bed – sheets at US $ 11.4 per piece CIF Vancouver for shipment in July. "

We look forward to receiving your order, and to developing our continuing, profitable relationship in the future.

Yours faithfully,

[中文对照]

敬启者：

感谢贵公司 3 月 13 日要求减价 5% 的来信。

我公司的政策是标准价格不打任何折扣。不过,我们可为你方破一次例,以推广我公司之床单。因而,若你方在 5 月前购买 5 000 张床单,我们便接受你方要求减价 5% 的还盘。

"床单,每张 11.4 美元,温哥华到岸价,6 月底装运。"

期盼你方的订单,并希望我们双方持续发展互惠互利的业务关系。

谨上

(五)订货(Orders)

订货是买方向卖方提出的要求,要求卖方按订单所列的各项条件供货。

订货可随时以书信的形式写成,亦可用事先印好格式的订单。订单或订货书信一经卖方确认,一般就成为对买卖双方都有法律约束力的合同。因此,它们的制定或撰写必须准确和清楚,以免引起不可挽回的麻烦。卖方接到买方的订单后应认收。认收时,最好重复下订单的条件。订单一般包括如下内容:产品目录号、数量、商品性质(如型号、号码、颜色)、运输方式、付款方式等。

1.订货信。订货信的一般写作步骤为:

(1)感谢对方的报盘和确定收到报盘;

(2)告知对方准备订货;

(3)具体确认(如品名、条款等);

(4)告知对方具体订货安排;

(5)敦促对方尽快发货。

[参考例文]

Dear Sirs,

We thank you for your quotation of April 15 together with patterns of Printed Shirting. We find both quality and prices satisfactory and are pleased to give you an order for the following items on the understanding that they will be supplied from stock at the prices named:

Quantity	Pattern No.	Prices
50 000	129	HK $ 8 per yd
30 000	149	HK $ 9 per yd
40 000	159	HK $ 12 per yd

We expect to find a good market for the above and hope to place further and large orders with you in the future.

Our usual terms of payment are by D/P 60 days and we hope they will be satisfactory to you.

Yours faithfully,

[中文对照]

敬启者:

你公司4月15日的报价单以及印花细布花样均收悉,谢谢。我公司对质量和价格均表示满意,并乐意在指定价格和供应现货的条件下订购下列货物:

数量	花式号	价格
50 000	129	每码港币8元
30 000	149	每码港币9元
40 000	159	每码港币12元

我公司期望为上述商品开拓好市场,并希望不久的将来再向你公司大量订购。

我公司通常的付款条件是60天付款交单,希望能令你公司满意。

谨上

2.回复订货信。客户在给卖方发订单时,就已经提供了一个进一步交易的机会。卖方在回复订货信时要告诉客户他们会尽快得到所订货物,并表达希望进一步交易的愿望。其写作步骤如下:

(1)表示感谢对方订货;

(2)对所订的货物进行好的评价;

(3)表示会迅速认真执行订货;

(4)对读者可能感兴趣的其他产品进行宣传推销;

(5)希望对方再次订货。

[参考例文]

Dear Sirs,

We are pleased to receive your order of April 25 for Printed Shirting and welcome you as one of our customers.

We confirm supply of the Printed Shirting at the price stated your letter and are arranging for dispatch next week on shipment. When the goods reach you, we feel confident you will be completely satisfied with them.

We hope that our handling of your first order with us will lead to further business between as and mark the beginning of a happy working relationship.

Yours faithfully,

[中文对照]

敬启者：

　　接到你公司 4 月 25 日印花细布订单,非常高兴,并欢迎贵公司成为我公司的客户之一。

　　现确认按你方来信列明的价格提供印花细布,并正安排装运。深信你公司收到货物后,定会感到完全满意。

　　希望这批订单将带来彼此更多的业务往来,并展开愉快的工作关系。

　　谨上

（六）支付方式（Terms of Payment）

付款是商务贸易的重要组成部分。所有商务活动的结果都应该是对所提供的货物或服务获得对价。如果付款不能保证,那么所做的一切都没有意义。在商业上有许多付款方式,而国际贸易中的付款方式更为复杂,国外账户的支付也有许多形式。

现在常用的国际贸易支付方式有三种:汇付(remittance)、托收(collection)和信用证(Letter of Credit,简写作 L/C)。信用证是国际贸易活动中主要的支付方式。

买方提出付款方式的信函的写作步骤如下:

1. 提示合同、货物等;

2. 提出具体付款方式及理由;

3. 希望对方同意。

[参考例文]

Dear Sirs,

We enclose an application for documentary credit and shall be glad if you arrange to open for our account with your office in London an irrevocable letter of credit for US $ 60 000 in favor of the United Trade Company, the credit to be valid until December 30.

The credit which evidences shipment of 2 000 tons of steel may be used against presentation of the following documents: Bill of Lading in duplicate, one copy each of Commercial Invoice, Packing list, Certificate of Insurance and Certificate of Origin.

The company may draw on your London office at 60 D/S for each shipment.

Yours faithfully,

[中文对照]

敬启者:

　　随付我方跟单信用证申请书一份。而且,若你方能安排在伦敦分行开立金额为 6 万美元、以联合贸易公司为受益人的不可撤销信用证,而此证有效期到 12 月 30 日为止,则我们将不胜感激。

　　此信用证下所装运的货物是 2 000 吨钢。在向银行议付时,需提交下列单据:提单一式二份,商业发票、装箱单、保险单及原产地证明书各一份。

　　联合公司可向你方伦敦分行开立 60 天见票即付的汇票。

　　谨上

(七)装运(Shipping)

　　国际贸易中绝大多数的货物以海运方式运送。在国际贸易中,采用 FOB/CIF/CFR 三种装运价格术语,卖方只要根据合同的有关规定将货物装上船,取得提单,就算是交货。提单签发日期亦即为交货日。因此,装运一词常被用来代替交货的概念。这种凭单交货被称为象征性交货。凭单交货时,装运期和交货期是一致的(实际交货是指货物运抵目的地,因而,装运时间与交货时间并不是一致的)。装运期(交货期)可分为:定期装运、近期装运和不定期装运三种。交货是指卖方按照同买方约定的时间、地点和运输方式将合同规定的货物交付给买方或其他代理人。

　　敦促立即交货信函的一般写作步骤如下:

　　1.说明相关信用证已经开立;

2.说明立即装运的必要性和理由；

3.提示延迟装运对生意有害,希望对方早日装运。

[参考例文]

Dear Sirs,

We are now very anxious to know about the shipment of our above order for 200 tons steel pipes which should be delivered before May 23 as contracted.

Now the shipment date is approaching rapidly, but so far we have not received any information from you concerning this lot. When we placed the order we explicitly pointed out that punctual shipment was of great importance because our customers were in urgent need of the goods and we had given then assurance of an early delivery.

We hope you will make every effort to effect shipment within stipulated time as any delay would cause us no small difficulty.

Yours faithfully,

[中文对照]

敬启者：

　　我方现急于了解我方 200 吨钢管的装运情况,这批货按合同规定,应该 5 月 23 日前装运。

　　现装运日期很快临近,但到目前为止,没有收到你方任何关于这批货的消息。当初我们订货时明确指出了按时装运的重要性,因为我方客户急需这批货物,而我们已向他们保证尽早交货。

　　我们希望你方尽一切努力在约定时间装货,因为任何延误都会给我们带来不小的麻烦。

　　谨上

(八)保险(Insurance)

在国际贸易中,货物从卖方到达买方,通常要经过长途的运输、装卸和存储等过程,在此过程中,货物常常会遇到许多风险。例如,船舶可能沉没,货物可能在运输途中受损等。为了保障货物在遭受损失时能得到一定的补偿,买方或卖方应在货物装船后向保险公司投保货物运输险。

对外贸易的运输保险是指:被保险人(出口人或进口人)对一批或若干批货物向保险人按一定金额投保一定的险别,并交纳保险费;保险人承保后,如果所保货物在运输途中发生约定范围内的损失,应按照它所出具的保险单的规定给予被保险人经济上的补偿。

按照中国人民保险公司海洋运输货物保险条款,基本保险单承保的海运主要险别有:平安险、水渍险、一切险。然而,加保其他特殊附加险别也是必要的,如:淡水雨淋险、碰损、破碎险等。保险公司接受投保的险别、费率及条款内容往往因客观条件的变更而有所变更或修改。

保险金额的计算是:货物成本+运费+保险费+代表货物出售后的合理利润的总金额的百分之几。对于以 CIF 术语成交的交易,我们通常按发票金额的 110% 投保××险,即 CIF 发票总值加上 10% 的合理利润。有时候,买方要求投保的金额超过 110%,在这种情况下,额外保险费将由买方负担。

买方投保信函的写作步骤一般为:

1. 提示合同、货物等;

2. 提出具体保险要求及理由;

3. 希望对方同意并尽早发货。

[参考例文]

Dear Sirs,

With reference to s/c No. 0123 for 4 000 bales of cotton, we hereby inform you that we have opened, irrevocable L/C in the amount of £ X with Bank of China, London, which is valid until May 15.

Please see to it that the goods must be sent out before May 15 and insurance must covered against All Risks For Invoice Value plus 50%. As we are aware that you only insure the goods for 110% of invoice value according to our usual price, the extra premium will be changed to our account.

Please cover insurance at our request. We are awaiting your shipping advice.

Yours faithfully,

[中文对照]

敬启者:

有关第 0123 号 4 000 包棉花的售货合同,兹通知你方,我们已有伦敦中国银行开立了保兑的不可撤销的信用证,计金额×英镑,有效期至 5 月 15 日为止。

请注意上述货物必须在 5 月 15 日前装出,保险必须按发票的 150% 投保"综合险"。我们知道,按照我们的一般惯例,你们只按发票价另加 10% 投保,因此额外的保险费用由我们负担。

请照我们的要求办理保险,同时我们等候你方的装运通知。

谨上

（九）索赔和理赔（Complaint and Claim）

在执行合同的过程中,签约双方都应该严格履行合同所规定的义务。任何一方如果不能切实履行就会给另一方带来麻烦,有时还会使另一方遭受经济损失。在这种情况下,受损失的一方有权根据合同规定向责任方索赔或是要求采取其他补救措施,受损失的一方采取的这种行动称为"索赔"。责任方就受损失一方提出的要求进行处理叫做"理赔"。

通常来说,索赔的目的是为了对已出现的问题求得尽快地、妥善地、友好地协商解决。因此,起草索赔书时要注意:要迅速及时地索赔,索赔书要写得详细明确、语气婉转、引据准确。

1.索赔书的写作。索赔书的写作步骤如下:

(1)详尽陈述事实,说明出了什么问题;

(2)说明此差错带来的不便或损失,以使你的投诉或索赔更有力;

(3)说明希望对方如何解决问题。

[参考例文]

Dear Sirs,

This is to acknowledge the receipt of the above order and to inform you that is an error in the shipment.

The merchandise we ordered was Model 8, while the merchandise we received is Model 7. Upon received your instructions for the return of goods, we will send to you.

We would like to receive the correct merchandise as quickly as possible and will appreciate your expeditious handling of this matter.

Yours faithfully,

[中文对照]

敬启者:

感谢收到以上订货,并通知你方这批货物中有些问题。

我方订的货物是 8 型的,但收到的却是 7 型的。一收到你方的退货指示,我方就会把货物退回。

希望早日收到你方正确无误的货物,并感谢你方迅速处理此事。

谨上

2.同意理赔信。同意理赔信的写作步骤如下：
(1)对给对方带来的不便表示歉意；
(2)解释问题出现的原因并表示同意索赔；
(3)表示希望继续与对方合作。

[参考例文]

Dear Sirs,

Claim on Damaged TV Sets

We very much regret to learn from your letter dated September 12 that 1/6 of the captioned goods shipped to you arrived damaged on account of the imperfectness of our packing.

Upon receipt of your letter, we have given immediate attention to this matter. After a careful study of the surveyor's report we have drawn the conclusion that the present damage was due to the extraordinary circumstances under which they were transported to you. We admit we should bear the responsibility for it, but we don't think the payment of your draft is the best way to settle the dispute. Considering you are still in urgent need of more TV Sets, we suggest sending you 200 balances to replace the damaged ones, which is to our mutual benefit. All the expenses arising from this are allowed to be charged to our account.

We are terribly regretful for any inconvenience this fault has caused you.

Faithfully yours,

[中文对照]

敬启者：

　　事由：对坏损电视机的索赔

　　从你方9月12日的信中获悉：我方装运给你方的标题货物因我方的包装不够完美而造成了1/6的损坏，非常遗憾。

　　收到你方信后，我们对此事给予了及时的处理。我们在对检验报告仔细研究后，得出这样的结论：目前的损坏是由于这批货物在运输途中所经受的特殊环境所致。我们承认我方应承担责任，但我们认为，兑付你方汇票不是解决争端的最好办法。考虑到你方仍急需更多的电视机，我们建议向你方运送200台电视机作为坏损电视的替代，这样做对我们双方都有好处。由此引起的一切费用概由我方承担。

　　我们对此次失误给你方带来的任何不便深表遗憾。

　　谨上

商务英语信函的种类很多,以上的信函只是将交易中主要的来往函件作了简要介绍,在实际的贸易过程中还有一些针对具体细节或具体问题的信件,限于篇幅,本节不再作一一介绍。

第二节　中文商务信函与内部文书

在商务活动中,来往的信函与正式文件一样对双方都具有约束力。涉外秘书人员除了需要掌握英文信函的写作方法外,还必须掌握各种中文商务信函的写作技巧,并能在商务活动中熟练运用。

一、中文商务信函的组成与格式

涉外企业经常与港、澳、台等地区以及新加坡、泰国、日本等国运用中文信函洽谈事务、传递信息、沟通情况、磋商贸易,这些信函的格式与内地有所不同,常见的有两种:

(一)港台地区信函格式

由于港、澳、台及海外侨胞多年来一直使用繁体字及半文半白的中文表达习惯,故其信函也保留了我国古代文言书信的一些特点,如书写由右至左,竖行竖写,使用一些文白夹杂的文言句式或四、六言短句,常用典故,讲究格式,文面注意问候、祝颂等。因此,在与他们进行信函往来时,应尽量照顾他们的习惯。

具体来说,港台地区信函格式由以下几部分内容组成:

1.称呼。开头对受信人习惯称姓或字并加上职务,一般不称名。如"郑董事长"之后再加上提称语,即"郑董事长台鉴"。提称语因尊长辈分的不同而有不同的习惯称谓。

2.问候语。称呼下面另起一行,空两格,常写问候语。要根据双方身份及信的内容选择不同的问候语。初次联系时用"久仰高名"等;受函时常用"惠书敬悉,不胜感激"等;礼仪祝贺时常用"得悉宝号开张,遥祝伟业兴隆,财祺宏茂"等。

3.正文。信函的主体部分一定要把双方商洽的事项或要传递的信息叙述清楚、明白。与此同时,常用一些文白夹杂的句式来表达,如聘用函中写道:"阁下久居商界,识量超群,故敢以经理一职,上屈高材,如蒙俯就,即希惠临。"

行文格式性较强,讲究提行。如行文提到尊长时,另起一行顶格写,称为"平抬",或不另起空一格,叫"挪抬",表示对受信人的尊敬。同时,写到自己时常缩小字体并用谦称,如:"敝公司将于……"

正文结束时常用习惯用语收束,表示礼貌周到,如"拜托之处,若蒙慨允,将不胜感激之至"或"专此复候""敬候回音""专此奉复"等等。

4.祝颂语。祝颂语分两部分,一是请候语,如"恭祝""敬希""顺颂"等;二是安好语,如"金安""商祺""年禧"等。请候语在正文后空两格或另起一行空两格书写,安好语则要另起一行顶格书写。

5. 署名。在信函末尾签名后根据不同的身份写上"拜起""谨复""敬上""恭贺"等表示礼貌的启告语。

6. 日期。年、月、日要用汉字写于署名之后的下一行,要写全称以便存档备查。

7. 附言。有些函件附有价目表、账单等,可在最后交代。如有附言或附笔问候的,可写"又及""又启"予以补叙。

8. 信笺的折叠与信封的写法。竖写信笺应把字朝外纵线对折,再复折,然后横折,将受信人名称留在外面。装入信封时,受信人名称朝上。

信封要和信笺一致。竖写信封要将收信人姓名写入"签条",右侧顶格写收信人地址,左侧空三分之一处写发信人地址。有的在信封背面骑缝处写上"谨封"字样。

(二)现行内地商务信函

现行内地商务信函简洁明晰,礼貌得体,而且采用横排横写的形式,大大方便了使用。所以,在商务活动中,常常按照现行体式书写,并且在信封及信头上采用国际惯例。这种函件的格式由信头、封内地址、称呼、事由、正文、尾语、署名、附件等几部分组成。

1. 信头和封内地址。写法和英文格式相同。

2. 称呼。与其他书信一样,在第一行顶格书写受信人名称。若受信人是个人,则要在个人姓名后加职务,或尊称"张先生""李小姐",以示尊敬。

3. 问候语。对公司的商务信函一般不写问候语;对个人,可在称呼的下一行空两格写"您好",显得亲切自然。

4. 正文。信函的主体要直截了当地告诉对方需要办理的事项,让对方尽快明白来函意图,以便及时复函。一般来说,一封商务信函中常集中写一件事情,或商洽贸易,或沟通信息,或询问、答复问题,都要做到主旨鲜明、集中、突出。如果将相关的几件事同时函告,要分层分段,使主次分明,以提示对方注意。有关的图、表和其他材料,不宜放在正文中,可注明有何附件,以便核对。

5. 祝颂语。企业之间常用"此致""敬礼"表示。另外,还可根据不同对象采用不同的祝颂语,如对商业企业的负责人习惯敬祝生意兴隆、财源亨通、万事顺意。

祝颂语应分两行书写,前一行书写"敬祝""此致""顺颂"等,第二行顶格写祝的内容,如"商祺""生意兴隆"等。祝颂语一定要礼貌、规范。

6. 签署与日期。签署与日期常书写于信函末尾的右下角,但国外的来函常书于左下角,这与国内习惯不同,所以我们去函时也可书写在左下角。

国外客户来函签署时,常在写上发函单位名称的同时,还由致函人亲自签名,并写上职务或职称,以示庄重和负责,这很值得我们效仿。

二、内部文书的主要类型

(一)内部报告

在涉外商务活动中,日常事务性工作头绪繁多,下级组织向上级领导部门汇报工作进展情况,反映工作中出现的重大问题或紧急情况,或就自己负责的业务向领导部门提出建议等,都需使用内部报告这一文种。

内部报告大体可以分为工作报告、情况报告、意见报告等三类。工作报告是就本部门的工作情况向领导部门做出报告,内容包括工作的进展情况、取得的成绩和经验、存在的问题和教训,以及对今后工作的打算。

情况报告是用来反映工作中遇到的新问题、特殊事件、灾害性事故等情况,以期引起上司的重视,便于领导者及时采取对策,或对问题的处理给予指示。

意见报告是向上司提出建议或意见时所做的内部报告。

(二)联络文书

联络文书是指组织内部、各部门之间用来沟通信息、交流意见时所使用的文字材料。联络文书包括的文种林林总总,种类很多,如备忘录、书信、启事、简报、礼仪文书、便条等。

备忘录是由眉题、正文、签名、附件等构成的。备忘录的信头一般打印在信的上端,信头包括一些眉题,如日期、发往何处、来自何处、主题等。与传统书信不同,你不必打印日期、信内姓名和地址、称呼、主题行等,只需在眉题后面填写这些内容即可。主题行的关键词与信中主题关键词一样都要大写。正文写作要注意三点:首先,可隔行打印也可不隔行,与书信的正文一样根据内容长短而定。段落可以缩格,但一般情况下同平头式书信一样左边对齐。由于备忘录中不使用称呼,第一段应该与最后一行眉题空两行或更多行。

标准式备忘录的一般规格为8.5英寸×11英寸,既可以在办公室之间使用,也可以发送到外面去,如作订单使用或者作为其他不需要给人正式感觉的便条使用。

书信是组织内部针对某种特定事务、为查有实据而撰写的文字材料。除专用书信外,一般书信不设标题,第一行靠左顶格书写称谓,完整的称谓由姓名或单位、称呼和修饰语组成,如"××经理""××科长"等。第二行空两格书写正文。正文后另起一行偏右具名,写上年、月、日。

启事是组织或员工个人有事情要向公众说明,或请求有关部门、员工帮助时所写的一种说明事项的实用文书。启事在结构上一般分为三部分,即标题、正文和落款。标题一般均以文种为之,在文首部分直书"启事"二字即可,也可采用"事由加文种"标题法,如"招聘启事"。正文主要写清楚要说明的事项,以惯用语"特此启事"作结束。落款写组织名称或个人姓名,相关内容如联系地址、电话、邮编、时间等亦应写齐全。

简报是组织内部用于沟通情况、传递信息的带有新闻性质的简短文书材料。简报的文稿由标题、导语、主体和结尾构成。简报的标题通常采用文章标题法,以简短的语句概括全文的主旨。导语是简报开头的第一段,其作用是简明扼要地揭示简报的核心内容,引导读者阅读全文。主体是简报的主干部分,将导语中提出的中心内容,用充足、具体、典型的材料充分展开。结尾部分可有可无,应以必要、简洁为撰写原则。

礼仪文书是组织在对外联络事务中使用的文体,措辞文雅、大方、热情是它的主要特点。

便条是一种简便的书信文体,多用于向别人说明某事项。便条可以邮寄,也可以面呈、代交、留交收便条人。其结构由标题、称呼、正文、署名、日期五部分组成。标题中一般明写便条类别,如"留言条""托事条"等。称呼的格式和写法都与书信相同,正文用简单的语言写清要求的事情,宜简明、直白。署名的位置在正文右下方,另起一行写上日期。

三、如何组织和撰写报告

在涉外秘书的日常工作中,"报告"是使用频率最高的文种之一。向上司反映工作进展情况,对某方面的工作提出意见或建议,汇报工作中的困难、做法、经验和教训等,都会用到报告。

(一)报告的文体格式

报告由标题、正文、署名、日期等四部分构成。

1.标题。作为内部文书的报告,多采用"事由加文种"的两要素标题法,如"关于招聘工作的报告"。有一些报告,由于情况比较新,涉及的范围比较广,为了能及时引起上司的注意,也可采用文章标题法,即用一个简短的语句揭示整篇报告的主旨,如"看好亚洲基建工程市场,英国财团创设专业投资基金"。

2.正文。报告的正文包括前言、主体和结尾三个部分。

前言即开头部分,用简明扼要的文字概括全文的主要内容,也可简要说明写报告的动因、目的和必要性。前言最后一般使用"现将……情况报告如下"一类的惯用语,用于领起下文。

主体部分用来叙述报告的具体内容,经常采用三段式的写法,即基本情况、主要问题(或做法)和今后意见。如工作报告,在基本情况段要写明开展某项工作的指导思想、工作概况、采取的主要方法和措施、取得的主要成绩等。这一段要写得简明扼要。在主要问题(或做法)段,应包括经验和教训两个方面,根据工作的实际情况,或以总结经验为主,或以总结教训为主,或以反映问题为主。结构上可以采用分条表述的方法,各条按一定的顺序排列起来,做到主旨与材料相统一。在今后意见段中,主要提出对今后工作的设想,如应采取什么措施和方法,达到什么目标。

在报告的结尾,常常使用"特此报告""以上报告,请审阅"一类的惯用语结束。

3. 署名。署名的位置在正文之后,另起一行,靠右书写。

4. 日期。署名下方为成文日期,要把年、月、日写齐全。

(二)写报告应注意的问题

第一,实事求是,不弄虚作假,不文过饰非。

第二,反映情况要及时、迅速,如遇到意外事故,应及时查清事实,向上司汇报。

第三,中心突出,针对性强。一般说来,报告的内容不宜过多,不要面面俱到。

(三)合适的语言表述

报告属于陈述性文书,因此,它所使用的语言应该准确、简洁、严密。

所谓准确,就是所使用的词语要能十分贴切地表述报告的主旨和内容,措辞要注意分寸,用语要得体,要注意身份,讲究礼貌。

所谓简洁,就是戒浮文,去藻饰,能够使用规范的语言把情况或事理说清楚、说明白。各类事务性文书的语言本来就是一种本色语言,应以质朴、言简意赅为佳。

所谓严密,是说行文要合乎逻辑要求,不能出现错误的或自相矛盾的论述;观点、材料要统一;句子的组织要合乎语法,不能出现病句。

第三节 商务文书办理程序

文书办理程序是文书运转处理的一系列环节,它反映了文书运转的全部过程。文书办理程序分为收文办理程序和发文办理程序,各环节之间前后衔接、排列有序,从整体上保证了文书的正常运转。

一、收文办理

收文办理指涉外秘书对来自本单位外部的文件所实施的处置与管理活动。收文处理过程是一个接收文件,从中提取有用信息,解决其所涉及的有关问题的过程。涉外秘书通常负责处理涉及上司和相关职权范围的各类文书。

涉外秘书要按规定办事,科学地组织与安排文书办理程序,保证文书的正常运转,提高办文效率。收文办理程序包括文书的签收、拆封、登记、分发、传阅、拟办、批办、承办、催办、注办。

(一)签收

签收是收件人在收到来文后,经过认真清点,在送件人的投递单上签字,表示收到。签收的目的是为了明确文书交接双方的责任,保证文书运行的安全。

1.如何签收。要逐件清点收到文件、信函的件数是否与投递单上记载的一致。要检查来件是否为本单位收件;检查包装和封口是否牢固、严密,有无破损。如果发现错投、散包和被拆等现象,要拒绝签收。对签收中发现的问题,要及时向发文单位查询并采取相应的处理措施。

清点检查无误后,在投递单或送文簿上签字,并注明日期。急件要注明签收的具体时间。

2.注意事项

(1)态度要认真。清点来件时,要精力集中,尽可能不受干扰,认真对待,不要有丝毫的粗心马虎。

(2)操作要耐心。秘书每天都要面对大量的收文,不能怕麻烦,更不能有急躁情绪,要耐心细致,避免出差错。

(二)拆封

拆封是秘书把收到的封闭的文件、信函拆开,并将文件取出。

1.由谁拆封。拆封是秘书特有的职责,除有关主管同意外,其他人员不能拆封。绝密件一般由文秘部门负责人拆封。标有具体领导人"亲收""亲启"字样的信件,要有授权方可拆封。

2.如何拆封。拆封时应手拿信封,竖起轻弹数下,保证信封内的所有文书落到底部;然后沿信封上端左下角剪下一个斜三角,再用刀顺此裁开信封,或直接用信封开启器一步完成。

信封打开,即可用手将文书小心取出,查看信封内是否还有其他夹寄物品;接着,平整铺开文书,将取出的文书逐件核对,有附件的按附件序号逐一清点,并用曲别针将正件与附件别在一块;然后,对拆封的文书分门别类,用文件夹存放起来,并按照重要性和紧急性依序自上而下叠放整齐。文件夹通过颜色、数字、顺序等做出识别标记,以便根据重要程度、轻重缓急给予及时处理,区别送达。

3.注意事项

(1)拆封应保持原封的完好,不要损坏封内的文件或信纸。

(2)要把封内文件取净,清点准确,如发现空封应及时与发文单位联系,查明原因。

(3)拆封后发现内装是绝密文件,应严格执行保密规定。

(4)逐封核对来文,发现没盖发文单位公章或其他手续不全的文件、不符合行文关系的文件、不属于本单位的文件或内装文件与应送文件不符的,应及时与发文单位取得联系并退回。

(5)拆封后的文件要单独存放,不要与已处理文件混放,更不要让他人将未处理文件乱放或拿走。

（6）必要时，应把原封钉在文件后面，一并处理，以便日后查阅。

（7）拆封后的空封筒可集中存放一段时间，以便一旦发现差错及时核对查询。

（三）登记

凡属正式往来的文件和需要答复办理的文件要逐件登记，如实地记录文件来源、去向、密级、缓急程度、编号、内容和处理、运作过程情况，以利于文件的保存、管理和使用。

1. 登记的形式。登记的形式主要有簿册式、卡片式、联单式。

（1）簿册式登记。簿册式登记是用预先装订成册的登记本进行收文流水登记。登记时，按收文登记簿中所列内容，逐项登记。收文登记簿的样式如表4－1所示。

表4－1　收文登记簿

收文号	收文日期	来文机关	来文字号	文件标题	附件	份数	密级	缓急时限	承办单位	签收人	复文号	归卷日期	备注

以簿册式登记的、要求承办或回复的文件，需填写《文件处理单》（表4－2）。《文件处理单》要贴在收文的前面，随文件运转和归档。

表4－2　文件处理单

共收　　　份		收文号		收文时间	
已分发给：				办、阅人签名	
拟办意见：					
批办意见：					
办理结果：					

（2）卡片式登记。卡片式登记指用卡片进行收文登记，可以一张填写一份文书或一张填写数份文书。

（3）联单式登记。联单式登记指同时填写两联或两联以上的登记形式。如果为四联单，一联随收文运转，一联由内收发保存，一联由文秘部门留作催办凭据，一联交档案室。

文书收受人员和登记人员可在不同时间、不同地点先后分别填写。收受人员填写完后，将一联保存，另一联或二联随同文书一同送下一承办人员或单位继续登记。文书办理完毕后统一归档保存。

2.登记形式的选择。在收文登记程序中,秘书要根据各种登记形式的特点,针对所在企业的具体情况,选择登记方式(见表4-3)。

表4-3 三种登记形式的比较

	优 点	缺 点	适用情况
簿册式	易于保存	不易查找	应用普遍
卡片式	便于多人同时登记;便于分类排列、查找,适应使用和管理的需要	容易散乱丢失;如果分类不当,不便查找	多为中型企业采用
联单式	一次填写多处使用;可各自装订成册,便于文件查找	容易混乱、丢失	采用单位不多

3.注意事项

(1)要逐项登记,不得漏登、省略;

(2)填写的收文号不要有空号、重号;

(3)字迹清楚、工整、规范,不随意涂抹,符合档案管理要求;

(4)登记后的文件必须加盖收文编号章,以示区分。

(四)分发

分发是指文件拆封登记后,按照文件的内容、性质和办理要求,及时准确地将收文分送给有关领导和部门阅处。

1.哪些文件要分发。分送件主要是办件、阅件和简报。上级单位阅件一般情况按固定分送范围分送;其他文件、简报等可按非固定范围分送有关领导和相应部门。

2.注意事项

(1)分发要及时、准确。为了使分发工作及时、准确,可对文件进行分类,将文件分为急件、要件、例行公事件、密件、私人件几大类,分别归入规格一致但颜色不同的专用文件夹内,分送各主管上司或部门处理。

(2)履行分发登记手续。在文件分发过程中,要填写"文件登记表",由收文单位签字。

(3)按分发范围分发。

(4)分发要主次分明,手续齐全。

(五)传阅

秘书对登记分发完毕的文件要及时组织传阅。一方面,有些文件需要有关人员了解情况;另一方面,上司在文件上作了批示,为了互通信息、交换看法、商定事务、做出决定,需要其他有关领导和部门阅知、阅办。

1.如何传阅。秘书要填写"传阅文件登记单"(见表4-4),以便掌握传阅情况。

还要在文件上附一张"文件传阅单"(见表4-5),传阅单随文件运行,由阅文人填写。

表4-4 传阅文件登记单

收文号	收文		来文单位	文件标题	文号	密级	份数	传阅情况		转出	销毁	存档	备注
	月	日											

表4-5 传阅文件单

文件字号(或收文号)

月	日	姓名(或部门)	签 字	批 示

2.注意事项

(1)严格传阅范围。

(2)严禁文件横传。分送人员与传阅人之间文件运转,原则上只能是直线联系,不允许应阅人员之间文件横传,否则不仅容易导致文件丢失,还难以分清责任,特别是密件丢失,会给企业带来重大损失。

(3)合理调控文件传阅。在坚持一定的传阅顺序的基础上,要根据文件的缓急程度和应阅人工作安排情况,精心安排,适当调节,加速文件运行速度。

(4)检查清理文件。传阅文件退回后,秘书要认真清理检查。查看传阅文件有无破损、缺页现象;查看应阅人员是否都已阅文。要对传阅退文情况进行全面记录标注,以便备查。

(六)拟办

拟办是秘书对收文应如何处理所提出的初步意见,供上司批办时参考。

1.如何拟办。拟办按下列步骤进行:

(1)认真阅读来文。

(2)熟悉有关政策和规定。

(3)熟悉业务。

（4）根据文件的内容、要求提出拟办意见。拟办意见要符合政策规定,符合实际,并简明扼要。

（5）将拟办意见填写在"收文处理单"的"拟办意见"栏内。

2.注意事项

（1）拟办意见要符合文件要求、切实可行;

（2）拟办意见应力求准确、简洁。

（七）批办

批办是上司对应办的来文由谁或哪一部门办理及如何办理的批示意见。

1.如何批办

（1）认真阅读文件,明确文件的基本内容和主要事项。

（2）仔细斟酌批办意见。批办的意见要直接、明确、简明扼要,指明处理原则与方法、承办部门或具体承办人。

（3）迅速批示。批办意见填写在"公文处理单"的"批办意见"栏内,如纸张不够,可另附纸批示。

（4）签署姓名。批示意见之后,要署名,注明年、月、日,以备日后查考。

（5）及时退交拟办部门。

2.注意事项

（1）要提出明确的处理原则和办法。

（2）指出贯彻上级来文的主要措施;批示承办的原则意见;批示传阅、传达的范围与时限;表明对拟办意见的态度。批示决不能模棱两可,使承办人难以明确理解上司的意见,从而无所适从。

（3）确定承办部门要准确,以免责任不清,影响办文效率。

（4）批办工作要及时,不要拖延,防止文件积压。

（八）承办

承办是指按照来文的内容、要求和批办意见,对文件进行具体办理的工作。承办是文书工作中的一个关键性环节,是具体解决问题的阶段,它直接关系到发文的质量和文书处理工作的效率。

1.承办任务。承办任务主要包括以下方面:

（1）对政策性文件进行传达;

（2）研究批办意见,结合本部门的实际情况,贯彻落实文件精神;

（3）回复文件;

（4）转发和批转文件;

（5）填写处理结果。

2.承办时限。文书工作具有时效性的特点,这就要求涉外秘书的工作迅速、及时、高效。为了约束、规范与警戒秘书和员工的行为,许多企业建立了承办制度,规定了承办时限,制定了一系列衡量和监督文书处理工作时效的规则和标准,以提高文书工作的时效性。

3．注意事项

（1）认真领会批示精神,按照上司意图办理复文。

（2）遵照文件精神、有关规定或惯例办理。

（3）来文内容涉及以前的收文,要查找或调阅有关文件作为承办复文的参考。

（4）区分轻重缓急。秘书在收到需办文件时,应及时处理,区分轻重缓急,有条不紊地进行。凡属于与外部组织或组织内其他部门会商、会签的文书,应主动做好协商工作。

（5）努力做到件件有着落,事事有回音。

（九）催办

催办是对文书办理情况的督促、检查工作,是防止文件积压,加快办文速度的重要措施。

1．哪些文书要催办。不是所有的文书都需要催办,主要是上司交办的和有明确时间要求或急需处理的文书,才按文书处理的要求进行催办。

2．如何催办。对需要办复的文件,根据缓急程度和办理时限要求,适时对承办工作进行查询督促,以防积压和延误。可以通过电话、发函、直接登门、约请承办部门来人汇报等形式进行催办。

3．注意事项

（1）遵守催办制度,按章办事;

（2）紧急文书跟踪催办,重要文书重点催办,一般文书定期催办;

（3）催办中发现问题及时汇报;

（4）填写收文催办记录单（见表4－6）。

表4－6　××公司收文催办单

年　　月　　日　　　　　　　　　　　　　　　　　收文号 _____　密级_____

来文单位		日期		字号	
内容摘要					
附件			主办单位		
催办记录					
归卷日期			归卷人		

（十）注办

注办指对文书的办理情况和结果在文书处理单上作必要的注明。如收文承办后，注明是否已经办复、复文字号、日期等。注办环节便于考查责任，便于文书的整理。

二、发文办理

发文办理程序是根据工作的需要形成和向外发出文件的整个运行过程，是秘书日常文书处理的重要部分。

（一）草拟

草拟是文件拟制人根据上司或承办部门负责人的发文意图、原则撰写文书的工作。它是发文办理过程的首要环节。草拟环节必须遵循撰写文书的基本要求，确保文书的质量。

1. 如何写作

（1）明确写作意图；

（2）选择正确的文种；

（3）按写作要求草拟文稿；

（4）拟定主题词。

2. 注意事项

（1）正确地反映客观实际情况；

（2）正确体现发文意图；

（3）内容符合有关政策、规定；

（4）文字简明，观点明确，条理清楚，标点准确；

（5）文稿中的人名、地名、数字、引文要准确，日期写具体的年、月、日；

（6）文稿中涉及的计量单位要使用国家法定的标准计量单位；

（7）文稿中的数字一般使用阿拉伯数字，成文日期、部分结构层次序数使用汉字。

（二）审核

初稿写成后，对文件的内容、体式要进行全面的审核和检查。要控制发文数量，确保文稿质量，减轻上司的负担。

1. 如何审核

（1）看是否需要行文。可行可不行的文一律不行；通过口头、面谈或电话能完成请示、答复的事项，则不要行文；与已经发出的文件内容重复，不需行文。

（2）看文稿内容。看文稿内容与有关规定是否一致，政策界限是否明确，提出的意见和办法是否可行,涉及其他部门或者地区的问题是否协调一致。

(3)看文字表述。看文字表述是否准确、简练,事实陈述是否清楚明白,理由的说明是否充分有力,结论的提出是否明确具体。

(4)看公文格式是否规范完备。

(5)看有关部门和单位是否会签同意。如文件涉及其他部门,要看是否已征得相关部门同意,并经过会签。

2.注意事项

(1)审核中发现问题要及时解决;

(2)属于原则性或具体业务问题,提出意见退承办部门修改;

(3)属于文字表述上的问题,可修改后请承办人阅知;

(4)书写不工整或改动过多的文稿,应重新誊录。

(三)签发

上司对以组织名义发出的文稿进行最后的审定,批注发文意见并签字。文稿经签发,即成定稿。签发是上司履行职权、承担责任的体现。

1.如何签发

(1)审阅文件;

(2)对文件的内容和文字审阅修改;

(3)确定文件可否发出;

(4)审批同意发出时,在发文稿纸的签发栏内写上"发""印发""急发"等字样,签署全名,注明年、月、日。

2.注意事项

(1)要在职权范围内签发,不可越级签发;

(2)签发文件态度要明朗;

(3)意见应明确,表述应简练。

(四)复核

在文书正式印制之前,秘书部门对文件定稿进行再次审核,以保证发文的质量。复核的重点是:

1.看文稿的审核、签发手续是否完备。

2.看附件材料是否齐全,注意附件的份数、页数是否符合正文要求,内容是否完整。

3.看格式是否统一、规范。

秘书只有在对文稿复核无误的情况下,才能将文稿送印刷厂或打字室进行排版印刷。

（五）发文注册

发文注册是指为待发文件注册,编注发文字号,确定印制数量和发送范围等。

（六）缮印

缮印指缮写或打印已签发的文稿。

1. 如何缮印。对文件进行誊抄缮写和打字、油印、铅字排印、电脑打印以及复印机复印等工作。

随着电脑在印刷行业和商务活动中的普遍应用,印刷厂已用电脑打字排版,份数较多的一般文件可由印刷厂印制。印数少的文件,可以由打字员利用电脑进行打字和排版。秘书还可以在电脑上直接起草文件、存入U盘,经审批、修改、校对、定稿后,交给印刷厂直接印刷,从而大大提高了文件制作的效率。只有少数情况,如某些通知、通告、单份文件及信函用誊抄缮写的方式。

2. 如何排版。文件排版时要注意下列事项:

（1）排版要规整。排版形式是横书横排。文面的设计要美观大方,文件名称居中排列,文件字号要排列在文件名称和文头横线的中间,页面四周要留出空白。

（2）字体字号要适当。文件中的正文、标题、文件名称以及各种标注用不同的字体字号,以美化版面,引起读者注意。

（3）用纸要符合规格。文件用纸的幅面规格一般采用国际标准A4型纸,即长297毫米、宽210毫米。公文中的表格、图纸的用纸尽量同正文相同。

（4）避免末页无正文。

3. 注意事项

（1）以签发文稿为依据,忠于原稿;

（2）严肃认真,细致准确,清晰规范,确保质量;

（3）缮印的文件要符合格式要求,设计美观,页面整洁;

（4）注意保密。

（七）校对

校对是指将文件的誊写稿、打印稿或清样与定稿进行校订、核对。

1. 如何校对

（1）校订清样上的错字、漏字、多字,同时规范字体、字号;

（2）检查版式、标题是否端正,页码是否连贯,行、字距离是否匀称,版面是否美观;

（3）核对引文、人名、地名、数据、计量单位、专业术语是否有误;

（4）依据定稿检查版式是否与文种格式统一,有无须调整和改版之处。

2. 注意事项

（1）校对要以原稿为依据。

（2）校对要认真仔细。对易于忽略或易于出现错误的地方，如数据、计量单位、专业术语等，要注意反复仔细校对，一丝不苟。

（3）校对文稿时要正确使用校对符号。

（4）校对一般要进行一校、二校、三校。

（5）将缮印件与原稿相校对。校对人员应全神贯注，逐字、逐句、逐标点认真校对。对于人名、地名、时间、数字要特别注意，避免字、词、句的重复或错漏。

（八）用印

用印指对已缮印好的文书加盖组织的印章，表示文书生效。

企业的印章是企业权力的标志，是对外行使权力的象征，具有标志作用、权威作用、法律作用、凭证作用。企业有权力效用的印章包括：公章、行政专用章、财务专用章、上司私章。其中，公章和上司私章通常由秘书保管，行政专用章则由企业内相关职能部门如行政部和财务部保管。如果企业印章管理混乱，很可能会给组织带来巨大的经济损失和法律风险。

1. 如何盖印

（1）核对文件签发手续是否完备；对文件内容、文件格式、签发手续要再次认真审核一遍，只有经核对无误后才能用印。

（2）检查所要用印章是否与制发文件的单位或部门一致。

（3）用印应在日期上方，上不压正文，下要骑年盖月。

（4）用印必须端正、清晰。

（5）如果是代用章，用印后应注明"代章"二字。

（6）办理用印登记手续。每次用印都要认真做好详细记载，以备查考。用印使用登记簿见表4-7所示。

表4-7 用印使用登记簿

文件名称及发文号	公章类别	盖章次数	批准单位	批准人	公章管理人及代行人印	备注

2. 注意事项

（1）防止将印章盖在空白纸上；

（2）用印文件份数要与原稿要求相符；

(3)保管者不得托他人代盖印章,不得将印章随意带出办公室,更不得交他人拿走使用;

(4)盖印要领是:握法标准,印泥适度,用力均匀,落印平稳;

(5)重要文件如合同书等应在盖好公章后加盖骑缝章;

(6)使用印章应亲自把握,严格审核,小心验证,既不能随心所欲滥用,也不能以印谋私,或者有意刁难需要盖印的人,损害企业的根本利益。

(九)发文登记

发文登记指由秘书部门将待发文件登记造册,以备存查。发文登记簿如表4-8所示。

表4-8　××公司发文登记簿

序号	日 期	发文号	密 级	文件标题	发往机关	份数	备注

(十)封发

封发指由秘书把用印并登记的文书装入封袋,通过邮寄、传真、专人递送等方式,传递给受文单位或个人。

封发是文书制发的最后环节,其基本操作程序和规则是:

1.核对文件的印数和封发份数是否相符;查看文件是否有漏盖印章情况。

2.根据主送和抄送的要求分别装封。

3.准确地填写封套封面,有的需要加盖密级、急件印戳。

4.核对封面与装入的文件及份数是否一致。

5.密件要加盖骑缝印章。

6.填写发文登记簿。

7.登记完毕送交发送部门,双方当面按"发文登记簿"各栏点清、签名。

本章小结

本章介绍商务英语信函的特点及写作原则,阐述了商务英语信函和中文商务信函的构成及常用格式,使学生能够掌握不同种类的商务英语信函和中文商务信函的写作知识,并能做好各类商务文书收文与发文的管理工作。

复习思考题

1.试述商务英语信函写作的7C原则。

2.简述商务英语信函的构成(基本部分及选择部分)。

3.商务英语信函主要有哪些种类?它们在写法上各有什么特点?

4.将下列句子译成中文。

(1)Thank you for your fax dated March 23. We appreciate your cooperation and have pleasure in confirming the revised order as follows:

(2)Forty long tons of copper wire at $120 per long ton CFR Shanghai, for shipment in August.

(3)Our Purchase Confirmation No. 3456 has been sent to you in duplicate. Please return one signed copy as soon as possible.

(4)We are arranging the relative L/C with the Bank of China, Shanghai and will contact you when it is established. Because of urgent needs, punctual shipment is expected.

课堂实训题

You have received a letter from Bob Company, inquiry about your latest model of MP4. You have decided to answer the letter immediately.

Write your letter to tell the customer that you have sufficient goods to supply, including the following information:

◇ You have sufficient stock to meet the customer's needs;

◇ You have a wide range of goods to meet the customer's specifications and recommend some similar new products;

◇ You agree to use confirmed irrevocable letter of credit;

◇ You promise to send some samples by express.

Write 200~250 words.

第五章　会议管理工作

学习目标

● 能够草拟中小型会议的方案
● 掌握会议准备的基本程序
● 协助上司编制会议经费预算
● 掌握大中型会议的会场布置和座次安排
● 做好会议期间沟通协调工作
● 做好会议期间的值班、保卫工作
● 协调会议期间的其他各项工作

案例导入

李秘书的会议安排

李秘书正在制作"下周工作安排表"。下星期二上午有两个会议同时举行,一是党政联席会议,另一个是离退休人员迎新年座谈会。按照往常做法,党政领导开会一般都要安排在楼上的第二会议室,那里较楼下的第一会议布置得气派些,桌椅、沙发、茶具、空调一应俱全。李秘书不假思索地将党政联席会议的地点放在了第二会议室,然后将安排表交给办公室胡主任审阅。胡主任看了以后,将党政联席会与离退休人员迎新年座谈会的地点对调了一下。李秘书看着主任红笔画勾的地方,心里想,我要学习的地方还真不少。

一般来说,单位里最高层领导开会的地方与职能部门、员工开会的地方理应有所区别,层次越高会议室的安排也要越正规,这是与会议出席者的身份相称的。从这个意义上来讲,李秘书的安排并未有什么不妥之处。而胡主任的高明之处在于他懂得运用心理手段巧妙地安排会议室。离退休人员的会议平时不常开,新年将至,他们团聚在一起,当他们走进明亮舒适平时难得落座的会议室,心里便会油然产生一股自豪感,也感到单位并不因为他们的退休而冷落他们,从而产生出强烈的归属感。党政联席会议则较多召开,移至楼下会议室会使他们有些意外,但一旦了解到楼上的会议室是让给了离退休人员,他们一定会认为办公室同志的做法是得体的、明智的。

简析:

会议组织和筹办是一个系统工程,既包括会前的筹备,还包括会中的协调和善后工作。每一个环节都有繁多的工作,必须环环相扣,步步落实,反复检查,在做到科学性、缜密性的同时,会议管理工作还具有一定的艺术性,这是高质量办会的要点。

第一节　会议工作概述

会议是人们为实现特定目的而有组织进行的一种群体活动形式。会议作为人类社会的一种普遍现象,具有悠久的历史和多方面的现实功能,因此,在各级各类的机关、企事业单位,在社会各行各业进行政治、经济、科技、文化等各方面活动的过程中,都离不开会议这种形式,会议已经成为人们进行决策和推动工作的一种方法、工具和手段。秘书人员要经常性地参与会议的组织管理与服务工作,在一些规模较大、层次较高的机关单位中,甚至在其秘书机构中设有专门负责会议工作的部门和秘书人员。而在一般单位,会议工作通常也是由秘书人员来承担的,这是秘书人员的一项重要任务。同时,组织管理一个较为重要并具有一定规模的会议,往往需要秘书人员发挥多方面的能力才能确保其成功,诸如组织协调能力、文字能力、应变能力、宣传交际能力、保密保卫能力等,这些都将通过会务工作体现出来。

一、会议与会议原则

要想做好会议管理工作,首先需对会议的基本功能、要素、方法以及工作内容有所了解。会议工作有明显的阶段性特征,不同阶段的工作内容和重心是不同的,抓住这个特点,就能在会议管理中既有宏观的把握能力,又能脚踏实地地做好具体的工作。

(一)会议的含义

1.定义。《现代汉语词典》中对"会议"的解释是"有组织有领导地商议事情的集会"。"会"是聚合的意思,"议"是商议讨论。会议主要指三人以上、聚拢在一起讨论和解决问题的一种活动形式。人们通过会议交流信息、集思广益、研究问题、决定对策、协调关系、传达指示、布置工作、表彰先进、鼓舞士气等。会议过程是有组织、有目标、有规则、有秩序、有领导的社会活动。

会议组织工作只有明确目的意图、沟通对象、方式方法、信息内容以及时限要求等关键条件,才不至于导致会议进程缓慢、程序不明、争论不休等情况的发生。

2.构成要素。会议要素是指构成一个会议必要和可能的因素,即组织会议需要涉及和考虑的一些方面。它可分为基本要素和其他要素两大类。

会议基本要素,即组织所有会议必有的一些因素,包括:会议目的、时间、会址、组织者、与会者、议题、议程。会议其他要素,即可供选择的、并非为所有会议所共有的要素,包括:会议名称、服务机构、经费、文件材料、会议设备用具等。

(二)会议基本原则

1. 提高效率原则。导致会议成效不高的几个主要方面有:一是组织不当,如,会议组织不周密,对会议目标失去控制,会议被几个能言善辩的人控制了进程等。二是程序安排不当,未能对会议的议程和日程做出合理的计划安排,议题太多太杂,难以控制。三是参会人员理解不透,组织方误认为全体与会者已经理解并事先准备了会议的有关资料,继而又误以为会议上的信息已被全体与会者接受。四是会议记录有误,会议记录不准确,未能真实反映会议的过程和会议的实际成果。

要提高会议效率,就要事先安排好会场和做好会议议程和日程的协调,确定会议记录人。事前向与会者分发有关的会议资料(一般应提前两天)。必要时需限定发言时间,主持人要控制会议进程,有权中断游离会议议题的发言。

2. 减少次数原则。对各类会议是否有必要召开,需严格审查,如果通过个别联系、协商或请示能够解决的问题,原则上不召开会议讨论。即使需要开会,也要严格限定出席会议的人数。

3. 严守时间原则。会议主持人会前需向与会者通报有关事项,听取有关人员的意见。主持人和与会者需提前进入会场。同时,需要按通知时间准时开会并准时结束会议。

4. 明确通知原则。在会议通知上,必须明确写明会议召开的时间和会期、会址、出席人员范围、会议议题和准备事项。

二、会议的主要种类

(一)会议的基本分类

根据不同的标准,可以将会议划分为许多种,比较有实际应用价值的划分主要是:

1. 按组织类型。会议从组织的角度可分为内部会议和外部会议、正式会议和非正式会议。

内部会议,指在企业内部工作人员之间举行的会议;外部会议,指在企业内部和外部的人员之间举行的会议;非正式会议,可以有或没有议程和会议记录,并且可能以会议笔记或备忘录的形式记录;正式会议,经常牵扯到法律问题,该种会议议程和会议记录作为正式会议档案一直保留,这类会议往往需要确定多久举行一次并规定有关会议通知的内容和发送的时间、方式。

2. 按时间方面的规定性,会议可分为定期会议和不定期会议两类。

3.按出席对象,会议可分为联席会(由若干单位共同召集并参加)、内部会、代表会、群众会等。

4.按功能性质,会议可分为决策性(必有决议、决定)、讨论性、执行性(分配工作、布置任务、执行政策)、告知性(发布会、说明会)、学术性、协调性、报告性、谈判性、动员性、纪念性等会议。

5.按议题性质,会议可分为专业性(解决专门领域问题)、专题性、综合性等会议。

6.按照规模大小,会议可分为特大型(万人以上)、大型(数千人)、中型(数百人上下)、小型(数十人或数人)等会议。

7.按会议采用的方式手段,会议可分为常规会、广播会、电话会、电视会等。

8.按与会者的国籍及议题的范围,会议可分为国内会议和国际会议等。

(二)涉外企业常见的会议类型与作用

1.经理例会与特别会议。经理例会是指由本企业的经理们参加,研究经营管理中重大事项的办公会议。这类会议是例行的,已经放进了经理们的日程表中,通常每月一次或每周一次,与会者和会议地点都相对固定。为经理例会服务的秘书人员要做好会议记录,起草会议纪要,并交会议主持人审阅。同时,还要注意会议的保密工作。经理例会的召开形式参见图5-1。经理特别会议是在企业的外部环境或内部运转机制面临重要问题,急需领导集体研究,立即拿出解决方案时召开的会议。这类会议的主要任务就是研究和解决新问题,做出相应的对策。

2.员工例会。员工例会是某一部门召开,由部门全体员工参加的会议,如生产部门会议、销售部门会议等,一般是定期召开的。这类会议是为了调整、联络部门内部意见而召开的,主要起到通报情况、交流信息、解决问题、融洽感情的作用。会议的形式经常采取头脑风暴法、团队互动法等灵活形式。员工例会的召开形式可参见图5-2。

图5-1　经理例会

图5-2　员工例会

3. 股东大会和董事会议。股东会议是按照公司章程规定举行的所有股东都有权利参加的会议,是公司的最高权力机构。股东通过股东会议行使自己的所有者权利,维护自己的利益,了解公司的运行状况和发展趋向。所有公司的重大事项都要在股东会议上通过。股东会议的持续时间不长,一年一般举行一次或者两次不等。秘书通常在会前三到四个星期就要将会议通知邮寄给参会人员。会议期间秘书还要做好服务工作。

董事会是在少数的高层管理者和为数众多的股东之间维护平衡的工具。董事会参加人数一般不少于20人,参加者的人均消费很高,要求有客房、餐饮及其他娱乐服务,一般在公司总部或者高档的城市酒店或度假村召开。董事会的召开形式如图5-3、图5-4所示。

图5-3　董事会会议(图片说明:上海建桥学院董事会会议于2015年11月举行。与会人员重点从队伍建设、专业发展、产学合作、国际合作、两级管理、建桥精神等方面对学校未来五年的发展建言献策)

图5-4　董事会会议(图片说明:2014年4月9日,优德控股集团董事会会议举行。会上对企业发展做出了战略部署,要求切实执行各项规章制度,为优德未来的发展指明了方向)

4. 公司年会。这类会议通常在每年的圣诞节前举行。会议期间各部门报告一年来的工作业绩,审核下一年的经费预算,主要由部门经理以上级别的人员参加。公司年会不仅开展总结表彰活动,还有配合即将来临的圣诞节开展一系列的庆祝活动,气氛活跃而又热烈。公司年会的召开形式可参见图5-5所示。

5. 客户销售咨询洽谈会。对于企业来讲,销售会议是每年都需召开的重要会议之一。涉外企业的销售会议经常是全球性或全国性的,前者规模比后者更大,持续的时间也可能更长,会议预算更多,人均消费更高。此类会议的组织者一般是本公司资深销售人员和主管,秘书人员也常是销售咨询会议筹备小组的成员。销售咨询洽谈会议主要是邀请中外企业的客户代表、合作单位代表参加,目的是洽谈投资合作意向,签订购销供货合同,听取客户对企业经营管理方面的意见、建议,对客户提出的问题给予集中的解答。这类会议的与会者来自方方面面，有本国的，也有外国的。这类会议多选择在公司总部或者交通发达、处于繁华地区的酒店举行。其召开形式参见图5－6。

图5－5　公司年会

图5－6　销售咨询洽谈会

6. 产品展销订货会。这类会议是企业经营中经常使用的一种有效手段，一般由销售部门负责人操办。这类会议既可重点邀请有关的销售企业，也可面向一般顾客。这类会议使用餐饮、娱乐设施较多，会议有时还要求会议承办方为其提供一个大的展览厅或面积较大的会议室，可能还需要设置展台。产品展销订货会的形式参见图5－7所示。

7. 新产品新闻发布会。企业研制出新产品并准备将其推入市场时，常常采用新闻发布会的形式进行宣传。此项活动通常由公共关系部门负责筹办，销售和秘书部门参与协办。新产品新闻发布会的形式参见图5－8。

图5－7　产品展销订货会

图5－8　新产品新闻发布会

8. 培训会议。此类会议参加的人数一般为30人左右，大多数持续的时间在1~7天，会议预算是这类会议组织者考虑的首要因素，会议参加者的人均消费属中低档水平。一般在公司内部或者会议设施完备、环境幽雅的小型酒店举行，如中小型度假型酒店。培训会议的形式可参见图5－9。

9.奖励旅游会议。一般来说,奖励旅游都是以会议作为开始,然后开展观光旅游活动,并举行晚宴或主题晚会等其他活动。奖励旅游会议组织者要考虑更多的细节问题,会议必须是有纪念价值并具有独特性的,安排的活动内容要注重培养员工的荣誉感、成就感、归属感。许多大型公司由它们自己的旅游部经理组织所有的旅行活动,与酒店联系,或者聘请专家为它们安排活动内容,包括线路的确定、与酒店谈判、会议安排等。奖励旅游会议的形式参见图5-10。

图5-9　培训会议

图5-10　奖励旅游会议

三、会议成本分析与计算

开会需要动用人力、物力、财力,又往往占用一些工作、生产时间。为了使开会与日常工作、生产互相结合、促进,而不是互相冲突、抵耗,会议必须要有计划。开会也是一种投入产出活动,尽管投入往往是有形的,产出往往是无形的,会议成本的付出与会议的规模、规格有着直接的关系,但总是要以最少的投入争取最大的产出为原则。因此,会议应该计算成本,做出预算。因此,对于一个追求利润最大化的企业来讲,在举行任何一个会议之前,尤其是一些大型会议之前,一定要有成本意识,并要进行成本分析。

(一)会议成本构成

会议成本主要包括两部分:

1.显性成本。显性成本主要指会议费,如会场租借费、文件材料费、与会者的交通费、食宿费、活动费以及服务人员的工资等。这些费用是可以明确计算出来的,又是直接消费的。

2.隐性成本。隐性成本即与会者因参加会议而损失的劳动价值,一般不大为人们所注意。这部分劳动价值以每小时工资的3倍再乘以2计算。它的含义是这样的:一个生产者的劳动价值至少是他工资的8倍,参加会议前必然要做些准备,会后又有用于思考、回忆的时间,所以还要乘以2倍。

(二)会议成本计算

1. 会议成本计算公式。会议成本 $= X + 2J \times N \times T$。其中,$X$ 表示显性成本的总和;J 代表与会人员每小时平均工资的 3 倍;N 表示人数;T 表示时间(小时)。

由于会议在企业管理中的重要作用,当前会议呈现出次数和时间增加以及规模和范围扩大等趋势。据一个公司的统计资料,用于开会或准备开会的时间,高级管理人员近三分之一,部门经理四分之一左右,基层主管和业务骨干也有五分之一左右。可以说,开会已成为企业经营、管理人员的"家常便饭"。由些,会议的成本与开销就不能不引起我们的重视。表 5 - 1 列出了某家公司的会议开销。

表 5 - 1　公司会议开销(以某公司为例)

阶　层	人　数	周会议时数	每小时的负担比率(元)	年耗成本(元)
高层主管	8	13	71	354 432
部门经理	20	10	22	211 200
基层主管和业务骨干	50	8.5	12	244 800
合　计	78	33	105	810 432

2. 会议成本控制。如何加强会议管理,提高会议效率,降低会议成本,成为公司管理中的一项重要工作。要提高会议效率、控制会议成本,就要避免以下 11 个问题:①离题闲聊;②无结论;③无会议目标或议案;④会议拖得太久;⑤会议主持人控制不当;⑥参会人员心不在焉;⑦不相关的人员过多;⑧参会人员准备不充分;⑨过多或无组织的会议资料;⑩一言堂;⑪内部或外来干扰。这些都是导致会议效率低下的主要原因。

第二节　会议准备工作

会议能否获得成功,很大程度上取决于会前的准备工作。会前的准备工作涉及很多方面,如会议预案的制订,会议议程、日程的准备,与会者的范围以及会议地址的挑选,物品、设备的准备,文件资料的准备,食宿的安排,经费预算等。

前期准备工作的顺利完成,需要成立会议筹备工作班子,会议筹备工作班子的大小应视会议的需要而定,总的原则应该是精干高效。筹备工作班子的成员应以本部门或本单位的秘书人员为主,如果人手不够,再从其他部门或单位抽调,这样组成的班子熟悉情况、各成员间相互比较了解,容易配合默契。筹备人员到位后,应进行合理的分工,并明确各自的职责任务和要求,做出在什么情况下进行配合的具体规定,以便分工协作、齐头并进、有条不紊地开展工作。若某项任务工作量较大,如会议文书工作,可以在议题确定之后就先组织人员开展这方面的准备工作,其他任务视工作量的大小和紧急程度,保证人员逐步到位。

一、会议策划方案与筹备方案

(一)会议策划方案的内容

会议策划的立项需明确 6 个 W,即 Who("谁"是会议的参加人员)、What("什么"是会议合适的类型)、When("什么时间"开会合适)、Where(在"什么地方"开会)、Why("为什么"开会)和 How("怎样"处理具体的会务工作)。会议的立项过程中,需逐步地明确如何找到会议的目标参会人员,如何确定最终的参会者;拟召开什么类型的会议,是决策会议、管理会议、研讨会议还是总结会议等;确定会议的时间要考虑与会人员的日常工作,会议的策划和准备的时间要充足,要考虑能够到会人员的数量和与其他活动的协调,还要考虑开会日期有助于会议地点选择获得最大的收益(如因旅游的淡季和旺季产生的住宿费用的高低);会议地点的选择要考虑与会议主题是否有联系、有无特殊的需求等;在确定会议召开的必要性方面需充分考虑如何节省时间和费用;在具体的会务工作处理方面要考虑会议的整体预算策划、营销策划、培训策划、公关和宣传的策划等,还要重点做好风险评估。

下面列出了××公司一项会议的策划方案,供参考。

会议策划方案范文

一、活动目的

1.通过分析行业形势,总结上半年的营销工作,找出工作得失,统一思想认识,明确下半年的工作方向;

2.通过展示和推介××等离子摩托新车型以及进行了全面质量整改的等离子摩托车型,使代理商对××等离子摩托车的产品线和产品品质有一个新的认识,增强代理商销售等离子摩托车的信心和决心;

3.通过宣布下半年等离子摩托车的相关政策和宣传贯彻下半年等离子摩托的推广方案,提高代理商推广等离子摩托车的积极性,并了解和掌握推广等离子摩托车的方法和手段。

二、会议主题:冬天,让我们感动上帝
　　　　——××摩托营销工作会议

三、会议时间:7 月 27 日—7 月 29 日

四、会议地点:君临大酒店

五、参加人员:

1.代理商总经理或操盘手:55 人(含×××代理商 10 人);

162

2.代理商财务主管:20人;

3.公司高层领导:15人;

4.销售公司:20人(含事务所总经理);

5.工作人员:10人;

6.合计:120人。

六、会议内容:

(一)经销商会议

1.董事长分析行业形势,提出××公司下半年工作思路,并介绍销售公司新的领导班子(销售公司新的领导班子亮相);

2.销售公司总经理做下半年营销工作规划,并宣布下半年销售政策(各种奖励政策);

3.总结上半年营销工作及下半年营销推广大纲(含广宣政策);

4.宣传贯彻2015年××摩托上市营销方案。

(二)等离子产品订货会

1.总工程师介绍等离子摩托车新车型和等离子摩托车全面质量整改的情况通报;

2.代理商现场订购等离子摩托车。

(三)联欢晚会

晚8点安排联欢晚会。

七、会场布置

1.签到台(1个):布置在酒店门口。

2.指示牌(3个):酒店提供(其中1个放于酒店门口,1个放于会议室门口,1个放于餐厅门口)。

3.会议室桌椅摆放:

大会:采取课桌式摆放,准备投影仪和屏幕,座式麦克风2个,会议策划方案范本;

讨论会:采取圆桌式,无线麦克风2个。

4.会议室背景喷绘:

冬天,让我们感动上帝

——××摩托营销工作会议

5.宣传展板:若干,布置在大厅和会议室。

八、组织及分工

(一)领导小组

组长:余×:负责本次会议的全面领导和总指挥,协调和监督各工作组的工作;

副组长:张×:负责新车准备、试装、检测,具体分管产品技术组;

副组长:郑××:负责活动策划、会场布置及会务工作。

成员:缪××、奚××、温××、范×、杨×、事务所总经理。

(二)分组及工作职责

1.策划布置组

组长:郑××

成员:温××、陈××、欧××、蒋××

工作任务:

(1)负责完成活动策划方案的拟写;

(2)负责协助和监督广告公司完成会议现场的布置及会议结束后的现场撤除工作(包括等离子摩托车形象店的布置);

(3)负责晚会表演节目的准备和现场表演的安排及费用申请和发放,会议策划方案范本;

(4)负责奖牌的设计制作;

(5)负责代理商礼品制作;

(6)负责等离子推广手册设计印刷;

(7)负责活动全程摄像、摄影和合影。

2.产品技术组

组长:张×

成员:周×、姚××

工作任务:

(1)负责将等离子新车型及××××摩托车配件准备齐全;

(2)负责等离子新车型及××××摩托车的生产及全面的检查、调试,确保无误;

(3)负责将等离子新车型及××××摩托车运送到会议现场并摆放到位;

(4)负责车辆现场的擦拭和清洁;

(5)负责会议期间参展产品的管理;

(6)展会结束后,负责将参展产品运回公司。

3.会务组:

组长:奚××

成员:杨×、姚××、赵××、范×、王××、事务所总经理

工作任务:

(1)负责各种物资的采购和准备;

(2)负责代理商邀请函(回执)准备、寄发;

(3)负责酒店联系及参会人员的住宿、饮食安排;

(4)负责会议室安排;

(5)负责代理商的接待和陪同;

(6)负责参会人员接送;

(7)负责各种资料的准备、装袋和发放;

(8)负责对各工作组工作的协调、检查和考核及会议策划方案范本。

九、费用预算

1.房费:49 500 元

330 元/间×50 间×3 天=49 500 元

2.餐费:60 000 元

1 200 元/桌×12 桌×5 餐=72 000 元

3.烟、酒水:15 000 元

4.会议室:8 000 元(租赁费含音响、话筒使用费)

5.布置费:15 000 元(包括等离子摩托车形象店样板的搭建费)

6.晚会费用:5 000 元

7.代理商礼品及奖牌:14 600 元

8.现场订购奖金:14 440 元

9.不可预计费用:6 460 元

费用总计:200 000 元

十、注意事项

1.各组工作人员必须严格按分工要求推进工作;

2.市场督查负责督促各工作组的工作按时完成;

3.会议期间公司人员必须统一着装,佩戴工作牌;

4.会议期间公司人员必须提前到达现场,不得迟到、早退和无故缺席。

会议策划方案的可行性研究是一项十分重要的工作,既需要考虑该会议的环境和目标公众的适应性,又要考虑财力适应性、效益的可行性、物质水平适应性和应急能力的适应性。策划方案草拟后,需要由会议策划委员会进行论证,论证就是一个决策的过程。通常使用定位式优选法(即从各种方案中优选出上、中、下三策,对其风险和收益进行比较,重点完善最优化的方案)、轮转式优选法(即对各个方案逐一进行分析和论证,对每个方案的优点和不足进行修正和完善)和优点移植法(即对各个方案的优点进行集中,在某个比较成熟的方案中移植其他方案的优点,以弥补其不足)等进行最终的选择。

(二)会议筹备方案的内容

1.会议筹备方案的构成要素。其主要包括:

(1)确定会议的主题与议题;

(2)确定会议的名称;

（3）确定会议的议程；

（4）确定会议的时间和日期；

（5）确定会议所需设备和工具；

（6）确定会议与会代表的组成；

（7）确定会议文件准备发放的范围；

（8）确定会议经费预算；

（9）确定会议的住宿和餐饮安排；

（10）确定会议的筹备机构与人员分工。

2. 会议筹备方案的审核重点。对筹备方案的审核重点主要在：审核会议的主题与议题是否准确反映了策划案中的会议宗旨；审核会议的议程、日程安排是否科学合理；审核会议与会代表的组成结构；审核会议筹备机构的组建情况、人员分工是否合理有效；审核会议经费预算表和预算报告，尤其是部分费用的细目表；审核会议的准备工作安排是否全面，有无遗漏。

以下是某会议筹备方案的样式，供参考。

××公司技术训练专题研讨会预案
（筹备方案）

一、会议主题

为了增强本公司的综合竞争力，提高产品质量和管理水平，特召开此次技术训练专题研讨会，会议的重点是讨论研究如何在全公司展开技术发明和创造的竞赛，并提出提高训练质量的对策，探讨新的技术训练方法。

二、会议的时间、地点

拟于 2007 年 3 月 5 日上午 9:00 至下午 4:00 在公司 1 号会议厅召开。3 月 5 日上午 8:30 报到。

三、参加会议人员

公司总经理、副总经理，公司人力资源部总监、生产部总监、培训部总监，以及公司下属各部门的技术骨干 30 人，总计 50 人。

四、会议议程

会议由主管副总经理主持。

上午：（1）总经理做关于技术训练问题的工作报告。

（2）培训部总监专题发言。

（3）生产部总监专题发言。

下午：（1）分组讨论。

（2）人力资源部总监宣读公司开展技术竞赛评比的计划草案。

（3）主管副总经理做总结报告。

五、会议议题

(1)技术训练与提高企业综合竞争力。

(2)技术训练与技术创新。

(3)如何提高技术训练的质量。

(4)技术训练方法的再讨论。

六、会场设备和用品的准备

准备会议所需的投影仪、白板和音像设备,由公司前台秘书负责。

七、会议材料准备

(1)总经理的工作报告。

(2)培训部、生产部总监的专题发言稿。

(3)公司开展技术竞赛评比的计划(草案)。

(4)副总经理的总结报告。

由总经理办公室牵头准备。

八、会议服务工作

由行政部综合协调。

附:(1)会议通知。

　　(2)会议日程表。

二、会议时间安排

(一)选择会议时间

先要考虑公司主要领导、主管领导和主持人的时间是否适宜。在上司出差返回的当天尽量不安排重要会议。

有外部人员参加的会议,要考虑邀请的有关上级领导和嘉宾是否能到会。

要考虑本公司生产经营的规律,尽量避免在生产销售的旺季和忙时召开牵涉人员多、时间长的会议。

会议议题应集中,日程应高度紧凑,尽量缩短时间,会议连续进行的最佳时间是3小时之内,超过这一限度,会议效果将呈下降趋势。

安排会议时间要考虑人们的生理节律。一般上午9:00至11:00时,下午2:30至4:30时的效率较高。

(二)会议议程与日程

1.会议议程。会议议程是对会议所要通过的文件、所要解决的问题的概略安排,并冠以序号将其清晰地表达出来。会议议程一般在会前发给与会者。拟订会议议程是秘书人员的任务,通常由秘书拟写议程草稿,交上司批准后复印、分发给所有与会者。会议议程是会议内容的概略安排,它通过会议日程具体显示出来。

2. 会议日程。会议日程是指会议在一定时间内的具体安排。一般采用简短文字或表格形式,将会议时间分别固定在每天上午、下午、晚上三个单元里,使人一目了然,如有说明可附于表后,会前发给与会者。会议日程是根据议程逐日做出的具体安排,它以天为单位,包括会议全程的各项活动,它是与会者安排个人时间的依据。会议日程表的制定要明确具体、准确无误。参见表5-2。

表5-2 ××公司年会日程表

日 期	时 间		内容安排	地 点	参加人	负责人	备 注
2007年6月20日	上午	8:30	报到	会议大厅	全体部门经理	秘书负责	
		9:00—10:00	总经理讲话	小会议厅	同上		
		10:00—10:20	茶歇	大厅	同上		
		10:20—11:50	公司顾问讲座	小会议厅	同上	秘书负责	
		12:00	午餐	××宾馆餐厅	同上	秘书负责	自助餐
	下午	1:30—3:00	销售总监报告	小会议厅	同上		
		3:00—3:20	茶歇	大厅	同上		
		3:20—4:20	财务总监报告	小会议厅	同上		
		4:30—5:30	人力资源总监报告	小会议厅	同上		
	晚上	6:00	晚餐	××宾馆餐厅	同上		
		7:00	联欢	宾馆卡拉OK厅	同上		

三、确定会议地点

(一)选择外部会议地点的要求

1. 会场位置必须让上司和与会者方便前往。应选择在距上司和与会者的工作地点均较近的地方,同时应考虑交通便利。

2. 会场的大小应与会议规模相符。一般来说,每人平均应有2至3米左右的活动空间,这样比较适宜。同时应考虑会议时间的长短,时间长的会议,场地不妨大些。

3. 场地要有良好的设备配置。桌椅家具、通风设备、照明设备、空调设备、音像设备要尽量齐全。同时,应该根据会议的需要检查有无需要租用的特殊设备,如演示板、电子白板、放映设备、音像设备、录音机、投影仪、计算机、麦克风等。

4. 场地应不受外界干扰。应尽量避开闹市区。同时,"外界干扰"还包括室外的各种噪声,打进会场的电话、手机,以及访客参观等。因此,应在场外挂起"会议正在进行中,谢绝参观"的牌子,并要求与会者关闭手机。会场内部也应具有良好的隔音设备,以保证会议能在安静的环境中顺利进行。

5. 选择会议地点应考虑有无停车场所。

6. 场地租借的成本必须合理。

在确定会址前要通过网络、广告等各种渠道多方考察、了解能够提供会议地点的宾馆、会议中心、饭店,必要时还要实地考察以确定合适的地点,并要提前预订,使提供会议场所的一方能够提前做好各项安排,保证会议如期使用。

(二)安排内部会议室

1. 内部会议室的特点。涉外企业大多数都有自己的内部会议室,它可以减少租用外部场地和设施的费用,内部会议地点多适合内部会议和活动。涉外企业召开会议通常以内部会议室为首选的会议地点,一般只有在内部会议室不能满足需要或有某些特殊需求时,才考虑使用企业之外的会议场所。使用内部会议室具有以下特点:

(1)方便快捷,手续简单。利用内部会议室无须事先考察、选择,只要向有关的行政部门提出申请,预先登记即可。参会人员可以节省路上花费的时间,同时可兼顾正常的工作。

(2)节省了场地和设备的租用费用。选择企业外部会议室,会提高会议的成本,而利用内部会议室可以提高企业自身的资产利用率,同时对会议所需的设备能够更好地控制。

(3)易分散注意力。内部会议室易营造轻松、和谐的气氛,但易受各种干扰因素的影响。例如,在会议中间人员进进出出、找人、接听电话等,因此,更需强调会场的要求和纪律。

2. 预定会议室的程序

(1)确定会议召开的时间和人数,确认所需会议室的类型。

(2)申请使用会议室。

(3)确认会议室已预留,并明确使用时间。

(4)预先调试会议所需设备。会议召开前,负责会议室安排和协调的秘书事先要查看会议议程,了解会议的主持者和演讲者是否需要音像辅助设备,秘书要了解各种设备的功能,并事先将各种设备调整到最佳状态。

(5)提前到达会场分发资料和用品,并负责签到。

四、准备会议文件资料

(一)秘书准备会议文件的重点

会议文书是指反映和记录会议情况的各种载体和形式的文件资料。会议文书工作包括会议文书的起草、修改、印刷制作、发送、回收和立卷归档等一系列具体环节。这一工作贯穿会务工作始终,常常是文件量大、种类多、时间紧迫、质量要求高,因此对会务人员来说是一项颇为艰巨的任务。具体来说,会议文书主要有以下几大种类:

1. 会议事务性文书。会议事务性文书包括会议通知、会议须知、会议计划、会议筹备方案、会议议程和日程、会议程序、各类名单、选举投票或表决办法、生活管理服务方面的规章制度等。这些文件材料琐碎而具体,要及时撰写和使用。

2. 会议报告、讲话类文书。会议报告、讲话类文书包括领导在会议上的报告、讲话稿、开幕词、闭幕词、会议专题发言材料等。

3. 反映会议要讨论、决定内容的文书。这类文书包括会议上要讨论的计划、方案、章程、规定、制度、报告,要传达的上级文件等。这些文件材料都必须在会前准备好,大多是在会上经过讨论、修改而最后定稿。

4. 会议议案、提案类文书。这类文书包括议案、提案、建议等,一般在代表性会议上才产生和使用。

5. 会议记录性文书。会议记录性文书包括会议记录、会议简报快报。这类文书在会议期间产生、形成。

6. 会议参考性文书。会议参考性文书是指与会议主题有关、服务于会议活动的各种文件材料,如有关文件汇编、调查报告、信息选编、统计材料等。这类文书需提前准备以便提供给与会者在会议期间使用。

7. 反映会议结果的文书。这类文书包括会议决定、决议,会议纪要、公报、公告,传达会议精神和决定事项的通知等。这类文书一般在会议后期产生。

8. 证件类文书。证件类文书包括代表证、列席证、记者证、工作证、通行证、住宿证、会议名片、座位卡等。大型会议的证件量很大,并且均须在会前赶制出来。

(二)发送会议通知

会议通知一方面可以起到周知、备忘作用,提醒与会者按时参加,另一方面可以起到凭证作用,可作为入场的证件。会议通知常采用口头通知、电话通知、计算机传送(即以电子邮件的方式通知)和书面通知等几种形式发送。

1. 正确发送会议通知的形式。要做到正确发送会议通知,以下方面需要注意:

(1)为了规范公司的管理及运作,除了非正式会议和每日例会之外的所有会议,均应正式打印会议通知,再通过书面形式或电子邮件传递到有关人员,以示正规和郑重。

(2)有几个人参加的非正式会议,可用多种方式加以通知,如先发传真或打电话,随后再寄备忘录或信函;也可先发电子邮件,再通过电话或回复电子邮件确认。

(3)一些会议(如股东会议)在发送通知时应按规定的会议规则行事。发通知的同时应附上一份代理委托书。其他类型的会议如参会者无法出席,也应在必要时授权代理,以保证通过决议时有所需的法定人数。

（4）如果有预备议程、事先需准备的材料或其他需让与会者事先了解的情况，应随信寄发一份。

（5）对书面通知的地址、邮编一定要填写正确。装信封和邮寄时应注意不要错装、漏装或漏寄。通知的封筒应醒目地标出"会议通知"字样。

（6）需要回复的会议通知或预备通知还可夹入一张明信片，上面注明公司地址、邮编、电话、发信人姓名，以便对方有时间考虑并能及时回复。

（7）对于经常参加某类会议的部分人员，可用计算机打印出标签或准备多套邮寄标签，以免重复打印；对于计算机中保存的地址要注意随情况变化不断更新。

（8）不管以什么方式发出会议通知，都应抓住确认回复环节，以确保会议信息能够按时、完整地传达到与会者。

（9）可将会中使用的有关票证（入场券、代表证、汽车通行证、座次号、编组名单、就餐证和乘车证等）与会议通知一并发出。

（10）如果某些与会者对会议地址不熟悉，应附加一份说明或回执单，要求与会者告知具体的到达和返程日期，并标明到达会址的汽车、火车等交通工具线路。

（11）会议通知样本要作为档案收存。

2. 会议通知的主要内容。会议通知一般包括标题和正文两部分，标题应写明召开会议的单位或部门、会议名称、发文号。通知的正文包括会议名称、会期、会议的详细地址、时间、会议议题和联系方式等。写作时需注意以下几点：会议名称要具体；日期、时间、场所要准确无误；议题要尽量详细具体；有附加资料时，要写明资料名称及页数；会议通知需交上司审阅、批准。

重要的、大型会议在通知发出时，最好把就餐安排、住宿房间和其他事项的安排一并告诉对方，相关的凭证、附件也可一并发出。

五、布置会场

会场布置包括主席台设置、座位排列、会场内花卉陈设等，基本要求是庄重、美观、舒适，体现出会议的主题和气氛，同时还要考虑会议的性质、规格、规模等因素。座位安排包括会场内的基本格局、主席台的座次、场内人员座次及区域划分。

（一）会场的整体布局类型

1. 较大型会场的座次安排。会场座位布局摆放可以有多种形式或形状，较大型的会场，一般在礼堂、会堂、体育场馆举行，其形式或形状基本固定。还可采取大小方形和半圆形（图5－11、图5－12、图5－13、图5－14）。所谓大小方形（有时也称为倒"山"字形），适合于大型的代表会议、纪念性会议、布置工作会议等。

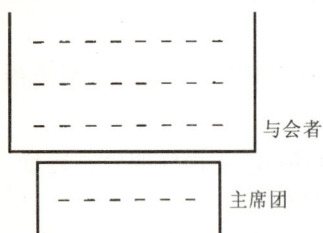

图 5 – 11　大小方形（1）　　　图 5 – 12　大小方形（2）　　　图 5 – 13　半圆形

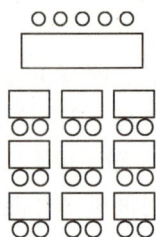

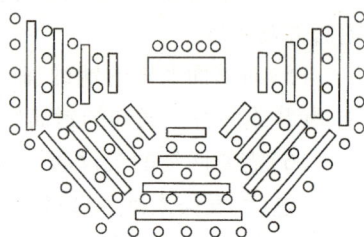

图 5 – 14　倒"山"字形会议布局

2. 中小型会议的座次安排。一些中小型的办公会、专题会、研讨会一般在会议室、会议厅或临时设置的会客室进行，可摆放成方拱形、半月形、椭圆形、圆形、回字形、长方形、马蹄形、T 字形等（图 5 – 15 至图 5 – 32）。这些形式可使人员坐得比较紧凑，便于讨论和发言。方拱形、半圆形、椭圆形易突出会场的发言人和主持人；圆形体现的是会议上各方平等，重在沟通协商；回字形、长方形常作为双方谈判的布局；马蹄形、T 字形比较适合作为培训、研讨的会议布局。

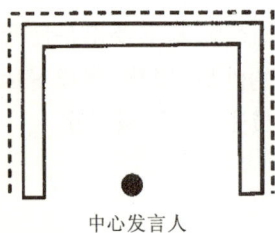

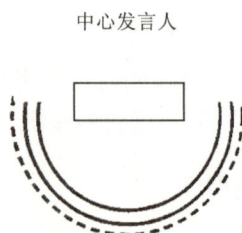

图 5 – 15　方拱形　　　图 5 – 16　半圆形（1）　　　图 5 – 17　半圆形（2）

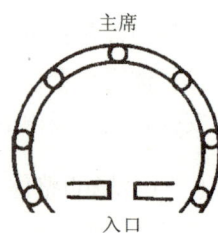

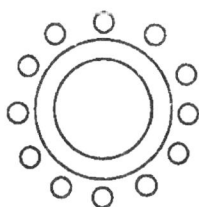

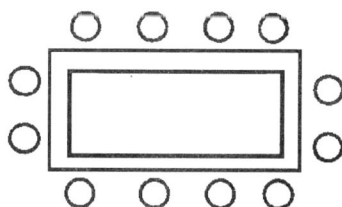

图 5 – 18　椭圆形　　　　图 5 – 19　圆形　　　　图 5 – 20　回字形

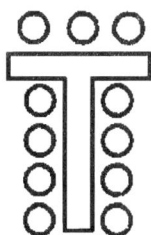

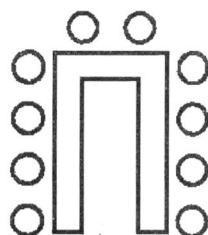

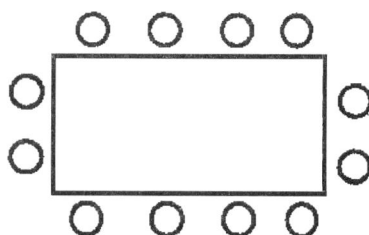

图 5 – 21　T 字形　　　图 5 – 22　马蹄形　　　图 5 – 23　长方形

图 5 – 24　圆形会议布局

图 5 – 25　正方形会议布局

图 5 - 26　椭圆形会议布局

图 5 - 27　回字形会议布局

图 5 - 28　长方形会议布局

图 5 - 29　马蹄形会议布局

图 5 - 30　方拱形会议布局

图 5 – 31　半圆形会议布局

图 5 – 32　视频会议会场布局

(二)会场座次安排

1. 主席台座次安排。会议主席台就座者都是主办方的负责人、贵宾或主席团成员,安排座位时应注意以下惯例:

(1)依职务的高低和选举的结果安排座次。职务最高者居中,然后按先左后右、由前至后的顺序依次排列。正式代表在前居中,列席代表在后居侧。

(2)为工作便利起见,会议主持人有时需在前排的边座就座,有时可按职务顺序就座。

(3)主席台座次的编排应编制成表,先报主管上司审核,然后贴于贵宾室、休息室或主席台入口处的墙上,也可在出席证、签到证等证件上标明。

(4)在主席台的桌上,于每个座位的左侧放置就座者名签。

2. 场内人员座次安排

(1)小型会场内座位的安排。小型会议室的座位,应考虑与会者就座的习惯,同时要突出主持人和发言人。要注意分清上下座,一般离会场的入口处远、离会议主席位置近的座位为上座;反之,为下座。会议的主持人或会议主席的位置应置于远离入口处、正对门的位置。

（2）中大型会场内座位的安排。代表会议、工作会议、报告会议等类型的会议需要安排场内其他人员的座次，常见的安排方法有三种：

①横排法。横排法是按照参加会议人员的名单以及姓氏笔画或单位名称笔画为序，从左至右横向依次排列座次的方法。选择这种方法时，应注意先排出会议的正式代表或成员，后排出列席代表或成员。

②竖排法。竖排法是按照各代表团或各单位成员的既定次序或姓氏笔画从前至后纵向依次排列座次的方法。选择这种方法也应注意将正式代表或成员排在前，职务高者排在前，列席成员、职务低者排在后。

③左右排列法。左右排列法是按照参加会议人员姓氏笔画或单位名称笔画为序，以会场主席台中心为基点，向左右两边交错扩展排列座位的方法。选择这种方法时应注意人数。如果一个代表团或一个单位的成员人数是双数，那么排在第一、二位的两位成员应居中，以保持两边人数的均衡。

六、准备会议所需物品与设备

（一）检查会议常用视听设备

1.检查的方面。在需要使用视听设备的会议之前，有必要对灯光调整和幻灯片放映等进行预演。对于会议使用的音响、照明、通讯、录音、录像、通风等设备，应设专人操作与维护，其目的是避免会场上出现不必要的尴尬场面。比如，麦克风要选择最佳位置摆放，如果讲话人较多，则应多摆放几组话筒，以免来回挪动。又如，盛夏开会，空调、通风等降温设备要给以特别的注意，既不能温度过低，使年长的与会人员身体受损，也不能温度过高，使会场中闷热难耐。

2.检查会议常用视听设备的要求。会议承办者应在会前向设备供应商明确询问具体的解决程序；在会议召开前由专门人员负责检查所有设备；会议检查人员应该有一个可以请求紧急帮助的电话号码，以便与相关部门进行联络；有些设备故障（如灯泡报废等）可以由会议工作人员自行处理；发现设备故障要及时请有关的公司和专业服务机构派人修理；有些设备在出现故障时最好更换新的设备，等到会议结束后再进行修理。

（二）会议所需物品

时间较长的会议，要安排好茶水饮料，并指定专人服务。在很多会议中会用到黑板、白板、挂架等用品，因此，要确保黑板、白板已擦干净，准备好粉笔、指示棒、板擦等。安放图架，准备好配套图表和足够的纸张。在每人座位前摆放纸笔。如有外来人参加会议，摆放好姓名牌，注意文字大小适当，清楚易认。

如果有选举、表决、表彰的议程，还需准备好投票箱、计票设备、奖励用品、磁带、绶带、鲜花等物品。

上述工作完成后,要提前半天至一天进行一次全面检查,以便及时发现问题,进行整改。

七、安排食宿与交通

(一)住宿安排

大中型会议由于与会人员多,会期相对较长,一般需租用招待所、宾馆、饭店、会议中心等。

1. 在选择住宿的招待所、饭店、宾馆、会议中心时,要充分考察其基本设施是否齐全,安全性如何,价格是否合理,地点是否方便,环境是否安静、整洁,然后再综合考虑选择。

2. 要是由与会者自己支付住宿费,就需选择几家价格、条件不等的招待所、饭店、宾馆或者是同一家宾馆不同标准的客房供其选择。

3. 如果是由主办方支付费用,则需按其职务标准安排住房,除了部分嘉宾和主办方的领导,其他与会人员的住宿标准应相近。

4. 具体安排住宿时,要根据与会人员职务、年龄、健康状况、性别和房间条件综合考虑,统筹安排。

5. 年龄较大的与会者和女性应尽量安排到向阳、通风、卫生条件较好的房间。

6. 注意尽量不要把汉族与会者与有禁忌的少数民族与会者安排在同一房间,也不要把有打呼噜习惯的与会者和睡觉较轻的人员安排在一处。

7. 可预先在会议回执上将不同规格的住宿条件标明,请与会者自己选择预订。

8. 预订住宿地点的工作一定要打出提前量,预订数量上要略有富裕。

(二)餐饮服务

会议饮食直接关系到与会人员的身体健康和精力是否充沛。因此,在会议饮食的安排上要力求周到全面。应注意的事项有:

1. 认真做好饮食预算、采购、烹调、就餐等工作。

2. 饮食要干净卫生、美味可口、品种多样。

3. 事先要准备好干净的饮食用具。

4. 尽量照顾到不同口味人的需要,虽说是众口难调,但总体上说,饮食不可过咸、过辣、过甜、过酸。

5. 提倡实行自助餐制和分餐制。

6. 要照顾不同国家、不同民族与会人员的饮食习惯、风俗和禁忌。

7. 对因开会或服务工作误了用餐的人员,应预留饭菜。

8. 应做好饮水、饮料的供应。

9. 会议中应配备必要的专职医护人员,同时注意与会者的饮食、饮水和环境卫生。

（三）交通保障

会议期间的交通保障直接关系到与会人员的集体活动和会议组织工作的效率。要做好会议交通保障工作,应掌握会议交通保障的内容。

1. 车辆组织。掌握会议所需小轿车、大客车、中型旅行车的总数,考虑安排用于会务服务的车辆的种类和数量。

2. 用车制度。规定用车的范围,履行批准手续。领导用车要充分保证,应建立会议期间 24 小时的用车值班制度。

3. 派车管理。派车管理包括用车安全检查的管理和驾驶员规范服务的管理。

4. 车辆的调度。在时间安排、乘车安排、对号入座、有序上车等方面加强组织,以保证安全、准时、高效。

5. 租车管理。当本组织的用车不足时,可向汽车公司租车,在租车前要调查清楚价格、服务状况和车辆情况等。

八、会议经费预算

（一）会议经费的来源

会议经费的来源包括下面几个方面:

1. 与会者交费

（1）会员及非会员的交费。在举办商务会议时,可以对不同的与会者收取不同的费用。如果与会者是会员,主办者通常要为他们提供优惠的收费标准,以鼓励他们参加会议,同时按注册会员的时间先后实行不同的收费标准,以此来吸引非会员入会。

（2）陪同人员的交费。如果会议策划中有为陪同人员安排的活动,那么也可以为陪同人员提供和与会者平行的优惠收费标准,可以通过这种优惠措施鼓励普通的与会者参加会议,而陪同人员缴纳的费用也是会议收入的重要来源。

与会者的交费是上述两种交费之和减去给予与会者一定的优惠和折扣后的余额,一般的预算公式为:

与会者交费 = 预期的与会者人数 × 交费额 + 预期陪同人数 × 交费额 − 交费折扣额

2. 参展商交费。大型的商务会议往往具有召开展览会的能力和场地,因此,参展商缴纳的费用也是会议收入的一个重要来源。

3. 联合主办者交费。某些会议可能是几个机构、公司出于共同的兴趣和目标而彼此合作主办的,其中由一个公司来负责会议的全程事务,其他公司和机构作为协办者,也会交纳一定的费用作为会议收入。

4. 广告、赞助和捐助。在举办商务会议时,通常也可以将其作为一次为与会公司和其他相关组织做宣传的机会,会议中印刷的纪念材料可以为其提供有偿广告服务,会议可以从中收取费用。

主办机构有时可能会从个人、基金会、民间机构、政府部门获得实物或资金形式的赞助或捐助,构成会议的预算资金。

5. 公司分配。举办商务会议的公司在预算时,可能先要从自身账户上为会议拨一定的款项作为预算资金,在盈利后,再将该款项拨回。

6. 其他收入项目

(1)录音、录像带和出版物。会议发言录像和录音、展览会录像、会议记录和报告等可以公开发售,作为会议的收入。

(2)旅行、餐饮。会议期间提供的各种旅行服务、特色或高档餐饮服务等,都可以向与会者收取一定比例的费用。

(二)会议经费使用

会议经费一般主要用于以下几个方面:

1. 文件资料费。文件资料费包括文件资料、文件袋、证件票卡的印刷、制作等开支。

2. 邮电通讯费用。邮电通讯费用包括:发会议通知,就会议事项发电报、传真、电传或打电话进行联络等费用;若召开电视、电话等远程会议,则使用有关会议设备系统的费用也应计算在内。

3. 会议设备和用品费。这主要包括各种会议设备的购置和租用费用等。

4. 会议场所租用费。这主要包括会议室、大会会场的租金,以及其他会议活动场所的租金。

5. 会议办公费。会议办公费包括会议所需办公用品的支出费用、会场布置等所需要的费用。

6. 会议宣传交际费。会议宣传交际费包括现场录像的费用、与有关协作各方交际的费用等。

7. 会议住宿补贴费。一般情况下,住宿费是由与会人员自理一部分,由会议主办者补贴一部分。也有主办单位全部承担的情况。

8. 会议伙食补贴。会议伙食补贴通常由主办单位对会议伙食补贴一部分,由与会者承担一部分。

9. 会议交通费,即参会人员交通往返的费用。如果由会议主办单位承担,则应列入预算;会议期间的各项活动如需使用车辆等交通工具,其费用也应列入预算。

10. 其他开支。其他开支包括各种不可预见的临时性开支。

表5－3列出了某次会议的预算总表,供参考。

表5－3 会议预算总表

项目收入	金　额	项目支出	金　额
与会者交费		固定费用	
参展商交费		承办者的报酬和开销	

续表

项目收入	金　额	项目支出	金　额
联合主办者交费		会议策划委员会的支出 营销(宣传、广告、邮寄)	
公司分配		办公室开销	
广告		提前支付的开销	
赞助		可偿还开销(押金、谢礼)	
其他收入项目		可变费用	
		设备(视听、计算机等)	
		娱乐、旅行	
		交通、运输人员酬劳(翻译、现场人员)	
		会议地点(食宿、会场)	
		发言人报酬、与会者手册及名卡	
		秘书处、保安、公共关系费用	
		奖品和纪念品	
		印刷和复制	
		指导委员会报酬	
		评估和后继工作	
		其他费用项目	

九、处理会议突发事件

(一)处理会议突发事件预案的内容

1.处理人员问题。应根据会议的类型采取不同的备用人选。如果外部发言人缺席,可以安排由内部演讲者就相关主题演讲。

2.处理场地问题。如果内部会议地点因某种原因不可使用,可用其他房间替代,内部会议室应该与办公区域隔离开,以便干扰正常的工作。公司外部会议地点的临时改变则问题严重,特别是在很难通知参会人的情况下。可以先和会议地点的管理人员协商,由他们提供替换的会议室。如果不得不换地方,则应从较宽范围的会议地点来考虑,如附近的大学、休闲场所、剧院等都可能有适合的大厅、讲座会场或会议室。

3.处理设备问题。如果是内部会议,秘书应该掌握企业内可用的音像设备的类型和存放位置的清单。如果是外部会议,需要事先了解活动当地可以租用到设备的公司及活动当地文具和设备供应商的名称、地址和电话号码;同时,备有紧急维修工程师的姓名、地址和电话号码等。

4.处理资料问题。秘书可以采取以下措施来防止会议材料准备方面出现意外:永远带一份活动安排及活动中需要使用的文件的原稿,以便在活动地点可以重新复印。如果准备的材料没有及时送到会议地点而对参会代表产生影响时,秘书应该向大家解释情况,并告知大家替代方案正在进行。

5.处理健康与安全问题。秘书可以提醒负责会议筹备的相关领导或组织组成专门的安全小组来负责相关事务。加强会前的安全检查,必要时要组织应对火灾等突发事件的演习,要派出专门人员负责把守安全通道,有条件的地方要充分利用好会场所在地的摄像监控系统,随时掌握会场方方面面的情况。同时,中大型会议事先要安排好医护人员在会场以应急。另外,要加强会议值班工作和应急车辆的安排。

6.处理行为问题。要防止出现发言人行为不当或与会代表行为不当。一方面,要加强对发言人以往情况的审核,并加强发言前的沟通;另一方面,提前做好准备,避免这种情况出现,如请行为不当者暂时离开会场等。

(二)制订处理会议突发事件预案的原则

会议应急方案应做到有的放矢、预防为主和留有余地。

1.有的放矢。会议应急方案不是形式和摆设,要针对不同会议的具体问题制订。

2.预防为主。制订预案既要重视突发事件出现后如何有效应对,更要强调防患于未然,要突出预防为主的原则。

3.留有余地。应急预案的策划一定要多套方案并行,各种情况都事先考虑周详。在人员、设备和经费的配备上要做出预先的安排。

十、组织远程视频会议

远程视频会议是利用通信网络传递图像文字和声音信号的一种现代化会议方式,适用于布置重要工作、宣布重大决定、商量紧急措施等特殊紧急的情况。

(一)远程视频会议的特点

视频会议属于同步会议,利用视频设备,通过微波线路或卫星线路,播送主会场和各个分会场的活动影像,与会者在不同的地理位置上,在同一时间内参加会议,实现了声音和图像同时传送。其主要特点有:

1.节省时间和费用。远程视频会议具有节省时间和金钱的优点,还可与电话服务机构商定使用录音带的形式做永久记录。它可使分散在各处的与会者通过现代化的通信技术,围绕共同的议题参加会议。与会者不受地域的限制,在不同地方、同一个时间进行交流,大量节省了旅途时间和交通、食宿、印刷会议文件的各项费用,有利于更多的人员参加会议。

2. 打破了空间的限制。与会者虽然远隔千里，但能听到与会者发言的声音，看到对方发言时的表情以及发言时所展现的文字、图表、图像。

3. 交流直接，效果较好。高质量的声音和清晰的画面，使每一位与会者都有身临其境之感，更有利于双向交流、直接互动，可收到良好的会议交流效果。

4. 初始成本大，技术要求高。视频会议的初始准备时间较长，而且初始投入成本较大，对技术的要求较高。尽管它的交流是直接的，但它无法实现面对面会议形式所具有的互动效果，因而交流不够深入广泛。

(二)远程视频会议的准备

1. 选择承办视频会议的电信服务公司。远程会议筹备方案拟订后，应预先了解能够为远程视频会议提供电信服务的公司并与之联系，深入了解对方的业务范围、服务方式、收费情况等，并提前一周与电信服务公司预约，明确提出自己的要求，并提前将下列内容告诉电信服务公司：会议日期、会议起止时间、会议参加人数、与会者的电话号码、主持人姓名等。

2. 设置并检查会场信息传输设备。视频会议的设备要求较高，要保证既能将主会场的画面和声音传给各分会场，又能把各分会场的信息反馈给主会场。会场内可以配备高速传真机，以便同时传送文件。

场内会议设备要落实专业技术人员调试、检测。会议期间要有值班维修制度，及时解决技术上的故障，确保会议顺利进行。

3. 提前寄发文件。会议上要审议的文件、会议程序、议程以及有关信息，会前通过传真或电子邮件传给与会者，以便他们有时间准备会议讨论。

4. 布置视频会议会场。远程视频会场的环境要安静、清洁。主会场和分会场要悬挂会标，突出会议的主题，同时便于电视宣传报道。要提前做好视频设备的调试和摆放工作。

5. 做好会议信息准备。与面对面会议相比，视频会议时间紧，能够发言的人数少，发言的时间相对长。为了提高会议的成效，对会议讨论的事项一定要在会前通过其他方式进行有效沟通，如通过电话、文件、小型会议等，成熟之后再在视频会议上通过。

6. 采用先集中后分散的形式。为了减少租用通信线路的时间，在议程安排上，先集中开大会，然后由分会场各自举行会议。会后，各分会场要将本会场的情况整理成书面报告呈交主办单位备案。

第三节 会中工作

会议期间的各项组织服务是秘书的重要工作之一。会议进行中间，秘书应做的具体工作主要有以下几个方面。

一、会前的最后检查

会务秘书至少提前一天进驻会议场所,以充分做好会前的检查,保证会议顺利进行。

(一)会前检查的方式

检查的方式大致分为两种,一种是听取会议筹备人员的汇报,一种是现场检查。

1.听取汇报。领导检查会议筹备情况可以采取听取会议筹备人员汇报的形式。秘书对会务筹备情况的汇报材料要认真核实;要突出问题,提出对策;汇报材料要有量化检查的数据。

2.现场检查。现场检查的程序包括:先制定现场检查的路线和确定现场检查的重点;将现场检查的项目制成检查单,逐一在现场核对;对未达到检查要求的项目整理出整改和修订意见。

(二)会前检查的重点内容

1.文件的准备情况。会议文件的撰制一般分为两种情况:一是由秘书部门直接拟制,或由秘书部门牵头组织有关部门、有关人员共同拟制;二是由有关部门准备文稿,然后经主管领导或秘书长审核。检查时应特别注意后者,如文件上的会议名称、文件编号、份号等。如文件已装入会议文件袋,在条件允许的情况下,应逐袋检查,把工作做细。

2.会场布置情况的检查,主要检查以下方面:会场布置是否与会议议题相适应,会标是否端庄醒目,主席台是否按议定座次摆放,领导者名签安排是否妥当;旗帜、鲜花等烘托气氛的装饰物是否放置得体,音响、照明、通讯、录音、录像、通风、安全保卫等设备、措施是否完善;在会场外举行的大型会议,还应检查场地划分情况,以及进场、退场路线的安排。

3.会议保卫工作的检查,主要包括:确保会场内所有设备线路、运转及操作规范的安全可靠;确保会场内消防设施齐全有效;确保会场的防窃听装置灵敏高效;确保会场的防盗设施(监控器的探头等)处于运行状态。

4.检查其他内容。对于一些特殊类型的会议,检查内容应相应增加,如颁奖大会要检查奖品的准备情况和发奖顺序的安排;有选举内容的代表大会对票箱、投票、计票工作的安排等要检查;现场会对于参观现场和参观顺序、线路的安排要检查;如果会议安排集体摄影,还应检查摄影场地和座次的安排情况等。

二、组织签到和登记

(一)签到工作的意义

会务秘书到宾馆或会场入口处迎接与会者,组织与会人员签到和登记,是会议进行中的第一件事。其目的是及时了解应该到会人数。签到对于各类有选举、表决内容的法定性会议尤为重要,它关系到是否达到法定人数,选举、表决结果是否有效的问题,所以必须坚持签到制度,并认真负责地做好签到工作。有的会议议题较多,会务秘书可根据预计的议题研讨时间,通知有关与会人员分别提前到达,并安排好候会处所。这样既可保证会议秩序,又可以尽可能地使某些议题的内容不致扩散。会务秘书对候会时间的掌握要大体适当,既要让与会者提前到达,又要避免其等待过久。

(二)签到方法

1.小型会议签到。小型会议一般采用签到簿签到的办法,与会人员到会时在会务秘书准备好的签到簿上签名(一般还应注明单位和职务)。人数较少的小型会议或例会,也可由会议秘书按照预先确定的应到会人员名单,逐一进行签到,来一人划一人,这样可以随时掌握到会人员情况,且不必打扰与会者。当然,要采取这种签到办法,会务秘书必须认识全部或绝大多数与会者,这就向会务秘书提出一个熟悉到会人员的课题。

2.大型会议签到。大型会议及有外埠人员参加的中小型会议,其报到手续一般在住地办理,会务人员提前进驻,按规定日期接待与会人员并办理报到手续。重大会议可采用签到卡或签到牌的方式进行签到,与会者要在胸卡及其存根上签上自己的名字,或在签到系统设备前刷卡,之后才能进入会议场所。签到工作结束之后,会务秘书应及时将与会者到会情况报告会议主持人,发现未到会的要及时催请。

图 5-33、图 5-34 分别是会议签到台和会议签到系统的式例。

图 5-33　会议签到台

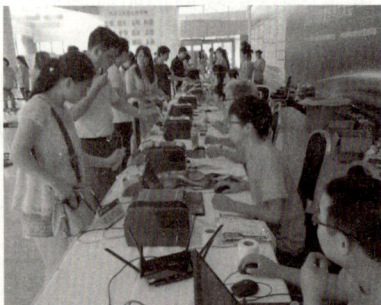

图 5-34　会议签到系统

三、会议记录工作

(一)会议记录的准备

1.准备记录用具。要做好会议记录,就要准备足够的钢笔、铅笔、笔记本和记录用纸。准备好录音笔来补充手工记录。要备有一份议程表和其他的相关资料和文件,以便在需要核对相关数据和事实时随时使用。

2.记录前的工作准备。在开会之前秘书要提前到达会场,安排好做会议记录的位置,迅速做出一张与会人员的座位图,以便于识别会议上的发言者。提前参阅一下其他的会议记录,揣摩一下其行文结构、细节内容。在利用录音笔的同时,必须手工记录,这样不仅整理记录的速度快,而且可以防止录音笔中途出故障。

(二)会议记录的内容

会议记录的内容主要包括以下方面:

1.会议基本情况描述,包括会议类型、时间、日期、地点等。

2.与会者姓名。主席的名字在最前面,然后是与会人员、缺席者,最后是记录员的名字。

3.会议讨论内容。应按照会议议程顺序记录,会议记录的重点应放在讨论的观点、决议、决定、重要声明、修正案内容、结论等方面,其他内容可简要概括地记录,不必有言必录。不仅要记录所有人的发言,还要重点将会议结论和表决情况记录下来。

四、组织好会议期间的食宿、车辆、娱乐、照相等工作

(一)食宿服务

要妥善安排与会人员的住宿、就餐等事项。作息时间、就餐时间及地点,应在签到时通知;如会议需要提前或推迟就餐时间,要根据变动情况及时做出安排;不论大会、小会的会场,都应做好饮水供应的安排。

(二)车辆服务

要做好停车场所的管理和调度,适当配备公务用车。

(三)娱乐服务

如果会议时间较长,可根据会议日程,在会隙或晚间适当安排文化娱乐活动。娱乐活动要内容健康,要为多数人所喜爱。同时要注意,安排娱乐活动要处理好自费、免费、座次、交通等问题。

（四）医疗卫生服务

大中型会议人员集中，活动频繁，要安排好卫生保健工作。一是配备必要的专职医护人员，二是重视饮食环境卫生。

（五）照相服务

中型以上会议或纪念会、庆祝会，往往与会人员要集体摄影留念。

这项工作的要点在于，首先选择高水准的摄影师和摄影器材，以免被摄者留下遗憾；其次是做好与会者的座次排列、队伍组织工作；最后是背景的选择，要充分体现出会议的主题和特点。

五、会议信息与通信工作

（一）会议信息内容

1. 收集会议信息。会议信息的收集要本着"准确、及时、全面、适用"的原则，通过会议的正式报告、研讨会上的讨论发言、与会者的议案以及会下的广泛交谈，随时获取有价值的信息。这些信息既可以供上司参考，也可以供会议交流。

2. 编写会议简报。会议简报是反映会议情况、指导会议正确进行的一种工具。一般中型以上的会议常需要编写简报，以迅速反映会议中值得注意的动态和问题。编写、印发会议简报应坚持少而精的原则，力求精辟简短，真实快捷。简报的发放范围可视内容确定，有的发到全体与会人员，有的发到各组负责人，有的则只送会议领导者。

3. 搞好对外宣传。如果会议领导者认为必要，会务秘书应积极搞好对外宣传工作，这项工作首先应注意掌握信息的保密度，做到内外有别；其次，若召开记者招待会，应有充分的准备。

对外宣传报道可以采取多种方式：或由会务秘书撰写新闻报道稿件，经领导者审阅后，向媒体发送；或在会议召开期间，邀请有关报社、电台、电视台派记者驻会随访，发布消息；或在会议结束时，召开记者报告会，由会议领导者直接介绍会议情况，并亲自回答记者提出的问题。

（二）会议通信服务工作

在信息化社会，通信服务在会议工作中的作用愈显重要，无论是会议组织方、与会人员、报道会议情况的新闻媒体，都需要通信服务的稳定可靠、准确迅速。做好会议通信服务工作应注意的事项有：

1. 在选择会议地点时，事先要考察有无提供电话、电传、宽带网等电讯服务设施的条件。

2. 必要时,可装设热线电话,还可为与会者的住宿房间提供上网条件。

3. 在保证通信畅通的同时要注意保密,防止窃听。

六、认真完成会议成员的责任

秘书经常会作为与会者参加各种会议。作为与会者,秘书对会议的成功和效率负有重要的责任,他们必须与会议的主持人、记录员密切配合,默契协作,这样才能保证会议的顺利进行。秘书应在明确会议的目标、议事日程的前提下,担当好自己的角色。

(一)会前的准备

秘书要了解开会的目的和议程。要准备在会间尽力发挥自己的作用,并带头严格遵守开会时间,准时到会。因故不能出席,需事先通知会议主持者。

(二)会议期间的工作

1. 认真倾听他人观点。秘书要积极投入会议讨论,尤其要注意避免以下情况出现:阻碍其他人员提出合理的建议;只顾自己表达,使他人无法插话;攻击别人,总想使自己的论点占上风;盲目认同他人的观点;随便插言或进进出出,影响他人的发言。

2. 积极发表自己的见解。秘书在发言时要力求简要明确,注意发言时机;让自己的行为富有积极性、合理性和自信力;演讲应清晰,具有说服力;提出问题应清楚明白;多提一些建设性的意见;发言要守时,行为表现要充满自信。

第四节 会后工作

一、安排与会人员返程

会议结束,并不意味着会务秘书工作的完成,还有许多工作要做,还有许多事项需要落实。应根据会期长短、外地与会人数多少等实际情况,及早安排好外地与会人员的回程事宜。要事先了解外地与会人员对时间安排、交通工具的要求,尊重他们的意愿。

(一)票务服务

一般情况下,要按先远后近的次序安排返程机票、车票的预订事宜,要掌握交通工具的航班、车次等情况,尽早与民航、铁路、公路、港口等部门沟通联系,提前预订好飞机、火车、汽车、轮船票。

(二)车辆服务

应编制与会者离开的时间表,安排好送行车辆,派人将外地与会人员送到机场、车站、港口,待他们乘坐的交通工具起程后再返回;如有必要,还应安排有关领导同志为与会人员送行。

(三)离会服务

要提醒与会者及时做好各种物品的清退,包括:及时归还向主办方或会议驻地单位借用的各种物品;与会务组结清各种账目,开好发票或收据;检查、清退房间,避免遗忘各种物品;为与会者准备一些包装袋和绳子,必要时可帮助邮寄、托运各种物品;安排好旅游活动等。

二、会议经费收款与结算

会议经费的结算是会议组织者在会议结束后对整个经费使用情况即会议开支费用的结算。

(一)收款的方法与时机

应注意的事项有:应在会议通知或预订表格中注明收费标准和方法;注明与会人员可采用的支付方式;用信用卡收费,应问清姓名、卡号、有效期等;开具发票人员事先要与财务部门确定正确的收费、开票程序。

(二)付款的方法与时机

会议经费的付款方法与时间表参见表5-4。

表 5-4　会议经费的付款方法与时间表

设施和服务		付款的方法和时间
发言者	事先确定费用	在活动之后支付给发言者
食品饮料	事先商定费用	预订时交定金;活动之后按花掉的金额开发票——支票结账
会议地点	事先商定费用	预订时交定金;活动之后按花掉的金额开发票——支票结账
其他费用的偿付	事先确定费用,活动后开具账单	收到账单经批准后用支票付款
文具和打印	活动之前申请和安排 活动之前可用零用现金购买	零用现金偿付 文具订购事先开发票和付款
音像辅助设备	活动之前确定租用费用	活动之后为租用费用开发票和结账

(三)会议经费管理原则

1.遵守制度,严格手续。这是会议财务管理最基本的原则。会议经费的使用一定要严把审核关,审核权限要明确。

2.量入为出,收支平衡。要做到会议经费的收支平衡,使会议以最小的投入获得最大的产出。

3.精打细算,切实可行。对于费用预算和使用,要在必要性和可能性的基础上来确定其开支数额的大小,不能盲目追求高规格、大排场。同时要综合考虑:主办方和承办方的利润目标;上一年同类会议的预算情况及会议评估报告;最近的会议市场情况及预期情况;本公司会议方面的政策和策略,如促销策略、广告投入等;公司外部环境的变化,如不同的季节、竞争对手的变化、供求关系的平衡、政府部门的政策和规定、整个行业的发展波动、其他影响因素。总之,要精打细算,留有余地。

三、清理会场

随着会议日程的进行,各种供会议使用的器材物品必然会打乱原来的置放位置,会务秘书应在会议结束后组织人员清点整理,物归原位,该归还的归还,该带走的带走。按照物品使用清单,逐一核查,保证不乱不丢,出现故障,及时修理。

清扫散会后的会场,做到坚守岗位,善始善终,保证会议结束后会场环境的清洁整齐。

四、整理会议材料,立卷归档

(一)加工、修改与撰写有关会议文件

在有些会议上,提供给与会者讨论、审核的文件,在会上听取意见后,来不及在会议期间形成正式文稿,那么在会议结束后秘书人员应根据会议记录等尽快对原稿进行修改加工,经领导审核后确定下来,成为正式文件下发执行。有些文件,如会议记录,在会上没来得及整理誊清,也要马上整理出来,以便随后立卷归档。另外,会议纪要、有关会议决定事项的通知,一般要在会议结束之后由秘书人员撰写,将会议议定事项和情况记载下来并传达给有关单位,以利落实会议精神和具体要求。

(二)会议材料的清退和整理

会议结束后,会务秘书要按照"文件领取表"的登记,点清文件剩余份数,做到物表相符。对于内部文件、机密文件以及应收回的文件要及时清退收回,然后,对清退文件逐一核对,经过清点、装袋、封袋、捆扎、装车等手续,运回本部。

(三)会议材料的立卷归档

重大会议结束后,要及时做好会议文件的立卷归档工作。归档会议案卷的内容应包括:会议正式文件,如决定、决议、计划、报告等;会议参阅文件;会议发言稿;会议记录;会议纪要;其他有关材料。

日常工作性会议文件,在会前大部分已经收集起来,会后只需将会议记录或会议纪要归入卷内,并按会议讨论议题的顺序进行整理即可。

卷内文件的排列顺序一般为:会议通知、会议议题文件、会议记录(会议纪要)及有关文件。

五、会议的总结工作

(一)会议总结的要点

1. 逐条检查,全面评价。会议工作总结要根据岗位责任制和工作任务书的内容,逐条对照检查;要以会议目标为导向来对照检查实现情况;要将员工自我总结和集体总结相结合;要根据会议的具体分工情况,制定总结的量化标准。

2. 总结要将客观标准和主观标准相结合。客观考绩标准是客观的、定量的标准。它包括个人工作指标,如出勤率、满意率、事故率等,还包括效率指标,如会议成果、会议组织管理情况等。

主观考绩标准凭借考评者的主观判断,易受心理偏差左右,但较现实可行。可采取相对考绩法和绝对考绩法。所谓相对考绩法,是使被考评者和别人相对照而评出顺序和等级的办法。所谓绝对考绩法,是单独地直接根据被考评员工的行为及表现来进行评定的办法。

3. 总结经验,激励下属。总结的目的是为了激励先进,改善后进。因此,总结要实事求是,侧重在总结经验,概括规律,鼓舞士气,激励下属。

(二)会议总结的结构

会议总结的主体结构由三部分组成:

1. 会议概况。会议概况一般包括会议召开的时间、召开地点、主持人、参加人员、上级和嘉宾出席情况及会议的主要议题,通常要对会议的整体效果和会议气氛进行概括和评价。

2. 会议进行情况与会议精神概括。它主要由会议的基本情况、需要解决的问题及解决办法、讨论的结果及今后的任务、会议的决定事项和结语组成。这一部分可采用三种方法,即概述法、归纳分类法以及发言顺序法来写作。

3. 结尾。结尾部分对整个会议的组织情况进行概括,表扬一些部门和人员,对不足进行分析并提出改进意见。结尾部分通常还会就如何传达、贯彻会议精神提出原则性的意见。

六、会议效果的评估工作

在会议结束后,主办方、承办方除进行总结外,还会经常进行会议效果的评估。评估是收集与特定目标相关的信息的活动。通过评估,会议主办方、承办方可以发现会议的实施与策划之间的关系。

(一)会议评估工作的目的

评估的几个主要目的是:会议目标是否得以实现;会议的成本效益如何(是否超支,以及是否盈利);与会者对会议的组织服务是否感到满意;从会议的策划、组织、管理上考虑,以后的会议还需要进行哪些改进。总的来说,就是要分析会议进行得如何,以及与会者从会议中得到了什么收获。

(二)会议评估方法

1.定性评估。定性评估是确定所要研究问题的广度,即要得出关于这一问题的某些结论所需涉及的方方面面的因素。会议组织、管理的定性评估主要是通过观察法、访谈法、文献查阅法等方式对与会者的感受、知识学习、行为改变和绩效结果改变等几个层面的情况进行资料和情况的搜集,并做出分析研究。但在会议评估中,应将定性评估与定量评估相结合。

2.定量评估。定量研究比定性研究更容易设计、操作和分析,通常采用问卷、访谈等方法。大多数会议评估都强调定量的数字处理,定量评估是将各种数字进行运算和统计分析,从而获取相关的比较数据或建立起分析模型。毫无疑问,任何评估都要包括定量操作的部分。

(1)会议评估表格设计。设计会议评估表格和调查问卷是一项技术要求较高的工作。评估表格设计的质量将影响会议反馈数据的质量。设计时应该考虑下列因素:表格的长度。过长的表格很难完成,过短的表格可能不能提供充足的数据。填写的难易程度。调查问卷和表格设计一定要考虑对象和对方的时间限制,对于文化层次不同的人员,要在问卷设计的难易程度上体现差别;在时间过紧的情况下,评估表格也要尽量简练,复杂的表格会降低完成的可能性。

(2)问题设计。要根据调查的目的和需要收集的信息来设计问题,在提问之前首先要去除无关的问题。

问卷尽量采用开放式和封闭式问题相结合的方法。所谓封闭性问题,是指对问题的回答有明确的范围,无论是采取类别尺度、顺序尺度、等距尺度还是比例尺度,都有一个客观的衡量标尺和可以横向比较的范围。例如,对此次会议的服务情况总体满意度:非常满意、满意、一般、不满意、非常不满意。这就是封闭性问题。但封闭性问题对情况的反映只能让人们知其然,很难让人们知其所以然。开放性问题可以使调查者深入了解现象后面的原因。填写开放性问题需较长时间，它要求代表考虑对会议的反应，提出他们的反馈意见。开放性问题与封闭性问题相结合的综合性问卷既可以收集数字数据信息，也能使代表写下会议的内容是否满足他们的需要。

（3）数据分析。如果会议代表众多，可使用计算机分析调查的数据。如，召开全球原料供应商的洽谈订货会，就要尽量将调查问卷的数据统计采取计算机处理的方式，这样可以降低成本、提高效率。

（三）会议评估的主要方面

要使会议提高质量，就必须对会议质量实施控制，通过客观量化的评估不断总结经验，消除降低会议质量的不利因素。

1. 评估主持人。对主持人的主持能力、业务水平、实现会议目标的能力、工作作风和对会议进程的控制能力的评估，可请会议成员和观察员记录填写主持人行为表现评估表。如表 5 - 5 所示。

表 5 - 5　主持人行为表现评估表

行　为	该行为重复次数	引言或例句
组织、安排会议		
确定、检查目标		
遵守时间		
鼓励发表见解，提出建议和问题		
澄清事实		
检查理解程度和意见是否一致		
引入正题还是离题太远		
使人们对决策制定具有责任感		
过早结束，结果未明		
加快会议进展速度还是放慢速度		
控制过严还是过松		
处理冲突，解决争端		
检查进程或做出总结		
结束会议		

2. 评估会议工作人员。这是指对会议工作人员的行为表现、工作态度、业务水平和工作效果的评估。如表 5 - 6 所示。

表 5－6 会议工作人员的表现评估表

☐ 会议工作中,精通业务,胜任工作。

☐ 具有公关意识,能自觉维护组织的形象。

☐ 具有良好的礼仪修养,行为得体,语言规范。

☐ 会议工作中显现出厌倦、懈怠神态与行为。

☐ 会议工作可靠,总能按时完成所布置的任务。

☐ 与同事合作协调,相处融洽。

☐ 掌握会议工作中一定方面的技能有困难。

☐ 要求多少就干多少,但从不作额外奉献。

☐ 脾气很好,从不与人争吵。

☐ 有时控制不了自己的情绪,较易发火。

☐ 会议工作中只需极少上司的监督指导。

☐ 对上司的批评指导能虚心接受。

注:这张清单可以很长,会议工作各方面的好、中、差情况都可列入。考评者只需照清单勾选,简便易行。也可加权计算得分,再统计出总分。

3. 会议管理的总体评估。会议管理工作评估表格应该覆盖会议工作的方方面面,包括会议方案、会议地点、会议时间、与会人员范围、食宿安排、会议经费和各项活动内容等。如表 5－7 所示。

表 5－7 会议管理评估表

整体安排

对从会议上收到的信息给出您的回答:

(1 为"优秀",4 为"差")

☐ 会议计划　　1　2　3　4

☐ 住宿设施　　1　2　3　4

☐ 会议费用　　1　2　3　4

☐ 预订安排　　1　2　3　4

会议的地点

对下列会议地点提供的设施给出您的回答:

(1 为"优秀",4 为"差")

☐ 会议室布置　　　　1　2　3　4

☐ 住宿条件　　　　　1　2　3　4

☐ 提供的点心饮料　　1　2　3　4

☐ 休闲设施　　　　　1　2　3　4

☐ 商务中心可用的设施　1　2　3　4

会议的内容

会议的内容符合会议通知目标吗? 是/否

如果否,给出原因_____

演讲中包括了计划中列出的主题吗? 是/否

如果否,给出原因_____

研讨会对探讨报告中提出的问题有用吗? 是/否

如果否,给出原因_____

七、催办和反馈

会议结束后,对会议决定事项要加以传达。会议决定事项传达的基本要求是:准确、及时、到位。会议决定事项的传达方式有:口头传达、录音录像传达、印发文件等。

对会议决定事项要注意催办和反馈。会议决定或决议的事项,如果需要通知有关部门办理或知晓的,秘书部门应负责催办,同时应将在实际贯彻执行中所得到的结果、引起的反应以及造成的影响等情况,反馈给主管领导者。

催办的方式有:发文催办或称发函催办、电话催办、派员催办或约请承办部门来人汇报等。

检查催办工作要求做到:明确催办人员;健全登记制度,建立催办登记簿,定期记载催办事项的进展状况;建立汇报制度,汇报催办事项的落实情况。

会后的催办与反馈工作是会议善后工作的一项重要内容,也是整个会务工作的一个重要组成部分。这项工作虽然在会议结束之后方才进行,但对整个会议来说是非常重要的,也是十分必要的,因为它能直接反映出会议效果的好坏,以及会议的主旨精神是否能够落到实处。

本章小结

会议工作首先要制订会议筹备方案,会议方案包括:确定会议的主题与议题,确定会议的名称,确定会议的议程,确定会议的时间和日期,确定会议所需设备和工具,确定会议与会代表的组成,确定会议文件的范围,做好文件的印制和发放工作,确定会议经费预算,确定会议住宿和餐饮安排,确定会议的筹备机构。

秘书应能做好会前的各项准备工作,能够用正确的方法主持和参与会议,能够做好会中的各项工作。

秘书要了解会后的主要工作,知道怎样提高会议的效率。

课堂讨论题

1. 怎样才能主持好会议?
2. 秘书在会议中的主要职责是什么?

复习思考题

1. 会议筹备方案的主要内容是什么?怎样制订会议筹备方案?
2. 会前准备工作包括哪些内容?
3. 如何做好会议经费预算工作?

4.会议经费的主要来源有哪些?

5.请说明会议经费的主要支出项目。

6.怎样发放会议通知?

7.选择和布置会场应注意哪些问题?

8.怎样做好会议的食宿与交通工作?

9.怎样做好会前的检查工作?

10.会中有哪些工作?

11.怎样做好会中的宣传工作?

12.怎样做好会中的协调工作?

13.怎样做好会后的总结和评估工作?

课堂实训题

实训1

对于总经理助理张斌提出的要求,秘书王静在思考协议内容时应注意些什么?

便　条

至:秘书王静

自:总经理助理

主题:

　　我公司准备召开全国办公用品展销订货会,为了开好这次会议,公司已决定与丽都大酒店签订租用展销订货会会场的协议。因该协议的内容关系到会议能否成功举办,所以请你就该协议的内容及应注意的事项提出一些建议,以便于我们在明天和公司有关人员讨论协议文本时作为参考。谢谢。

总经理助理:张斌

2007 年 9 月 4 日

实训2

　　宏愿汽车城坐落在 B 市新经济开发区。该汽车城总投资 10 亿元,总建筑面积 30 万平方米,是 B 市最大的汽车城。为了进一步打响宏愿汽车城的品牌,宏愿汽车城定于 2010 年 12 月 25 日在京都大酒店举办新闻发布会,向社会各界介绍宏愿汽车城的建设情况,届时到会的有市里主管工业的领导、各大汽车生产厂商、社会知名人士、汽车城业主代表等。在新闻发布会上,宏愿汽车城的张总经理介绍了宏愿汽车城的筹备与建设情况以及今后的经营规划;公关部刘冰经理向与会人员介绍了汽车城开幕式的筹备情况;B 市程副市长莅临到会祝贺,并对宏愿汽车城所取得的成就予以充分肯定;汽车城的首席设计师和工程承建单位的代表将介绍汽车城的设计和建设情况。新闻发布会上,记者提问十分活跃,集中采访了汽车城的相关领导。本次新闻发布会由宏愿汽车城的行政部经理万红主持。

实训要求

参加实训的同学模拟会议场景,并对环境做适当的布置。将参加实训的学生进行分工,分别扮演新闻发布会的主持人、副市长、总经理、部门经理、工程设计师、承建单位代表以及记者等。之后,完成以下实训项目:

1. 列出该汽车城新闻发布会的程序。

2. 根据提示的资料模拟演示新闻发布会的现场场景(要求每位发言人都要根据角色身份进行发言,每位记者都要提问)。

说明:

1. 新闻媒体的名称由同学们自拟,采访用的话筒、身份牌由同学们自行准备。

2. 发言材料及提问根据情景材料设计,允许在此基础上做适当的延伸和扩展。

3. 待实训结束后,将新闻发布会录像在班里播放并进行评价。

案例分析

会前准备如何做

波扬公司准备在本市的黎明大厦召开大型的新产品订货会。参加订货会的有本单位、外单位的人员。总经理让秘书部门负责安排,会上要放映资料电影,进行产品操作演示,而公司没有放映机。租借放映机的任务交给了总经理秘书刘小姐。会议的召开时间是8月9日上午10点整,而资料放映时间是10点15分。刘小姐打电话给租赁公司,要求租赁公司在9日上午9点45分必须准时把放映机送到黎明大厦的会议厅。

9日上午,会议开幕前,波扬公司的秘书们正在紧张地做着最后的准备工作。刘小姐一看表,呀,已经9点50分了,放映机还没送到。刘小姐马上打电话去问,对方回答机器已送出。眼看着各地来宾已陆续进场,刘小姐心急如焚……

思考题

1. 假如你是刘小姐,对接下来可能发生的各种情况,应该如何处理?

2. 假如放映机在10点10分还未送到,你将马上向总经理报告还是擅自决定调整会议议程?

3. 向总经理报告后,你还应该做些什么?

4. 召开大型会议前的各种准备工作,包括音响、电子类装置应提前多长时间安排?

5. 有人说,会议上要用到的各种东西,最好公司都买齐。假如要借,应提前一天送到。你认为如何?

第六章　差旅安排

学习目标

- 掌握安排国内旅行准备工作的要点
- 了解在安排差旅活动方面旅行社可提供的服务
- 了解安排国外差旅活动时的注意事项
- 掌握旅行活动中安全事项的要点

案例导入

秘书张惠的差旅安排

张惠下周一要陪同总经理到 W 市去开会。今天是星期五,张惠按照总经理的指示,正在与票务公司联系预订火车票。

张惠看看列车时间表,估算一下,坐明天 9 点的车正好,既不必起早又不会贪黑,还可以尽赏一路风光,更不耽误晚上休息。她下午买了预售票,就告诉总经理下周一在家等着就行了。文件、资料、路费等各种必备物品都准备齐了,车也安排了,她就安心回家了。

星期一,她按时去接到总经理。在贵宾室检票,她见贵宾室候车人很少,很是得意。

检票时,傻眼了! 买的票不是软卧,可时间有限,车还是上了。补软卧票时,列车员告诉他,这趟车没有软卧,有软卧的是 7 点钟的快车。虽然总经理一再说"没事",张惠还是感到了巨大的压力。

总算到站了,接站车一直在等他们,这给了张惠一丝欣慰。

由于他们是坐慢车来的,会议的晚饭时间已经过了,会务人员只得安排后厨又现给他们热饭。虽然饭菜很好,但张惠吃了两口就饱了。

简析:
安排好上司的差旅事宜是秘书工作的一个重要内容。安排过程中,一定要细心谨慎。在上述案例中,秘书只是看错一次车,但却给上司增加了不少麻烦,若上司身体不好就更麻烦了。服务中出事,往往都在小事上,又多在随意之中。所以,秘书人员在安排差旅工作中,要时时小心,事事不可马虎。

第一节 国内商务旅行的准备

涉外企业的上司因为工作原因需要经常出差,而且有很多出差任务是临时决定的。上司出差有时是为了洽谈业务,有时是为了庆贺新的分公司开业,有时则是为了解决与客户之间发生的纠纷。不论是在国内出差还是到国外出差,不论是短期出差还是长期出差,在每次动身之前,秘书都要为上司做大量的准备工作,如安排日程、预订车船票和旅馆、整理随身携带的洗漱用品、预支差旅费、准备必需的文件资料和上司在各种不同场合的发言提纲等。如果与上司同行,不仅要做好上司工作上的助手,还要做好其生活上的助手;如果留在公司里,同样要做好自己应承担的各项日常工作。

在安排商务旅行的过程中,国内与国外旅行的安排程序、方法上有许多相似之处,但国外旅行具有国内旅行不具备的一些特殊情况。本章分两节介绍国内、国际商务旅行的安排情况。

一、秘书人员的准备工作

秘书人员在为上司准备国内旅行时要做好以下工作:

(一)准备旅行计划

在制订商务旅行计划前,秘书首先要对公司的差旅费用、交通、食宿等级标准等有关规定及程序清楚明了。一份商务旅行计划至少应包括以下内容:

1.出差的时间、启程及返回日期、接站安排。

2.出差的路线、终点及途经地点和住宿安排。

3.会晤计划(涉及会晤人员、地点、日期和时间等)。

4.交通工具的选择,如选择飞机、火车、大巴或轿车。飞机要列明客舱等级及停留地的交通安排。

5.需要携带的文件、合同、样品及其他资料,如谈判合同、协议书、科技或产品资料、演讲稿等。

6.上司或接待人的特别要求。

7.上司旅行区域的天气状况。

8.行程安排,约会、会议计划,会晤人员的背景资料及会晤主题。

9.差旅费用、现金、办理旅行支票等。

10.上司的住宅电话号码。

差旅计划制订完后,要向上司报告,依其指示决定旅程。

旅行计划要准备三份,一份给上司,一份给他(她)的家人,一份留办公室存档。

　　为上司做出差准备,一定要细心周到,否则会给上司和自己惹出麻烦。对于出差过程中的每一项日程,秘书都要做到心中有数。当然,要做好这项工作,首先必须知道上司此行的目的,否则就不可能制订出周密详细的计划。

　　与平时在公司办公不同,上司在出差过程中的工作节奏更快,而且对秘书的指示也会相应增多,这就要求秘书有更高的工作效率。但是,出差途中的环境毕竟不同于在公司中,有许多不可预见的因素影响着秘书的工作,因此既要更细心,又要更灵活。

(二)选择交通方式

　　目前,人们在商务旅行中常选择公路、铁路、水路、航空等交通方式。

　　在选择合适的交通方式时要考虑以下因素:

　　1. 旅行者要去哪里——是短途旅行还是长途旅行;

　　2. 旅行者旅行的原因——是访问为主,还是需携带较多产品样品等;

　　3. 旅行者停留的时间长短——是短期停留还是较长时间停留;

　　4. 是否参加团体旅行——团体旅行可能意味着不同的交通选择方式;

　　5. 旅行费用——要受到预算约束;

　　6. 公司旅行政策——如根据公司的规定,短途旅行可以提供公司汽车;

　　7. 旅行者的个人喜好——了解旅行者喜欢如何旅行。

　　许多旅行可能是几种交通方式的组合,如表6－1所示。

表6－1　不同旅行方式的比较

旅行方式	优　点	缺　点
汽车旅行	灵活——没有限定的时刻表。 直接——旅行能直接抵达目的地。 容易得到——大多数人有车或会开车。 费用——费用相对较低。	有压力——旅行者长途驾驶到达目的地时,会感到疲劳和压力。 无法有效利用时间——开车前往目的地的同时,不能进行其他工作。
火车旅行	费用低——一个人旅行乘火车比乘汽车更便宜。 压力较小——旅行者能休息,还可在乘车期间做其他工作。 没有寻找停车位等问题。	不灵活——要依照固定的时间表和路线,有时无法直接抵达目的地。
乘船旅行	适用于长时间旅行,并可携带较多物品。	速度慢——乘船旅行经常是缓慢的,在商务旅行中不太受欢迎。
飞机旅行	速度——最快的旅行方式。 轻松——压力小,提供餐饮。 距离——常是唯一有效率的长途旅行方法。 目的地范围广泛。	费用——是昂贵的旅行方式。 不直接——常需结合其他旅行方法到达目的地。 行李限制——必须为重而大的行李交纳额外的费用。

(三)制订约会计划

约会计划表应该包括：城市名和省名,日期和时间,与上司约会者的姓名、公司和地址、电话号码及任何备注或特别要提醒的事情。

如果上司与某位洽谈业务的人以前见过面,要把当时记录的档案找出交给上司,以使上司有所准备。

(四)为商务洽谈搜集资料,准备有关文件

秘书要根据旅行目的,将上司旅行中将要处理的各类相关文件准备好(如与某项要讨论的问题有关的信件、备忘录及其他相关资料等)。秘书可以用橡皮筋或大号回形针把所有相关的文件扎在一起,每一扎都标清楚。

此外,秘书还要为上司提供有关旅行地点风土人情及各种礼节方面的资料,以保证上司的商务活动圆满顺利。

(五)准备旅行用品

表6-2列出了上司商务旅行中经常需要准备的物品,供参考。

表6-2 旅行用品一览表

物 品	说 明	备 注	是否准备
与工作相关的物品			
身份证件	包括身份证、护照、签证等	在国内旅行不需要带护照,但身份证是必需的	□
机票、车票或船票	不管乘坐何种交通工具,有票才能通过检票口	不要到了检票口才发现票落在办公室了	□
名 片	要准备足够量的名片,否则在"弹尽粮绝"之时会非常尴尬		□
日程表、约会安排表等	可以使上司和秘书自己清楚地了解每天的时间安排,便于开展工作		□
现金及银行卡	包括现金、信用卡、POS卡等	POS卡要确保里面有足够的现金,并且要确保能够在异地使用	□
数码相机(包括存储卡、电池、充电器)	可用于拍摄产品、人物、风景,用到的可能性非常大	如果你有多部数码相机,最好首先确认所带的数码相机是否能够满足拍摄需求	□
会议资料或相关文件	带上它们,会议上就会胸有成竹了		□

续表

物 品	说 明	备 注	是否准备
产品资料或样品	其他什么都忘了,这个也不能忘		☐
手机及充电器	确保信息畅通的必备物品		☐
笔记本电脑及充电电源	移动办公中心,演示和演讲也不可或缺	如果确信不需要,就不必带了	☐
掌上电脑	时间管理的重要工具,也可以在一定程度上充当笔记本电脑的替代品		☐
录音笔及电池	记录会议的好帮手	如果没有录音的需要,或者其他物品(如笔记本电脑、数码相机等)可以替代,那就不必带了	☐
当地地图、旅游说明手册等	可以帮助上司了解当地的地理环境和风土人情	多次往返,早已熟悉当地,可以省略此项	☐
与生活相关的物品			
个人衣物	根据目的地气候、出行的时间长短来决定衣物的类型和数量		☐
洗漱用具	牙刷牙膏、毛巾、洗面奶等必要用具	如果习惯使用宾馆提供的洗漱用具,那么可以不带	☐
急救药盒	包括防晕、止泄、消炎、镇痛等药物	如果上司有某种慢性病,还必须带上足够出差期间使用的药	☐

重要提示:确认已经准备好的项目打√,确认不需要的项目打×,一定要确保最后所有□都被填满,才不会落下东西。

(六)协助准备行李

上司也许想知道在飞机上可以免费带多重和多大的行李。秘书人员通过航空公司出版的旅行手册或通过旅行社代办人员可以了解到这些信息。而且,经常旅行的人总是增加他们的个人保险金以获得毁坏、损失的赔偿。要准备随身携带的行李,有些主管人员短途旅行时随身带一只小提箱和一只公事包,或者一只从旁边打开有两格的公文包,可以把衣服放在下格。这样下飞机后便可直接去约会,而不必先去旅馆放行李。

另外,要为每件行李准备识别标签,出于安全考虑,有时不能把上司的姓名和地址写在贴在外面的标签上。办公室要经常准备一些这样的标签。

（七）安排差旅费

旅行时，秘书人员可使用下列方法携带差旅费。

1. 预支差旅费。有些公司为出差人员提供预支差旅费，等出差回来后报销。秘书人员拿到上司的出差信息，就可以填表申请预支差旅费。

2. 个人支票。经常出差的人，一般持有信用卡，如 VISA 卡、万事达卡，这些卡可以把个人支票兑换成现金。

3. 旅行支票。这种支票经常带有不同的面值，如美国就有 10 美元、100 美元、5 000 美元等。秘书人员为上司在开有账户的银行或其他银行购买旅行支票时，要填写一张申请表，然后上司要当着银行代表的面在支票上签字。

4. 信用证。在美国，如果差旅费超过 1 000 美元，到国外旅行的人一般从银行购买信用证。信用证可以作为到大银行去的介绍信，也可以在世界各地银行提取现款，直到信用证上的金额提完。秘书人员可以填写申请表，上司必须当着银行代表的面完成这笔交易。

对于国内旅行而言，前两种是目前主要的差旅费携带方式。

二、发挥旅行社的服务作用

了解旅行社的服务是秘书的重要工作。选择合适的旅行社，可以更好地组织差旅活动，满足上司的差旅需要。

（一）正确选择旅行社

选择旅行社有时是根据商业伙伴和朋友们的推荐。如果你或你的上司还没有和合格的旅行社打过交道，你可以挑选一家属于资质较好的旅行社。要弄清楚各种费用和服务费用、旅行社是否有众多分社、旅行社是否熟悉上司要去的各个地方等情况，观察旅行社的办公室里是否有相关资质证明等。总之，要确保选择的旅行社正规、有实力，能提供优质服务。

秘书人员应找一个能与你长期合作的旅行社，这样可保证它更加了解和重视你的需要。

当选择了一家旅行社为上司安排旅行活动时，要说清楚此次旅行有多少人，他们的姓名、年龄、性别。此外，还要说清楚希望出发和返回的日期、旅行方式、旅行级别以及大概的花销。旅行社根据这些情况，可以告诉你根据你的预算可以安排什么级别的旅行、乘坐何种交通工具或住什么级别的宾馆。

秘书在与旅行社联系时，还应该把上司的特殊需要告诉旅行社，如上司的身体健康问题、飞机座位的喜好、旅行期间的饮食要求，或者其他要求。无论多少细小的要求，不要害怕说出来，因为旅行社代办人的工作之一就是帮助把旅行安排得尽量符合旅行者的要求。

（二）旅行社可提供的服务

旅行社能够为商务旅行者提供很多种服务,如预订机票、制订旅游计划、安排旅馆住宿、在目的地安排租车等。但是不同的旅行社提供的服务有所不同,有些旅行社专门负责接待商务旅行,或者至少有专门的部门或者专人来接待;有些旅行社则可能负责某个地区。因此,秘书必须针对需要的服务来选择旅行社。作为上司与旅行社之间的联络人,秘书要把一切都安排得井井有条,不要让上司再操心。应该知道,一家可以信赖的旅行社将会对秘书的工作起很大的帮助作用。

服务全面的旅行社一般提供如下业务:

1. 订机票、车票或船票。秘书在开始预订工作之前,先要弄清楚上司的目的地,而且还要知道他们乘坐怎样的交通工具。

秘书在准备预订车票(或机票)的时候,一定要查用最新的时刻表,因为现在有许多季节性的或临时性的车次,稍不留心,就会订不上票。

此外,还要注意上司的级别,根据级别决定交通工具的等级。比如,按规定,飞机的头等舱不是每个出差的人都能乘坐的。因此,秘书在预订机票之前,一定要弄清楚上司出差时能享受哪一级的待遇。

预订票时,最好选择直达。因为出差途中,最麻烦的就是换乘,倒来倒去,稍不注意,就会误车误点。如果是在大站换车,在时间上一定要安排得宽裕些。为了预防意外,秘书应在上司旅行日程上注明其他交通工具的具体时间,这样上司能根据实际情况,及时灵活地换乘其他交通工具。

掌握了上述情况之后,秘书要将相关要求告知旅行社,由旅行社负责预订车、船或飞机票。

2. 制订旅行计划。目前,许多旅行社都接受公司差旅管理服务的业务。公司只需打一个电话,告知差旅时间、人数,以及内容(是否紧急)、有无特殊要求等信息,旅行社就会为合作企业量身打造最佳差旅管理方案,制订合理而经济的商务旅行计划,提供简单、快捷、低成本而高效率的国内外酒店预订,机票、火车票预订,租车、餐饮、会议、商务考察访问等一站式服务及相关的各种服务,以最大限度地帮助秘书人员安排好上司的差旅工作。

3. 安排宾馆住宿。秘书通过旅行社预订宾馆,要掌握的信息有:①在旅行地希望住什么样的宾馆和房间;②是否有特殊旅行或目的地要求,如所住酒店要具有远程通信设施等。表达清楚相关要求后,旅行社就可以按照要求预订房间了。

4. 提供信息。旅行社可为公司的差旅人员提供多种信息。如,有关航空公司机票打折优惠的信息、目的地城市酒店住宿价格的信息等,以方便差旅人员安排相关活动。

5. 安排观光。旅行社可以安排有趣的观光游览活动或是当地有特色的活动。

6. 解决琐碎问题。旅行社可以按照客户的要求安排旅行社的驻外代表到目的地迎接客人、帮助照看行李、安排出租车或者帮助客人解决其他问题等。

第二节　国外商务旅行的准备

涉外秘书人员在安排上司的国外旅行活动时,要特别注意以下方面:

一、收集所到国家的背景资料

在国际交往中,无论是出国考察或是商贸洽谈,都会遇到各种不同的情况。对所到国家或地区的文化、习俗、礼节等常识有基本的了解,可以使我们顺利展开商务活动,达到预定的目的。

(一)文化习俗材料

收集所到国家的文化习俗材料最主要的就是了解该国的历史以及民俗、民风和规矩。例如,泰国小孩的头摸不得,印度的小孩您抱不得。像这些异国他乡的规矩,一定要在出国前就要有所了解,以免惹出不必要的麻烦。

(二)语言问题

语言是人类的重要沟通工具,倘若你能够使用所到国家通用的语言,那当然再好不过,但在许多情况下,人们常常借助翻译人员才能了解外国朋友的谈话内容。

除了说话以外,所谓的肢体语言在我们日常生活中也是无所不在的,它不但丰富了语言的内涵,也常常能更加加强人们传达的意愿,有时更能无声胜有声地巧妙传达信息,并且留给对方更大的想象空间。对此,我们在出国前要学习一些这方面的知识。

再有,我们都知道,微笑可以给陌生的人带来温情和友谊,但是在某些场合,微笑往往代表对某种事物的"允诺"。尤其女性,微笑之前必须弄清楚自己所面对的局面,否则可能会造成误会。

二、办理护照和签证

护照是一个主权国家发给本国公民用于出入国境、在国外旅行或居住时证明其国籍和身份的证件。中华人民共和国护照是中国公民出、入国境和在国外旅行、居留的身份证件。我国的护照分为外交护照、公务护照、普通护照三种。普通护照又分为因公普通护照和因私普通护照,这是根据我国的国情决定的。外交护照、公务护照、因公普通护照由外交部和外交部授权的地方外事办公室颁发,因私普通护照则由公安部和公安部授权的地方公安机关颁发。

护照主要包括姓名、性别、出生日期、出生地点、发照日期、有效期、签证栏等。护照均应贴有持照人的照片。

申办因公护照时必须提供的材料有:

(1)出国(境)任务批件原件。外交部对有出国任务审批权的单位均列入《有出国任务审批权部门名列》(以下简称名列),凡在外交部《名列》范围内的单位有权出具出国任务批件、出国任务通知书和出国任务确认件,凡不在外交部《名列》范围内出具的出国任务批件、出国任务通知书、出国任务确认件均不能申办护照。

(2)出国人员的审查批件。必须出具按干部管理权限管理的、符合中共中央组织部、省委组织部等规定的审查批件。批件应具备批文号、批准日期、有效期、出访人员姓名、出访国家等内容。审查批件必须是原件,不得涂改。再次出国人员,在审查批件有效期内,可提供审查批件复印件。

(3)交验前往国家(地区)邀请单位的邀请函(电)及有关签证材料。必须提供邀请函(电)原件。邀请函(电)应由被访问国家本土发出,其内容应符合申办签证的要求。

(4)交验出国人员的照片。照片应是小二寸、正面、免冠、半身、近期黑白照片。一次成像照、布纹纸照片均不能使用。

(5)提供出国人员的身份证复印件。当提交了上述材料并经审查合格后,应填写《护照卡》、《申请出国护照签证事项表》和《通行证卡》等表。上述表格必须用钢笔填写,每项内容均应填写完整、正确,字迹清晰工整,不得涂改。

护照办好后,还应申请所去国家和中途经停国家的签证,签证是一个主权国家官方机构对本国和外国公民出入国境或在本国停留、居住的许可证明。签证一般可做在护照上,也有的做在其他身份证件上。如前往未建交国家,往往做另纸签证,与护照同时使用。签证的等级分为外交、公务和普通签证。入出国境的签证分为入境、入出境、出入境、过境签证。申请前往国签证,一般是向该国驻我国的使领馆申请办理。各国对我国公民进入该国,根据理由不同,对提交各种证件有不同的规定,所以,出国人员拿到护照后,还要认真、实事求是地准备必要的申请材料,提交前往国使领馆,办理签证。

出入境时,要注意护照上汉语拼音的书写方法与机票上汉语拼音的书写方法必须一致,因为我们汉语的姓氏与名字的书写顺序与英语不同,如果护照和机票上的姓名书写不一致,可能会导致无法登机。

三、提示旅行安全

无论是国内的差旅活动,还是到国外旅行,都既要注意人身安全,也要注意财产安全。秘书要在以下方面给予上司提示:

(1)提示上司搭乘飞机时,应注意飞行安全,扣好安全带,不带危险或易燃品,不在飞机升降期间使用手机等相关电子用品。

(2)提示上司搭车时勿任意更换座位,头、手勿伸出窗外,上下车时要注意来车方向,以免发生危险。

(3)贵重物品应放置在酒店保险箱内,如随身携带,要注意保管,切勿离手。

(4)出入酒店房间要随手关门,勿将衣物披在灯上或在床上抽烟,听到火警铃响,要由紧急出口迅速离开,切勿搭乘电梯。

(5)每次退房前,要检查所携带的行李物品,特别注意证件和贵重财物。

(6)外出旅行,注意身体健康,切勿吃生食、生海鲜、已剥皮的水果;防止暴饮暴食,多喝开水,多吃蔬菜水果,少抽烟,少喝酒。

(7)团体旅行时不可擅自脱队。如果需单独离队,要征得相关人员同意,并随身携带当地所住宿酒店的地址、电话,以免发生意外。

(8)自由活动时间自行外出,应特别注意安全。

本章小结

本章介绍了秘书在上司出差旅行期间的主要职责以及开展差旅工作的方法和技巧;介绍了旅行社的主要作用,重点介绍了如何通过旅行社订票、订宾馆;介绍了上司出国旅行时秘书应做的主要工作,使学生对差旅服务工作有了概况性的了解。

复习思考题

1. 简述上司出差旅行前秘书的主要工作内容。
2. 秘书应如何为上司制订商务旅行计划?
3. 通过旅行社订票时应注意哪些问题?
4. 秘书如何为上司做好出国旅行前的资料收集工作?
5. 如何办理护照和签证?
6. 上司出国,在安全方面秘书应给予其哪些提示?

案例讨论

前些年,一个代表团到澳大利亚,一位团友在酒店吃完自助早餐后,拿出随身携带的大号雀巢咖啡杯子,旁若无人地去灌牛奶,当别人提醒他时,他笑笑说,这里的牛奶好喝,带着可以路上喝。结果,因为天气热,到了下午,大半瓶牛奶只好全倒掉了。在泰国也发生过类似事件。一个国内的旅游团到泰国旅游,其中有一个老太太在用带来的茶杯去灌橙汁时,被服务员看见了,冲她说"NO",她没有理会,继续灌。服务员上前伸手想关掉开关,被老太太一把推开,险些跌倒,直到领队出面制止,这才走开。

请就上述案例谈谈你的看法。

第七章 档案管理与信息工作

学习目标

- 掌握档案管理与信息工作的内容
- 能够系统科学地管理档案与信息
- 能够根据涉外活动管理与决策的需求开发档案与信息资源
- 能够提供高效、优质的档案与信息利用服务

案例导入

秘书小杜的一次涉外接待

秘书小杜接受了在交易会期间接待外商的任务。为了做好接待工作,她找到前两次负责接待工作的张秘书,询问接待工作的内容、要求和注意事项,到图书馆借来关于涉外礼仪的书学习礼仪常识,向业务部门收集公司产品信息,还在公司档案室查阅了公司外商接待的规定等材料,做好了充分的接待准备。在接待工作中,小杜热情周到,文明礼貌,端庄大方,讲礼仪,守纪律,认真向外商介绍公司产品,及时为有疑问的外商解决问题,赢得了对方的好评,得到了锻炼,也在接待中获得了很多市场信息。

简析:

信息是涉外活动的基础,是涉外秘书提高工作质量和效率的关键。掌握丰富的信息,就能在工作中做到心中有数,更好地发挥助手作用。小杜通过各种信息获取方法多渠道搜集信息,主动利用档案信息,使接待外商工作有了充分的参考和依据,保证了外商接待工作顺利完成。涉外秘书工作就是接收、变换和传输信息的过程。涉外秘书应增强信息意识,广泛获取信息,科学管理和充分利用档案与信息,在涉外活动中发挥档案与信息的作用。

第一节 档案管理

档案是人类社会实践活动的真实记录,具有原始的凭证价值和可靠的参考作用。涉外秘书要了解档案知识,掌握档案管理技能,积极主动地为涉外企业的各项活动提供档案利用服务。

一、涉外秘书档案工作的内容与原则

档案是人们社会活动中直接形成的保存备查的文字、图表、声像及其他各种方式和载体的历史记录。涉外秘书档案工作是涉外秘书用科学的原则、方法管理档案,为涉外活动服务的工具。档案工作是秘书的基本任务,是秘书发挥参谋助手作用的重要方面。

(一)档案工作的内容

档案工作是用科学的原则和方法管理档案,为涉外企业各项工作服务,具有保护涉外企业原始记录、维护历史真实面貌的作用。它的具体工作内容包括档案的收集、整理、鉴定、保管、统计和利用等工作。

1. 档案收集工作。涉外企业在管理和经营活动中形成的文件往往是分散的,而对档案的利用则要求一定的集中。为了解决文件形成后的分散状态和利用要求集中的矛盾,需要进行档案收集。档案数量决定档案工作规模,档案质量决定档案工作水平。档案收集工作是档案管理的起始环节,是其他档案业务的重要基础。只有做好档案收集工作,才能有效开展其他工作,档案工作才能存在并得以发展。

涉外秘书工作是档案信息的源泉。在涉外企业的档案信息资源中,通知、计划、总结、决定、报告、通报等文件材料,大多来源于秘书工作,其质量的优劣取决于涉外秘书的学识水平、职业操守以及档案意识,并直接影响档案工作的质量。涉外秘书要集中、接收和征集本企业需要归档的文件。

2. 档案整理工作。档案整理工作是根据文书的形成规律,对归档文书进行分类、组卷、编制目录的过程,建立档案管理秩序。

档案的管理和实际利用是建立在档案系统化、条理化基础之上的。档案形成于不同的时间、部门、工作,有不同的内容、来源、性能和作用。如果将众多的档案杂乱堆放,查找利用如大海捞针,不仅浪费时间,也会影响工作。为了解决档案的零乱状况同系统管理和查找利用的矛盾,必须对档案加以系统整理,使其井然有序,方便管理和检索利用。

3. 档案鉴定工作。随着涉外企业的发展和经营活动的进行,档案不断产生,数量日益增多。为了更好地保存和利用有价值的档案信息,必须对档案进行鉴别,从数量庞大、种类繁多、内容丰富、成分复杂、价值不一的档案中去粗取精、去伪存真,使储存档案的质量优化。

4.档案保管工作。由于自然和人为的各种因素,档案始终处于渐进性的自毁过程中,而涉外企业对档案的利用有长久需求,这就形成了档案的保管工作。

档案保管工作就是档案的保护和管理,主要内容包括:档案库房管理,指维护库房秩序和保护实体;流动过程中的保护,是档案在利用过程所采取的保护性制度和措施;保护档案的专门措施,是采用专门的技术和方法对档案进行保护。

档案保管的基本任务有两个方面:一是使档案的存放和使用始终有序;二是保护档案,使档案在存放和使用中不受或少受人为或自然因素的损害,最大限度地延长档案的使用寿命。

5. 档案统计工作。要实现档案的科学管理,需要对档案和档案工作的有关情况进行全面地调查了解,做到心中有数。

档案统计工作的任务是根据档案管理的目的和要求,采用科学的方法,有计划、有组织地对获取各种原始数据和资料,进行核算和统计分析。定期和不定期调查、普遍调查和专门调查,是统计资料整理和统计的基础。涉外秘书要以表册、数字的形式,对档案的收进、移出、保管、利用及销毁情况进行登记和统计分析,为完善档案管理提供数据材料。

6. 档案利用工作。档案收集、整理、鉴定、保管、统计等工作为档案利用奠定基础、创造可能性。档案工作的目的是提供档案利用,建立以知识服务为主的参考咨询和主动信息服务,在涉外企业文化与形象建设中充分发挥作用。

档案信息资源在涉外企业发展中扮演着越来越重要的角色,涉外秘书应拓宽档案利用服务的内容,改善和创新档案利用的服务手段。

(二)档案工作的原则

涉外秘书档案工作是运用科学规范的方法和现代化的技术管理档案,维护组织真实历史面貌,为涉外活动提供档案服务的工作,必须按照一定的原则进行。

1. 集中统一管理。按照国家的法律和规定,单位在工作活动中形成的档案必须由本单位的档案机构集中保管,任何个人不得据为己有。其中,具有长远保存价值的档案,应按规定移交各级各类档案馆集中统一管理。涉外秘书要将涉外活动中产生形成的有保存价值的档案集中到档案部门,进行统一的科学管理。

2. 遵循档案的客观形成规律。档案是涉外活动中形成的涉外文书经过鉴别、整理转化而来的,其形成和管理具有客观规律性。档案工作的每一个业务环节,必须遵循档案形成、管理、利用的规律与特点,运用科学规范的管理方法和技术手段来组织开展,使档案工作科学有序的进行。

3. 维护档案的完整与安全。保证档案的完整与安全,才能为档案工作提供必要的物质基础,这是涉外秘书档案工作必须始终遵循的基本要求,也是档案工作各项业务环节的共同任务。所谓完整,从数量上,要保证应该归档涉外文书的齐全,将属于归档范围的档案收集到档案部门;从质量上,要保持涉外文书之间的有机联系,不能人为隔离分散、零乱堆砌。所谓安全,一方面要防止档案被盗窃和破坏,防止失密、泄密;另一方面要最大限度地延长档案寿命,避免或减少对档案的人为和自然的损害,保证档案管理的物质安全。

4. 便于涉外活动的利用。便于利用是档案工作服务性的集中体现。档案工作必须不断提高服务质量和效率,为档案利用创造方便条件。

便于利用是档案工作的最终目的。它是制定档案规章制度和组织档案业务工作的出发点，是检查和评价档案管理质量的主要标准，贯穿于档案工作的各个方面和业务环节之中。整个档案管理活动都是以提供档案信息、为涉外企业各项实践活动服务为目标的。

二、整理归档

涉外活动中办理完毕的具有保存价值的文件材料，应进行整理归档，以便于今后工作的查考利用。

(一)文书立卷的步骤

文书立卷是将一个单位一定时间内的若干文件按照立卷方法和要求组成案卷，便于管理和查找利用的一系列工作程序。文书立卷工作的步骤有：

1. 收集文件。把好登记、收集、检查、管理关，做好平时的文件材料收集工作，在工作中随时将办理完毕的文件集中，将工作活动中形成的文件材料收集齐全。

2. 鉴别文件。对收集的文件材料进行鉴别，挑选出属于归档范围的文件材料。

3. 归卷。针对文件材料的类型和载体，根据编制的立卷类目，按类目的有关条款将文件归入相应的卷内。

4. 检查与调整卷内文件材料。对经过组合的卷内文件进行检查。检查卷内文件的价值性、完整性和有机联系性。对不符合要求的予以调整，补充遗缺和清理重复或不需归档的文件材料。

5. 卷内文件的排列。将案卷内的文件材料按时间、作者、问题、地区、文件的重要程度和文件名称进行系统排列，保持文件间的联系和有序性。

6. 编号。卷内文件材料排列后，要进行统一编号。凡是载有文字、图表等内容的页面，均要逐张编页号。页号位置在文件正页的右上角。页号从卷内第一份文件的第一页的右上角编到最后一页。

7. 填写卷内文件目录。卷内文件目录(见表7-1)位于卷首，介绍卷内文件的内容和成分。其主要项目有：顺序号、文号、责任者、题名、文件日期、页码、备注。卷内文件目录的填写一般是逐件登记，卷内目录各项均应进行逐项填写。

表 7-1　卷内文件目录格式

顺序号	文　号	文件作者	文件标题	发文号	日　期	所在页号	备　注

（1）顺序号,卷内每份文件排列顺序的编号。

（2）文号,每份文件的发文字号。

（3）责任者,每份文件的作者,要用全称或规范化的简称。

（4）题名,每份文件的标题。一般填写原文的标题;原文标题若不能准确反映文件内容,则先写原文标题,然后写上自拟标题并加"[ ]"以示区别;原文若无标题,应根据文件内容自拟标题并加"[ ]"表示。

（5）文件日期,文件的形成时间。年、月、日可用"·"代替;年、月、日要齐全。

（6）页数码,每份文件在案卷内的所在页号。

（7）备注,如有其他需要说明的情况则可填入备注。

8.填写备考表。备考表(见表7-2)位于卷末,用以说明卷内文件的状况,便于管理人员和利用者了解案卷情况。其项目主要有:本卷情况说明、立卷人和检查人员签名、立卷时间。

表7-2　卷内备考表格式

本卷情况说明:
立卷人: 检查人: 立卷时间:

（1）本卷情况说明。填写卷内文件数量及缺损、修改、补充、移出、销毁等情况,签名并标注时间。

（2）立卷人。由责任立卷者签名。

（3）检查人。由案卷质量审核者签名。

（4）立卷时间。填写完成的立卷日期,年、月、日要完整。

9.案卷封面的填写。卷内文件整理完毕后,用钢笔或毛笔填写案卷封面,做到字体工整、美观,填写齐全、清楚。案卷封面的主要项目有:全宗名称、类目名称、案卷题名、时间、保管期限、件数、页数、档号。

（1）全宗名称,立档单位的全称或人物的姓名。

（2）类别名称,分类方案的第一级类目名称。填写一级类目及其下位类目名称。

（3）案卷题名,即案卷标题,是对卷内文件的总概括,一般由作者、文件内容、名称组成。案卷题名是封面中最主要的项目,是编制各种检索工具的基础。

（4）时间,卷内文件的起止日期。

（5）保管期限,立卷时划定的保存期限。

（6）件、页数,卷内文件材料的总件数、总页数。

（7）档号,由全宗号、目录号、案卷号、卷内文件的页号或件号组成。

10.案卷的装订。装订前进行卷内文件的修整,拆除文件上的金属物,检查是否有漏页、重页和倒页等情况,修补受损文件,修复字迹褪色文件,裱糊破损的页面,折叠过宽和超长的不符合规格的文件材料。文件材料整理取齐后,按规定采用三孔一线的方法装订案卷,做到装订结实、整齐、美观,不掉页,不倒页,不压字迹,不妨碍阅读。

(二)归档文件整理程序

归档文件的整理是将涉外文书以件为单位进行修整、装订、分类、排列、编号、编目和装盒,使之有序化的过程。

1.修整。对收集来的不符合要求的归档文件材料进行修整。修复破损文件,复制字迹模糊或褪色的文件,去除原装订文件用的易锈蚀的金属物,对大于 A4 纸型规格的报表、图样等文字材料,按照 A4 纸型的尺寸加以折叠,保证档案能够长期保存和有效提供利用。

2.装订。对需要整理的涉外文书按件进行装订。装订前将"件"内的各页按一定方式对齐,便于翻阅利用。目前常用的装订方式除传统的线装外,还包括:黏结式,如裱糊糨糊、热封胶;穿孔式,如钉书钉、铁夹背;变形材料,如钢夹、塑料夹;等等。装订材料应符合档案保护要求,装订方式能较好地维护文件的原始面貌。

3.分类。分类是指将所有归档的文件,按照自身的内容、形式、时间、来源等方面的异同,分门别类地组织在一起,使所有归档文件构成一个有机整体。

4.排列。排列是指归档文件应在分类方案的最低一级类目内,按事由结合时间、重要程度等排列。会议文件、统计报表等成套性文件可集中排列。

5.编号。要依分类方案和排列顺序逐件编号,在文件首页上端的空白位置加盖归档章并填写相关内容。归档章设置全宗号、年度、保管期限、件号和机构(问题)等项目。

(1)全宗号:档案馆对其接收范围内各立档单位所编制的代号;

(2)年度:归档文件的形成年度,用 4 位阿拉伯数字表示;

(3)保管期限:整理文件时按照档案保管期限表等有关规定划定的文件保存期限;

(4)件号:归档文件的排列顺序号,分为室编件号和馆编件号;

(5)机构:即形成文件的单位、部门,填写作为分类方案类目的机构名称;

(6)问题:根据分类方案直接填写。

6.编目。编目以"件"为单位,根据分类方案和件号顺序编制归档文件目录,归档文件目录(见表 7-3)包括的项目有:件号、责任者、文号、题名、日期、页数、备注等。

(1)件号,指室编件号。

(2)责任者,制发文件的组织或个人,即文件的发文机关或署名者。填写责任者一般使用全称或通用简称。

（3）文号，文号即文件的发文字号，是发文机构按发文次序编制的顺序号，一般由机关代字、年度、顺序号组成。

（4）题名，题名即文件标题，直接表达文件的内容，由责任者、问题、文种三部分组成。没有标题或标题不规范，可自拟标题，并加"［　］"。

（5）日期，日期即文件的形成时间，以 8 位阿拉伯数字标注年、月、日，如 20070526。

（6）页数，填写每件文件的总页数。

（7）备注，用于填写归档文件需要补充和说明的情况，包括密级、缺损、修改、补充、移出、销毁等。

表 7－3　归档文件目录格式

件　号	责任者	文　号	题　名	日　期	页　数	备　注

7. 装盒。装盒包括将归档文件按件号顺序装入档案盒，填写档案盒封面、盒脊等工作内容。形成年度或保管期限不同的文件材料，不得装入同一档案盒内；按机构（问题）编件号的，不同机构（问题）形成的文件材料不得装入同一档案盒内。

归档文件整理结束后或者盒内文件发生调整变化时，整理者或者文件调整人应填写文件备考表并放于盒内文件的后面。

（三）归档要求

归档是按照有关的规定，将已经整理立卷的文件材料集中到档案部门管理。归档关系到档案的数量和质量状况，关系到档案是否齐全完整，关系档案管理的各个环节，必须按要求规范进行。

1. 收集齐全归档文件。确保归档文件的齐全完整，使涉外活动中形成的应归档的文件材料均收集齐全。涉外秘书对于未按要求归档的文件材料要进行补充收集，利用保密检查、年终清理文件、机构调整或人员变动等机会，把应该归档的文书尽可能全部集中起来。

2. 保持归档文件间的有机联系。根据各种文件材料的自身特征和必然联系进行整理立卷，保证文件材料之间的来源、时间、内容、形式方面的联系，全面地反映涉外活动的真实历史面貌。

3. 确保归档质量。按照文件的保存价值整理组卷，确保归档涉外文书对今后工作具有查考利用价值，便于保管、检索和利用，为档案工作的开展奠定基础。

4.遵守归档制度。归档制度是各单位的文件处理部门或业务部门做好文件归档工作,及时、科学地移交档案的重要依据。归档制度的内容包括归档范围、归档时间和归档案卷的质量要求。

三、档案分类

档案分类是档案系统化的关键环节。秘书要根据不同类型档案的特点,选择适宜的分类方法,以便于档案的保管和利用。

(一)字母分类法

字母分类法指按照作者姓名、单位名称或文件标题的字母排列顺序分类组合。

秘书采用字母分类法时要注意,作者同姓,按名字的字母顺序排序,第一个名字也相同则按第二个名字字母顺序排列,依此类推。单位名称含有数字,将数字用文字写出,然后按字母顺序排列,如 The 35 Club,可按 Thirty – Five Club 归类;公司、厂名含有冠词(The 或 A)者,不考虑冠词,直接以名称字母排列顺序。文件标题按第一个英文字母的顺序分类组合。

(二)数码分类法

数码分类法将案卷以数码排列,每个通讯者或专题给定一个数码,用索引卡标出数码所代表的类别。索引卡按所标类目名称的字母顺序排列。

(三)主题分类法

主题分类法是按文件内容进行分类的方法。按主题分类时的主要依据是文件标题或主题词。可以按多级主题分类,文件最主要的主题名称作为归档的首要因素,次要的主题作为第二个因素,依此类推。各个主题之间根据字母顺序排列。

(四)地区分类法

地区分类法指根据档案产生、形成所涉及的地区或行政区划特征,将文件分成各个类别,按字母的先后顺序排列,使企业在有关地区工作活动的所有文件集中存放。

(五)时间分类法

时间分类法是按文件成文日期先后顺序分类的方法,以年、月、日的自然顺序排列。如果文件的成文日期相同,则按文件形成的单位级别大小排列。

四、档案保管

档案保管是利用必要的存储装具和保管设备,对收集整理后的档案进行妥善的保护,维护档案的安全,防止档案的损毁,延长档案的寿命,为有效利用提供必要的条件。

(一)档案存储装具

档案存储装具是用于存放档案的各类柜、架、箱等,是存贮和保护档案的基本工具。不同类型的档案要求不同质地的装具,要考虑库房条件,选用经济实用、能有效地利用存放空间、便于存取档案、制成材料对档案无害的装具。

1.档案柜。档案柜形式多样,有双开门、侧拉门档案柜,抽屉式档案柜,单开门五节柜,双开门五节柜,两节、三节组合式档案柜,双面柜等。档案柜使用起来比较灵活,便于挪动,有利于防尘、防火、防盗。

2.档案架。一般采用金属档案架,有固定档案架和活动式密集架两类。

(1)固定档案架。固定档案架分单柱式与复柱式两类。单柱式固定架消耗钢材少,结构简单,表面喷漆,耐久美观。复柱式固定架在结构、性能、规格等方面与单柱式略同,但它比单柱架稳定性能好,坚固、负载力强。

(2)活动式密集架。活动式密集架是在复柱双面固定架的底座上安装轴轮,使之变成架车,能沿地面铺设的小导轨直线移动,节省使用面积,但地面负荷量较固定架大。

3.档案箱。一般五个档案箱为一套。平时以箱代柜,叠放使用,多为金属制品(也有木制箱)。与档案架、档案柜相比,它便于挪动,能防尘、防火、防光、防盗,目前采用较多。但其结构复杂,一套箱子,五个单体逐个加工,费材料,造价高,而且降低了库房内部的使用面积。

(二)档案保管设备

档案保管设备是用于保管、保护档案的机械、器具、仪器与仪表等技术设备。它包括空气调节装置、消防设备、防盗装备和其他保管设备,如空调、灭火器、防盗门、防盗报警装置、去湿机、加湿器、通信及闭路电视监控设备、消毒灭菌设备。应根据档案保管条件和要求,配备适当的档案保管设备,尽量避免档案受到自然和人为的破坏。

(三)档案保管要求

1.控制和调节档案保管场所的温湿度。档案保管场所的温湿度是影响档案寿命的重要环境因素。根据有关规定,保管一般纸质档案的温度为14℃～24℃,相对湿度为45%～60%,一昼夜允许温度变化范围为±2℃,湿度为±5%。可通过人工控制和自动控制,维持较适宜的保管档案的温湿度条件。如采用密封的方法隔热、隔湿,采用通风的办法降温、降湿,采用空调等设备将温湿度控制在规定范围内。

2.防止和减少光照。光线对档案有破坏作用。要尽量减少光照时间,避免光对档案的直接照射。保存档案的房间适宜采用窄窗,选用毛玻璃或花玻璃,可装置密封性好的门窗、安装百叶窗、挂窗帘以及加装灯罩,减少或避免光照。

3. 保持档案保管环境的清洁卫生。灰尘黏附在档案上,会损坏纸张纤维,对档案产生腐蚀,向档案传播各种霉菌,导致档案的字迹模糊。为此,要保持库房和装具的清洁卫生,经常清除灰尘、垃圾。

4. 尽量避免有害气体对档案的破坏。档案保管场所应远离污染源,并具备较好的封闭功能。如果房间内的有害气体超过规定的标准,应及时通风,净化空气。

5. 加强档案保管中的安全检查。要定期和不定期地对档案进行安全检查。检查档案有无被盗、泄密和受损;检查档案有无发黄变脆、字迹褪色、潮湿发霉;检查档案有无火灾、水灾等隐患,消防器材是否齐全,门窗是否牢固;检查档案保管各项制度的执行情况。

6. 做好档案流动中的保护。利用档案中的借阅与退还,都要移动档案。为了防止档案的损坏,应加强档案利用的管理,重视档案在流动中的保护。借阅档案要履行登记和交接手续,易损档案和特别珍贵的档案一般提供复制品,不宜借出。

五、档案的利用

利用是档案工作的目的和出发点。档案价值的实现,关键在于利用。积极开发档案信息资源,主动开展档案服务,及时提供档案利用,是涉外秘书的工作职责。

(一)编制索引

索引是档案利用必要的检索工具。秘书借助索引提供的档案信息线索,可以准确、迅速地查询所需的档案,开展档案利用工作。

1. 按人名编制索引。人名索引是揭示档案中所涉及人物并指明档案出处的检索工具。人名索引的排列顺序是姓 + 名(或其首字母)。如:James G . Mellon 索引编为 Mellon,James G. 。

2. 按企业名称编制索引。编制方法与人名索引类似。如果一个公司没有全称,用通常书写的顺序编制索引。

单位名称包含个人的全名,可先排姓,然后为名、缩写字及其余部分。名称中有复合词或连接号,应当作一个整体。如:Anti – Acid Remedies, Inc. 中的 Anti – Acid 作为一个整体。

组合地名中的每一个词或包括方位词的名称中的每一个词都是单独的部分。如 Los Angeles ,把 Los 看成第一部分,Angeles 看成第二部分;Northwestern Life Insurance Company,在编制索引时,方位词要分开,North 作为第一部分,western 作为第二部分。

3. 按政府和政治派别名称编制索引。在编制政府文件档案索引时,首先使用重要的词。先按国家,然后再按部门、局或委员会的名称顺序编制索引。如果是省或市,在省、市之后是这一级政府中相应的部门、局或更小的机构名称。

编制索引总的方法是按字母顺序。秘书要熟悉本企业编制索引的体系,科学地编制索引,以方便利用索引查找档案。

(二)档案利用的方式

向利用者提供利用服务的手段和途径是多种多样的,可以提供档案原始信息、档案复制品以及档案信息加工品利用。具体方式有:

1. 阅览室利用。这是指开设阅览室,直接提供档案原件或复制件借阅利用。阅览室是专门为利用者设置的阅览档案的场所。阅览室的设置要兼顾优质服务和严格管理,建立维护阅览室秩序和档案安全的各项规章制度。阅览制度内容包括:阅览室接待对象,档案材料的阅览范围、批准权限和入室手续,档案索取和归还手续,以及利用者应爱护档案的若干具体规定等。

2. 档案外借。这是指由于工作的特殊需要,按照一定的制度,履行外借手续,将档案借出利用。档案外借要注意:必须经过审批手续才能外借;借出期限不能过长,数量也应有所限制;借用者要确保档案的安全,不允许转借或私自摘录、复制、翻印档案,不能遗失、拆散、调换和污损档案,要按期归还档案。

3. 制发档案复制本。档案复制本有副本和摘录两种类型。复制方法主要有复印、手抄、打字、印刷和摄影。为了保证档案的安全,秘书应按档案复制本制发范围进行复制利用。

4. 制发档案证明。档案证明是根据利用者的申请,为证实某种事实在所保存档案中有无记载和如何记载而开具的书面证明材料。档案证明对有关材料进行客观、如实地叙述或摘录,必须加盖公章才能生效。

5. 咨询服务。咨询服务是指以档案为依据,运用相关的业务知识和专业技术知识,对人们提出的问题进行解答,或指导其获得有关某方面档案的线索。

6. 档案展览。档案展览是指根据需要,按照一定的主题,系统地陈列档案材料,发挥档案的宣传教育作用。举办档案展览,要体现科学性、业务性和艺术性,达到广泛、深刻、生动的效果。参展档案,一般使用复制件,必须展出原件时,应陈列于玻璃柜或采取其他保护措施。

7. 印发目录。这是指为了交流信息,将档案目录印制分发而进行的档案利用,包括内部印发和外部交流两种方式。

(三)档案利用工作的要求

开展档案利用工作必须紧紧围绕涉外活动,充分满足利用需求,处理好利用与保密的关系。

1. 针对性。所谓针对性,是指把握中心工作,获得重大经营活动和工作重点的信息,了解利用工作的效果和动态,掌握涉外工作对档案的利用需要,大力开发档案信息资源,为利用者提供有针对性的服务。

2.主动性。在档案利用服务工作中要掌握主动权,主动上门服务,积极、准确、及时地向利用者介绍、报道和提供档案,减少查阅调档的盲目性,提高查准率、查全率和查找速度,使蕴藏在档案中的静态信息迸发出活力,最大限度地发挥档案的作用,给单位带来现实效益。

3.及时性。及时性是指把握时机,及时把有利用价值的档案提供给有关部门和人员,以满足工作和发展的需要。

4.安全性。安全性指在主动提供利用服务时,特别注意保护档案信息的安全,处理好利用与保密的关系,该保密的坚决保密,该开放的一定开放。

第二节　信息工作

信息工作是组织信息有序化交流和利用的活动,包括收集、加工、传递、利用、反馈和存储等一整套工作程序。涉外秘书信息工作的任务是科学管理信息,为涉外活动提供高效、优质的信息支持,满足管理与决策的需求。

一、信息获取

信息获取是根据一定的目的,通过各种渠道和方式获取信息的过程,是整个信息工作的起点和基础。

(一)信息获取范围

涉外活动的内容决定了秘书信息获取的范围十分广泛。

1.国际市场信息。国际市场信息包括产品供应商,产品价格,同类产品的规格、性能和特点,产品的消费需求,市场竞争情况等方面的信息。

2.客户信息。客户信息包括客户的资信、经营方式、经营范围和经营能力、市场营销特点、市场占有率及客户的有关背景方面的信息。

3.行业信息。行业信息包括与企业的日常管理和各项活动有关的信息,包括会计信息、商品进货信息、库存信息、销售信息、质量信息及企业人力资源分配与使用信息等。

4.对外贸易信息。对外贸易信息包括市场消费动态,供需趋势;各种贸易机会,如各种订货会、商品交易会、展销会、博览会的信息;新技术、新产品信息;劳务市场信息;竞争企业与生意合伙人的信息等。

5.国际金融信息。国际金融信息包括国际金融动态,外汇汇率变化,国际证券市场行情,贸易对象国的利息率、汇率、投资、信贷等信息。

6.涉外法律政策信息。涉外秘书应熟悉我国现有的法律法规和相关政策规定,了解与本企业有贸易关系的国家的法律;熟悉国家的产业政策、税收政策、信贷政策、工商法规、劳动及社会保障法规等相关知识。

(二)信息获取的形式

信息形态是多样化的,涉外秘书获取信息的形态有文字、声像、记忆。

1. 文字形态信息。这是指以文字、数字、图形、表格等形式表达的书面信息。

2. 声像形态信息。这是指照片、录音带、录像带、电影片等所表达的信息。这类信息栩栩如生,给人以视觉、听觉或感觉的强烈印象。

3. 记忆形态信息。这是指存在于人们大脑中还未以文字或声像表达的信息。涉外秘书可通过采访、交谈获取这类信息。

(三)信息获取的方法

信息具有多样性和广泛性的特点,涉外秘书要根据信息收集的目的和涉外企业的活动内容及环境条件的不同,选择适宜的信息获取方法。

1. 观察法。观察法是获取信息的最基本方法,指人们有计划、有目的、有意识地用感官或借助其他工具认识客观事物,了解情况,获取信息。

观察法简便易行,大多是在被观察者没有察觉的状态下了解被观察者的行为活动。通过亲自到办公场所,借助听觉、视觉对办公环境、人员的活动、事件的实际状况进行筛选、分析和判断,能获得较为客观的第一手信息材料。

2. 询问法。询问法是信息收集者通过提问请对方作答来获取信息的方法。询问法是一种询问者意图完全公开的方式,直接交流,相互沟通,能获得大量信息。询问法有面询、电询和书询等形式,要求涉外秘书具有一定素质和能力,能很好地运用询问技巧。

(1)面询。面询指涉外秘书通过进行面对面交谈来获取信息。面询是用来确定各种工作任务、责任和行为的最常用的方式,可以了解许多观察不到的或长时间才能观察到的涉外活动情况。收集涉及面广、深度要求高的信息,以面谈为佳。

(2)电询。电询指借助于电话和传真等信息传递工具收集信息。一般来说,收集简单的、时间性强的信息,以电询为宜。

(3)书询。书询指根据信息需求,设计制成统一格式的问卷或调查表,向被调查者收集信息。涉及不便当面交谈的信息时,以书询为宜。

3. 问卷法。问卷法指由信息收集者向被收集对象提供问卷并请其对问卷中的问题作答而收集信息的方法。问卷是信息收集的重要工具,它是一份精心设计的问题表格。由于获取信息的目的、内容和方式不同,问卷类型也不同。问卷依其填写者不同分为自填问卷和访问问卷两种。自填问卷即由被调查者自己填答的问卷;访问问卷则是由信息收集者根据被调查者的口头回答来填写的问卷。

问卷一般包括前言、主体和结语三个部分。具体说即封面信、答题指南、问题、答案、编码等。

4.网络法。网络主要指以因特网为核心的计算机通信网络,它是以资源共享为目的,使用统一的协议,通过数据通信信道将众多计算机互联而成的系统。网络所提供的信息服务有电子邮件服务、远程登录服务、文件传送服务、信息查询服务、信息研讨和公布服务等。网上信息时效性很强,已成为人们获取最新信息的最重要的途径,但网上信息来源复杂,有大量未经核实的信息和信息垃圾。

5.量表法。量表法指运用测量表来收集信息,以调查人的态度、观念和某些潜在特征的方法。量表有多种类型,按测量内容分类,主要有态度量表、能力量表、智力量表、人格量表、意愿量表等;按其作用分类,主要有调查量表和测验量表。实践中,可以根据不同的调查目的和要求,结合实际情况加以选择。

6.阅读法。阅读法指通过快速阅读文书、报刊等获取信息的方法。运用此法注重一个"快"字,可以在阅读时不考虑其他事情,但要尽可能多地接触相关的资料。

7.交换法。交换法指将自己拥有的信息材料与其他单位的信息材料进行交换。涉外秘书可通过交换信息的方式获得有关企业的信息,特别是与业务往来频繁的企业建立稳定的信息交换网络,在信息上互通有无。对本公司的活动有理论指导作用的学术资料,如一些国际会议文献、学术论文等,可以从交换渠道获得。对于与本公司性质不同或有业务往来的公司,与本公司同属一个系统的其他兄弟公司,对本公司的工作有指导作用的科研院所等,均可与之进行信息资料交换。

(四)信息获取原则

信息获取是整个信息工作的基础。信息获取是否齐全、完整、准确,直接关系到信息处理的质量。为了确保信息的有效利用,涉外秘书在获取信息过程中应遵循以下原则。

1.真实性。了解各种信息源的信息含量、信息实用价值和可靠程度,对信息辨别真伪、去粗取精、去伪存真,获得真实、准确、可靠的信息。

2.超前性。涉外秘书收集信息要有超前性、预见性,抢先捕捉信息,迅速加工传递,增强信息的指导性和预测性。

3.广泛性。涉外秘书要尽可能全面采集各方面需求的信息,保持信息的历史联系或专业内容联系,实现信息收集在时间上的连续性和空间上的广泛性,保证信息工作的连续性和科学性。既收集与组织涉外活动直接相关的信息,也注意收集对于组织涉外管理活动有间接影响的各种信息,发掘信息的潜在价值,真正发挥秘书的参谋咨询作用。

4.层次性。涉外活动的信息需求是多种多样的。这就要求涉外秘书在信息收集中遵循层次性原则,从不同来源、不同渠道收集信息,从不同深度加工信息,针对不同对象开发利用信息。

5.时效性。时效性是衡量信息价值大小的重要尺度,信息获取必须及时、适时。一方面要及时收集已发生或出现情况的信息;另一方面要以最快的速度传递给决策者,减少一切不必要的滞留时间。

二、信息加工处理

通过各种渠道收集来的信息,往往是零散无序的、表面的、不系统的,甚至有虚假的,要进行筛选、校核、分类、综合和编写,使信息规范有序、优化综合。

(一)信息的筛选

筛选是确保信息质量的关键。为了提高信息的准确性和易用性,涉外秘书对获取的信息进行鉴别和选择,去粗取精,去伪存真,摒弃虚假和无效的信息,提取真实、有价值、能满足需求的信息。

信息筛选是对信息资料的选留过程。一是考虑当前的需要,筛选出工作急需的实用、信息量大、有深度的信息;二是考虑信息的系统性、连续性与潜在需要,从长远利益出发,选留有广度、有长期利用价值的信息。

信息筛选对提高信息利用率起着至关重要的作用,要求准确、及时、完整和新颖。涉外秘书要善于鉴别,善于比较,善于分析,严格把关,严格选择,从大量的信息中选择与企业涉外活动密切相关、对工作有指导意义和参考价值的信息,带有倾向性、动向性或突发性的信息,能预见未来发展趋势,为决策提供超前服务的信息。

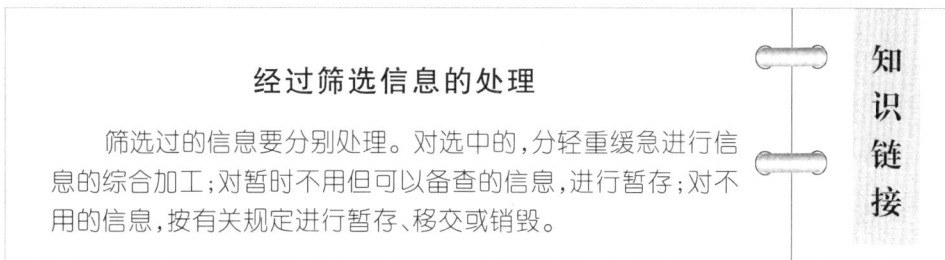

经过筛选信息的处理

筛选过的信息要分别处理。对选中的,分轻重缓急进行信息的综合加工;对暂时不用但可以备查的信息,进行暂存;对不用的信息,按有关规定进行暂存、移交或销毁。

知 识 链 接

(二)信息的校核

信息校核是对经过初步甄别的信息作进一步的校验核实,分析信息的可靠性和准确性,对信息的真实性进行认定。

信息的质量高低和内容的准确性、真实性,直接关系到工作效果。涉外秘书应排除主观因素的干扰,以原始数据为基础,结合使用调查、比较、统计与分析等校核方法,对信息中的事实、观点、数据、图表、符号以及时间、地点、人物等进行核实,剔除任意夸大或缩小的成分。对有关政策、法规、重要计划、主要数据、典型事例的信息,要查对出处,核实原件、地名、人名、时间、事实、数据等,保证信息的真实、可靠。必要时可借助有关工具书核准数据,或者请专家进行鉴定,发现问题及时补正。

(三)信息的分类

信息分类是根据信息所反映的内容性质和特征的异同,将信息分门别类地组织起来的一种科学方法。内容或特征相同的信息归为一类,称为母类;母类下再划分出不同的子类;子类下面还可根据具体情况划分出若干小类,形成分类体系。

分类是信息整理的重要环节,秘书应从信息的不同内容、来源、时间、性质和作用入手进行分类。可以按信息内容、信息形成所涉及的地区或行政区划、信息形成日期先后顺序分类,也可以按照作者姓名、单位名称、信息标题等的字母顺序分类。

涉外秘书要考虑信息在涉外企业活动中的利用需求,结合涉外信息的形成特点,选用适宜的信息分类方法,明确分类标准和分类层次,合理地进行信息的辨类和归类工作,子类之间要界限清楚,不互相交叉或包容,以便于信息的查找利用。

利用颜色、标签区分类别

为了便于查找信息,可针对分类结果,将每个字母、地区、主题等的信息使用特定颜色的文件夹或在文件夹外边加彩色标签,区分信息类别,并给索引卡涂上不同颜色,以便检索。

知识链接

(四)信息的编写

经过筛选、校核和分类后的信息通常要进行编写,形成最具使用价值的信息,以供利用。

信息编写是将获得的有价值的信息在经过分析综合之后,编写成摘要、简报、综述、述评、可行性方案、调查报告等新的信息材料,以提高信息的质量和利用价值,满足较深层次的信息需求。

信息编写主要针对某项涉外活动的发生与发展情况和某方面的问题、经验、建议,以为工作和决策服务。信息材料的编写要简洁、清晰、严谨,突出主题,文字表述清楚、准确,通俗易懂。

编写的信息要做到短小精悍,开门见山,简明扼要,标题确切、鲜明。

三、信息传递

信息传递是借助一定的载体,通过一定的渠道,将涉外活动中产生、形成的各种信息传递给需要者的过程。信息只有通过传递才能实现其价值,发挥其作用,为涉外活动提供可靠的依据。

（一）信息传递的方向

信息的传递是双向的,既有内向传递,又有外向传递。

内向传递是为了进行协调与合作,在单位内部进行信息交流,有信件、备忘录、通知或告示、传阅单、企业内部刊物等传递形式。

外向传递是在日常工作中有效利用各种媒介传递信息,一般通过信件、新闻稿、新闻发布会、报刊简短声明、直接邮件等形式进行传递。

（二）信息传递的方法

信息的传递以语言传递、书面传递和电信传递为主要方式,以其他传递手段为辅助形式。涉外秘书应根据信息的形式、类型、使用目的及信息接受者的不同,选择有效的信息传递方法。

1.语言传递。语言传递是指将信息转换为语言传递给信息接受者,如对话、座谈、会议、提出请求、口头汇报工作、演说等。语言传递是日常工作中主要的信息交流方式,传递信息迅速、简单、直接,信息反馈及时。在口头传递信息的过程中,要表达准确、清楚,尽量避免信息传递的失真。

2.书面传递。书面传递是指将信息转换成文字、符号或图像进行传递。书面传递信息的表现形式是文本、表格、图表、框图,能充分、完整地表达信息内容,实现远距离多次传递,便于利用和存储。秘书可编发各种信息简报、报告、统计报表及市场信息快报等进行信息传递,使人们了解企业活动中出现的新动态、新情况、新经验。

在书面传递信息的过程中,要根据传递对象、内容和要求,采用适宜的传递形式,达到最佳的传递效果。

3.电信传递。电信传递是利用现代化的通信手段传递信息,传递信息量大、速度快、效果好,抗干扰能力强,不易失真。随着信息技术的发展,涉外企业大量利用计算机网络、电话、传真和电子邮件等传递信息,实现信息传递的现代化和信息资源的共享。

4.可视化辅助物传递。可视化辅助物传递通过影像、投影、展示架、展示或示范、布告栏等形式进行信息传递,帮助人们理解工作任务和信息。

5.电子计算机系统传递。电子计算机能自动高速地进行大量计算和逻辑分析判断,具有比较齐全的信息资料传输功能。利用电子计算机,可以将双方收集、存贮在计算机内的信息资料直接进行交换和联网,实现信息传递。

（三）信息传递的要求

信息传递是信息工作的中间环节,关系到信息作用的发挥。涉外秘书进行信息传递要做到:

1.迅速。迅速不仅是传递效率上的要求,而且关系到信息的时效性。信息必须及时迅速传递,否则信息的价值就会降低,甚至会失去使用价值。秘书传递信息要特别注意时限,要在尽可能短的时间内,主动地、不失时机地使信息到达指定目标。为了达到快速传递的目的,可以减少信息传递的中间环节,缩短信息传递的渠道,利用现代化的传输手段,如电话、电报、传真、计算机网络、有线远程通信、无线通信和移动通信等进行传递。

2. 准确。这是指秘书要按不同的需要把握信息传递对象、传递方式和传递时间,将信息准确无误地传递给接收者,确保在传递信息的过程中信息内容不失真。

3. 保密。秘书应根据信息内容的保密程度,采用适当的传递方式,在传递范围内发送信息。用计算机信息系统传递属于企业秘密的信息,必须采取相应保密措施,保守企业秘密。

4. 适用。适用就是传递的信息要对路,针对不同信息服务对象的需求,提供不同信息,增强信息的适用性。

5. 结合。信息传递方式多种多样,结合使用各种方法,传递效果更佳。尽管各种方式独立运用效果不错,但两种或多种方式结合可以增加趣味性、促进理解并且具有更持久的效果,如利用多媒体与电视会议传递信息。

四、信息存储

为了防止信息的流散、丢失,提高信息的利用率,秘书应对信息资料分门别类地存储,形成有序的体系。

(一)信息存储的步骤

信息存储是对整理后的信息进行科学有序的存放、保管,以方便使用。信息存储由登记、编码、存放排列等工作环节构成。

1. 登记。登记即建立信息的完整记录,系统地反映信息存储情况,以便于查找和利用。

信息的登记分为总括登记和个别登记。总括登记就是对存储信息按批分类登记,一般只登记存入册数、种类及总量等,反映存储信息资料的全貌。个别登记是按信息存储的顺序逐件登记,是对每一类、每一份、每一册信息资料的详细记录,便于掌握各类信息资料的具体情况。

2. 编码。登记储存的信息资料要进行科学的编码,以便于信息资料的管理和使用,适应电子计算机处理的要求。信息资料的编码一般由字符(字母或数字)组成基本数码,再由基本数码结合成为组合数据。

信息资料编码的方法有:顺序编码法,按信息发生的先后顺序或规定一个统一的标准编码;分组编码法,利用十进位阿拉伯数字,按后续数字来区分信息的大小类,进行单独的编码。

进行信息编码应注意的问题

知识链接

　　编码要充分考虑企业信息的发展空间,保持编码的系列性。代码应尽可能使用通用符号,因为这些符号具有逻辑性强、直观性好的特点。符号和数码的排列要体现有机联系,形成系列,便于掌握和使用。

　　3.存放排列。经过科学编码的信息需要有序存放排列。常用的排列方法有:时序排列法,按照接收信息的时间先后顺序排列,简便易行;来源排列法,按照信息来源的地区或部门,结合时间顺序,依次排列,便于查找信息源;内容排列法,按信息资料所反映的内容分类排列,可依据信息资料分类号码的大小排列;字顺排列法,按信息资料的名称字顺排列。

(二)信息存储装具

　　为了保护信息资料不受损坏,应将信息资料放入存储装具中进行保存,以便于保管和利用。信息存储装具主要有:

　　1.文件夹。秘书可采用文件夹保存资料。文件夹为折叠式,在它的脊背及封面可标注所夹信息资料的名称或类别。

　　文件夹的类型有:普通文件夹、扁平文件夹、展示文件夹、环形文件夹、拉杆拱形文件夹等。

　　2.文件盒。文件盒结实,能够保持信息材料的清洁,但体积大,占用空间较大,适用于存储不穿孔的文档,传单、手册以及需长期保存的信息材料等。

　　3.文件袋。文件袋能够保持信息材料的清洁,信息材料可以在以后转移到文件盒或文件夹中,但信息存放容易无序,保存信息数量少,适用于存储当前使用的文档。

　　4.文件柜、文件架。信息一般放置在文件夹、文件盒或文件袋中,然后排放在文件柜、文件架中。

　　文件柜、文件架的类型有:直式文件柜、横式文件柜、敞开式资料架、卡片式储存柜、显露式文件柜等。

(三)信息存储的原则

　　涉外秘书要了解信息存储方式,掌握信息存储步骤与方法,按照信息存储原则存储信息。

　　1.价值原则。涉外信息内容丰富、数量庞大,要选择有使用价值的信息进行存储,减少人、财、物的消耗。

2. 时效原则。存储涉外信息要按内容确定存储期,对已过期信息及时进行调整和清理。

3. 方便原则。涉外信息的存储要满足检索方便、输出迅速、使用及时的需要,保证信息存储的系统性和完整性,便于利用。

4. 安全原则。涉外秘书要采取先进的保存技术保护信息,做到防潮、防虫、防火、防损,特别要注意计算机信息的安全。

五、信息利用与反馈

信息工作的目的是为涉外企业的经营管理活动和决策服务。涉外秘书充分开发、利用信息,及时反馈信息,可以保证经营管理活动和决策的有效进行,促进企业活动的最优化。

(一)信息利用服务的方式

信息作用的发挥关键在于利用,利用是信息工作的出发点和归宿。秘书要通过信息利用服务,将信息提供给管理层或员工,实现信息的价值。信息利用服务的方式有:

1. 信息检索服务。这是指秘书根据工作需要,通过索引、目录和计算机检索系统将存储的信息查找出来,直接利用信息或信息复制品。

2. 信息加工服务。这是指涉外秘书对信息内容进行分析研究、选择、加工、编辑,形成有情况、有分析、有建议、有重要参考价值的信息成果,将信息加工品提供给有使用需要的人或机构。

3. 定题查询服务。这是指涉外秘书针对特定的主题和内容,分析信息与信息需求之间的相关程度,查询信息、解答问题,以满足涉外活动的需求。

4. 信息咨询服务。这是指涉外秘书开发信息,改变所收集或存储信息的形态进而提供信息以供利用。其表现形式有:问题解答、书目服务、报刊索引服务、信息线索咨询以及数据、事实、统计资料的咨询。

5. 网络信息服务。网络信息服务建立在现代信息技术的基础上,以计算机硬件和通信设备为依托,以应用软件为手段,以数据库信息为对象,进行信息的利用服务。如,提供电子信息发布、光盘远程检索服务等。

(二)信息利用服务的要求

进行信息利用服务应注意以下几方面。

1. 保密。涉外秘书要维护信息安全。下班或离开办公室,要检查办公桌抽屉、文件柜是否锁好。不要在公共区随意谈论公司内部涉外信息,在外人咨询公司业务时也应有防范意识。清理纸张时,一定要检查纸上是否有关于公司的涉外信息,若有,请将纸撕碎。

2.适事。提供信息应具有适用性,根据工作需要、具体情况与问题,使新鲜、典型、最能说明问题的信息得以利用。

3.适时。解决或处理的问题往往有时效性,涉外秘书应拓展信息源头,扩大信息容量,把握适当的时机提供信息,疏通信息传输渠道,促成横向、纵向的信息交流。

4.适度。提供信息要广泛,兼顾正面与反面、上级与下级、本单位与外单位的信息,以供综合分析,得出全面的结论。

(三)信息反馈的形式

信息反馈是涉外秘书将信息使用过程中产生的效应及涉外企业活动中不断产生的信息进行再收集、再处理、再传递的过程。

1.正反馈和负反馈。正反馈一般为反映决策执行中的成绩、经验方面的信息,对决策者的组织指挥起肯定或加强作用,使涉外活动按既定的方向发展。负反馈一般为反映决策执行中的问题、失误方面的信息,可以及时发现和纠正系统中的偏差,保证工作达到预期的目的。

2.前馈和后馈。前馈是在反馈之前,对一个系统将会发生的偏差进行预测的过程。后馈是将执行结果与期望的标准相比较,看其是否符合控制标准,以制定改进措施。

3.纵向反馈和横向反馈。纵向反馈是执行系统内由下而上的反馈。横向反馈是执行系统外的反馈。

4.主动反馈和被动反馈。主动反馈的特点是主动性高,时效性强。被动反馈的主要特点是信息滞后,消极反馈。

(四)信息反馈的要求

信息反馈的目的是检验信息的真实性与可行性,对信息传递进行调整,为决策提供依据。涉外秘书应了解来自各方面的信息,主动向上级管理部门、决策层或同级组织反映执行指令的情况。这一过程中,既要反馈决策执行中的成绩、经验,又要反映决策执行中的问题、失误。要对信息发出前信息接受者向信息发出者表示的要求和愿望如实汇报,对信息发出后信息接受者对信息做出的反应及时反映。收集人们对已推行政策、实施措施的意见,以便发现问题、纠正偏差,修正或完善政策与措施,做出新的布置,发出新的信息。

涉外秘书要广泛全面、多信源、多通道反馈信息,既报喜又报忧,提供目前状况以及过去或将来工作的反馈信息,保证反馈信息的真实性、准确性和时效性,尽量缩短信息反馈时间,为各项工作的顺利开展打下良好的基础。

涉外秘书信息反馈的主要内容

有关方针、政策和重大工作部署执行情况的信息；新思想、新观点和独到见解；经验性信息；反映工作中存在问题的信息；对全局有影响的倾向性、苗头性信息；反映意见、建议的信息；反映重大事件、突发事件的信息。

知识链接

案例点评

案例1

远贤公司下设8个分厂，办公地点分散，日常管理有诸多不便，信息沟通不畅。针对这种情况，公司充分利用网络资源，建立了功能强大、使用方便、高效可靠的信息工作平台，系统内协同工作，各分厂间信息能够快速、及时传递，各种办公文档得到有效管理，实现了系统内文档与信息资料的集成和共享，提高了工作效率。

案例点评：

随着网络的广泛应用，人们可以在任何时间、地点进行信息交流。远贤公司充分利用网络资源，在总部与各分厂之间建立了信息沟通交流的桥梁，企业信息得以集中管理，解决了地理分散而造成的信息滞后问题，员工可以在工作中快速查找和充分利用信息。信息传递的方式多种多样，秘书要根据工作需要，善于运用各种方法传递信息。

案例2

广通集团公司经过多方努力，与加拿大某公司签订了工程承包合同。乔梅作为公司的秘书，参与了公司与外商的洽谈，进行了接待、技术资料的准备和文件材料的收集工作。乔梅将合同正本、项目建议书、可行性研究报告等进行了归档，把认为不重要的其他材料放在了文件柜中。后来，技术部人员查阅该项目的档案时发现，他们需要的资信调查材料、谈判过程中外商提交的材料、达成协议的来往文电没有在案卷中。

案例点评：

档案是反映企业经营管理活动的重要记录，是维护企业合法权益的有效凭证，秘书必须对活动中形成的各种有保存价值的文件材料进行收集、积累与归档，以便今后有效的利用。乔梅能够做到自觉进行文件材料的归档，但还要明确归档与不归档文件材料的范围，做到能够正确地确定归档文件材料，避免有价值的文件材料没有归档而影响工作。

本章小结

　　档案工作是用科学的原则和方法管理档案的活动。涉外秘书档案工作的原则是:实行集中统一管理,维护档案的完整与安全,便于涉外企业的利用。本单位形成的办理完毕具有保存价值的文件要进行归档,将已经整理立卷的文件材料定期移交给档案部门集中管理。立卷是按照立卷方法和要求把文件组成案卷。归档文件整理是以件为单位,对文件材料进行修整、装订、分类、排列、编号、编目和装盒的工作。要收集齐全归档文件,保持归档文件间的有机联系,确保归档质量。为了便于档案的管理,应进行科学的档案分类,在保管场所配备必要的档案保管设备。涉外秘书要熟悉档案检索工具,积极开展档案阅览、档案外借、制发档案复制本、档案咨询等服务。

　　信息工作包括信息的获取、加工、传递、存储、利用与反馈。涉外秘书要通过观察法、询问法、问卷法、网络法、阅读法、量表法与交换法,及时、主动、广泛地获取信息,对收集来的信息进行筛选、校核、分类、综合和编写,使信息便于保管和利用。信息传递分内向传递与外向传递,可以采用语言、书面、电讯、可视化辅助物、电子计算机系统传递的方式,将信息迅速、准确、安全地传递给接收者。对存储的信息要进行登记、编码和存放排列,放入存储装具中保存。涉外秘书应为工作活动提供信息检索、加工、咨询、定题查询及网络信息服务,多信源、多通道反馈信息,做到不失密、泄密。

课堂讨论题

　　1. 涉外秘书档案工作的基本原则是什么?

　　2. 归档的基本要求有哪些?

　　3. 涉外秘书信息工作的作用是什么?

　　4. 如何做好信息利用中的保密工作?

　　5. 网络上传递信息应注意哪些问题?

复习思考题

　　1. 涉外秘书档案工作的内容是什么?

　　2. 如何进行归档文件的整理?

　　3. 档案分类方法有哪些?

　　4. 如何鉴定档案的价值?

　　5. 如何做好档案的保管工作?

6. 开展档案利用工作的方式有哪些？

7. 涉外秘书信息工作的基本程序是什么？

8. 涉外秘书收集信息的方法有哪些？

9. 信息分类的方法与要求是什么？

10. 信息存储的要求和步骤是什么？

11. 信息传递的原则与方法是什么？

12. 涉外秘书如何进行信息利用服务？

13. 涉外秘书做好信息反馈有何意义？

课堂实训题

实训1

练习填写归档文件目录。

实训2

通过各种渠道收集信息，对获得的信息进行分类、排列和编码。

第八章　涉外秘书的沟通

- 明确沟通的概念及其存在的重要性
- 把握有效沟通的原则
- 熟知秘书沟通的主要内容
- 了解沟通存在的障碍和对策
- 掌握秘书沟通的基本方法和技巧

案例导入

善于沟通的秘书李爽

　　秘书李爽在一家涉外企业担任秘书,她的上司是位上了岁数的英国人。刚进公司不久,由于工作出色,李爽深得上司的赏识。这样一来不免就招来了一些人的嫉妒,尤其是公司里比她资历老的秘书王红,因为没有得到上司的重用,所以对李爽的工作处处挑三拣四,经常借机说李爽的坏话,说她骄傲轻狂,不把别人放在眼里,甚至不把领导放在眼里,这些话传到了上司那里,上司虽然并没有完全信以为真,但也对她渐渐疏远。

　　李爽觉得自己刚来公司不久,不仅要成为上司最信赖的员工,更应该跟各个部门的同事搞好关系,公司里暂时存在一部分人不理解也没有关系。于是,她就一方面自己进行检讨,看看自己是不是确有做得不好的地方;一方面采取与同事积极接近的态度,对待说她坏话的王红,也没有冷眼相向,反而主动帮她完成任务,而且从不把功劳往自己的身上揽。同时,她深知公司里的一些下级人员更是需要上级的关心和问候。为了更好地消除别人对自己的误解,她不惜牺牲自己的休息时间,帮助下级员工打扫卫生、清理桌椅,还经常同他们一起去公司食堂吃工作餐,其间有说有笑,大家相处的其乐融融。这样一来,公司中对她的舆论好了起来,她也逐渐认识到,被别人误解其实并没有什么,关键是自己怎样做,没有必要一定要与别人争辩什么,事实就是最好的回答。

这时,上司对李爽的态度也逐渐有所缓和,她觉得是时候与上司好好沟通了,但是选择在什么时机合适呢? 李爽知道她的这位英国上司在中国待了20多年了,走过很多地方。这位上司最喜欢的就是中国的国球,对于乒乓球他总是津津乐道。这位英国上司经常在午间休息的时候打乒乓球,但公司里可以熟练用英语与之交谈的员工却不是很多,这位英国上司往往因为找不到合适的球伴而沮丧。这时,李爽就主动去陪他打球,她一方面显示出自己打乒乓球的实力,一方面又恰到好处的让这位球技不是特别好的英国上司赢球,其间,李爽用熟练的英语与之交谈,上司很高兴,李爽顺水推舟,将她的一些经历委婉地告诉了上司。上司听到这个女孩儿真切的陈述,哈哈一笑,说她是个非常聪明的女孩儿,并始终相信她,一段时间的冷淡的确是自己认识疏漏,没有深入调查。

李爽通过努力,积极与上级和同事沟通,终于使自己摆脱了困境,赢得了他人的理解和尊重。

简析:

秘书李爽处理的是上行、平行、下行三者的沟通问题,从中我们可以得到如下启示:①遇到问题先自我反省。遇到问题,要善于从自我找原因。秘书李爽因为刚入公司,急于把工作做好而忽视了与同事、下级的关系,所以在她意识到这个问题后,积极主动地处理与周围同事、下级之间的关系,取得了良好的效果。②善于捕捉沟通的时机。在领导对她疏远之初,没有急于去辩解,而是积极地营造周围的人文环境,等待机会再进行深入的沟通。③采取了非正式的沟通方式。通过利用与上司打球时沟通,而不是到上司办公室进行正式沟通,起到了事半功倍的沟通效果。④良好语言技巧的运用。李爽在打球时,通过熟练的英语表达、顺畅自如的沟通,使上司心情舒畅的同时,也使上司对她的疏远和误会随之消除了。

第一节 涉外秘书沟通工作概述

对于一个组织而言,有效的沟通是组织做出正确决策的必要前提,是协调好组织内部各种关系、使组织成为一个整体的凝聚剂,是领导职能得以有效履行的基本途径,是改善组织内部人际关系的重要条件,也是组织与外部建立良好联系的桥梁。秘书是使组织实现良好、有效、顺畅沟通的重要保障之一,这就要求一个合格的秘书,除了要具备基本的专业知识和技能外,还要具备良好的沟通能力。是否具备良好的沟通能力是判断秘书成功与否的一个重要指标。尤其对于涉外秘书,由于其在工作中往往面临着中外双方间语言环境、文化环境和经济环境的差异,其沟通对象、沟通工具、沟通方式也与普通秘书不大相同。普通秘书多用中文与本国人士沟通,而涉外秘书除了使用中文,更多地还要运用英文等其他国家的语言与国外客户、上司交流。在涉及国际交易时,彼此之间背景不同,文化差距大,风土人情迥异,要想使双方达成共识,合作成功,必须多方面了解对方和让对方了解,这就要在沟通上下功夫,进而实现双赢。因而,涉外秘书必须具备良好的沟通技能。

一、沟通的定义

(一)沟通的内涵

沟通是一种信息交换的过程,是人们为了既定的目标用一定的语言符号,把信息、思想和情感进行传递的过程。从某种意义上说,沟通不仅是一种职业技能,而且也是一种社会生存的方式。秘书沟通工作的过程,不仅包括公务信息的传递和交流,也包含着个人情感、思想和观点的交流。这也就决定了秘书沟通工作的任务,就是要在公务活动中,有意识地运用各种方法和技巧,促进人与人、人与组织之间的有效沟通,以达到提高公务活动的目的。

(二)沟通的种类

沟通贯穿于秘书工作的各个环节,沟通过程中不可避免地会用到不同的沟通方式。作为涉外秘书,更是要把握好沟通的不同方式,视不同的场合而加以运用。按沟通的方式、方向、渠道和是否存在反馈等类别可以将沟通分为以下四类:

1. 按沟通方式划分

(1)口头沟通,即通过口头表达的方式进行信息传递的沟通,如交谈、讨论、会议、演讲、走访联系等。口头沟通要善于倾听,而把握有效倾听的方式有以下五种:经常检查自己的倾听习惯,学会适时开口、有效运用幽默、耐心倾听;以客观公正的态度倾听,随时注意自己的偏见,以免影响对信息准确、全面的接受;必须同时注意语言和非语言沟通所传达的信息,听对方把话说完,不要过早下结论;善于从对方的谈话中找到重点或基本观点;学会在适当的时机,以恰当的方式做出反馈,更要学会通过口头沟通的方式肯定和赞美别人。

(2)书面沟通,即通过书面形式,以文字为媒介进行信息传递的沟通,包括使用文件、信件、便条、简报、书面汇报、备忘录等进行沟通。书面沟通要把握好文字的运用,特殊情况下需要用的词语和句子要仔细推敲。例如,常用的备忘录是一种简化的书面信息沟通形式,用于各级机关、企事业单位与社会团体内部人员间的交流。在英文中备忘录通常缩写为"memo"。其特点一是形式灵活多样,它一般装成簿册,或放置案头,或随身携带;二是写法不拘一格,只要写清楚,能起到提醒、备忘的作用即可。

(3)非语言沟通,即通过口头语言和书面语言之外的非语言符号进行信息传递的沟通形式,如通过语调、手势、表情、肢体语言、信号等进行沟通。非语言沟通可以提高沟通的质量,通过非语言沟通可以透视到一些不需要直接用语言表达的信息。把握好非语言沟通,往往需要从以下三个方面着手。首先,注意目光交流。眼睛是心灵的窗户,即使沟通者不能看穿他人的心灵,但眼睛却能最好地反映说话人的真实情感,良好的目光交流使信息发送者能看出接收者是否在听,是否尊重他。通常在人们进行面对面沟通时需要直接的目光交流。其次,姿态和举止。一个人的举止姿态能表示出很多感情,从居高临下、自信,到顺从、害羞等,多种多样。最后,身体语言。积极的身体语言是正面注视,精力集中,面带微笑,这样的身体语言可以更好地使人产生信任和亲和力,有助于沟通的实现。

(4)电子沟通,即通过运用各种电子设备进行信息传递的沟通,如运用计算机网络、闭路电视、传真机等。这些设备与语言和纸张的结合,有利于提高沟通的效率。例如,我们日常工作中最常用到的电子邮件,它的书写要根据写作目的使用不同的格式。电子邮件比较容易使用,但在使用的过程中也应注意其专业性,应遵循其写作的原则和技巧。使用电子邮件,要注意每天务必打开查看邮箱。互联网的使用者有一项"48小时原则",这是一项不成文的规定,即如果对来信感兴趣,应该在48小时内回信。

2. 按组织内部信息沟通的方向划分

(1)上行沟通,即下级向上级传递信息,是由下而上的沟通方式,如下级向上级反映情况、提出建议、汇报工作等。上行沟通是领导了解基层情况和员工思想状态的有效渠道。只有上行沟通的渠道顺畅了,领导者才能准确掌握基层工作的真实情况,体察员工的困难和需要,明确工作中问题的症结之所在。

(2)下行沟通,即上级将信息传递给下级,是由上而下的沟通方式,通常表现是上级发布命令、指示、规章、规定等。下行沟通顺畅可以帮助下级明确工作任务、目标、程序以及具体要求,便于下级主动开展工作。

(3)平行沟通,即组织中处于同一层面的人员或职能部门间的信息传递和交流。平行沟通顺畅能为组织内部职能部门或员工之间构建一个信息交流的平台,有利于加强联系,促进协作与团结。

(4)斜向沟通,即没有直接隶属关系的单位和人员之间的信息沟通方式。斜向沟通有利于加速组织与外部的信息交流,从而为组织创造良好的外部环境。

3. 按信息沟通的渠道划分

(1)正式沟通,即通过单位明文规定的渠道进行信息的传递和交流。如,通过专门的会议传达文件和通知等。正式沟通的优点是沟通效果好、有较强的约束力,缺点是刻板、缺乏灵活性、传播速度慢。

(2)非正式沟通,指在正式沟通渠道以外进行的信息传递和交流。如,领导以个人身份与职工沟通思想、职工之间相互交换意见等。非正式沟通的优点是沟通方便、内容广泛、传播速度快,缺点是随意性强、信息扭曲和失真的可能性大,容易传播流言而混淆视听。

4. 按信息沟通是否存在反馈划分

(1)单向沟通,即没有反馈的信息传递沟通方式,发送者单方面向接受者传递信息。如,一些简单而又需要马上办理的事情,往往上级直接交代下属办理,而不征求下属的意见。单向沟通缺乏民主,易使接受方产生抵触情绪。

(2)双向沟通,指有反馈的信息传递沟通方式,发送者与接受者就信息进行双向交流。双向沟通有助于增进沟通双方间的了解,加深彼此的感情并建立良好的人际关系。

二、有效沟通的原则

(一)可信赖性原则

沟通者要给人以可信赖的感觉,使沟通从彼此信任的气氛中开始,而营造这种气氛就是秘书的责任。这反映了秘书是否可以真诚满足被沟通者的愿望和要求的能力。只有沟通者和接受者之间的信任建立起来,才有助于沟通的顺利进行,以便尽快达到沟通的目的。

(二)一致性原则

沟通计划的实施,必须与本组织的发展目标相一致,必须使沟通达到更好地为组织发展服务、促进组织发展目标实现的目的。身为秘书,就必须在对环境充分调查研究的基础上提出自己的建议。

(三)内容的针对性原则

沟通的内容要考虑到对接受者的意义和价值,一般公众会很快接受为其带来更大价值的信息,信息的内容在很大程度上决定了公众的态度。所以,准备有针对性的内容也是秘书沟通工作的任务之一。

(四)明确性原则

沟通要以简明的语言进行,所用词汇对沟通者和接受者都代表同一含义。复杂的内容要采用列出标题或分类的方法,使其明确简单。信息传递所经过的中间环节越多,就越应该简单明确。所以,简明的语义表达是秘书的基本素质要求之一。

(五)持续性原则

沟通是一个没有终点的过程,为达到有效的目的,有时需要重复,但在重复中要不断补充新的内容。这一过程应该持续地坚持下去,直到取得预期的沟通效果。

(六)渠道恰当性原则

大多数的沟通都会涉及各种各样的沟通对象,所以沟通需要大量不同的渠道来实现目标。利用被沟通者惯于使用的渠道易于取得沟通的成功。因此,有针对性地选择不同的渠道沟通也是秘书的必备能力之一。

三、秘书沟通工作的原则

沟通是保持组织高效运转的重要手段，是秘书工作的核心方面。一般来说，秘书工作中需要沟通的人群有三大类，上司、同事及相关组织和人员。涉外秘书沟通工作的主要内容也就是对三者做上行、平行、下行关系的沟通协调。

（一）与上司相处的原则

穆罕默德曾经说过："山不走过来，我就走向山。"对于秘书来说，要想当好参谋，就要学会走向领导，但不同的领导有着不同的性格，在与他们的沟通当中，要因人而异，把握好以下三个原则：

1. 充分解读上司

（1）了解上司的为人，注意等级差别。作为秘书，如果不了解上司的为人、喜好、个性，只顾埋头于自己的工作，那么工作再怎么出色或许也得不到上司的赏识。要了解上司，才可以做到更好的沟通。同时，作为秘书，应该认识到，上司在乎他的权威和地位，需要别人的承认。你必须提醒自己，记住自己的身份，不可忘乎所以。

（2）洞悉上司言语，领悟其潜台词。作为秘书，上司的一言一语都必须认真倾听，学会观察上司的一举一动。当你的上司因为某种原因不能、不便或不想与你交流时，要注意通过他的肢体语言领会他的意图。当时间、地点和自身身份发生变化时，上司同样的话或许有不同的隐喻。要想赢得上司的认可，秘书不仅仅要按照上司话面上的意思去做，更要深入体会其潜台词的真正内涵。

2. 当好参谋

（1）了解情况，大胆进言。秘书的参谋工作，可以为上司拾遗补阙。这就需要秘书对于组织的各项事宜有一个大体的了解，可以及时地给予上司提醒。上司没有想周全的地方，秘书给予补充；上司批评过火时，秘书要给予缓冲；等等。有些秘书时常担心与上司的想法不一致，提出看法时会影响其与上司的关系，但不少上司，无论职位高低，都鼓励秘书大胆提出建设性意见，因为这对组织的整体利益是有利的。

（2）辩证分析，反应机敏。为上司出谋献策，要懂得辩证法，客观地分析问题，以防偏激片面。与上司沟通，一定要反应机敏，根据语境需要，采取灵活多样的方式，是直言还是婉言，是陈述还是询问，都要妥善斟酌。参谋工作，不在于多说，而在于精要，能抓住重点。

3. 尊重上司

（1）维护上司威信，尊重上司职权。秘书维护上司的威信，主要是从工作角度出发，即使秘书本人因此受到误解和委屈，也要泰然处之。秘书在任何情况下都不该损害上司的威信，不能散布有损上司威信的言论。在工作中，只能为上司补台，不可拆台。秘书是事务的执行者，而非决策者，在处事的时候应该绝对尊重上司的职权。

必须按职责规定办事,不能越职代权,假借上司名义发号施令,指手画脚。必须明确自己为上司服务的界限,克服自己的意见没被采纳就委屈失望的心理。在处理较重要的事情时,应及时汇报请示,不能自作主张。

(2)执行上司决议,协助上司解决困难。上司的决议和意见在一般情况下都可以顺利执行,但也会遇到他人不理解而遭反对的时候,这时秘书应该挺身而出,站在上司一边,坚决按照这些意见和决策去执行。这样,秘书才能获得上司的充分信任和尊重,进一步密切相互间的关系。上司在工作、学习或处理同僚关系时也会遇到各种困难,此时,秘书不能袖手旁观,而应积极协助。要积极地去协助上司克服各种困难,多提供服务;尽可能解决上司的后顾之忧,与上司同甘苦共患难。

(3)正视上司观点,正确对待上司错误。智者千虑,必有一失。世界上没有永远正确而不犯错误的上司,当上司出现失误的时候,秘书应该积极参谋提醒,帮助上司少犯错误;自觉补救,自觉承担秘书的责任;在上司竭力纠正错误时,作为秘书应做好各种服务工作,减少错误带来的损失和负面影响。

(二)与同事相处的原则

在一个单位里面,秘书除了要面对领导,更多的时候是要面对各个科室与自己平级的同事。为了使各项工作能够顺利开展,秘书人员在与同事相处时要把握好以下四个原则:

1.尊重他人,和谐相处。每个人都渴望得到别人的尊重,尊重别人也就等于尊重自己。所以,在与同事的接触中,秘书人员要牢记:不该问的话坚决不问,不该开的玩笑坚决不开,不在任何同事面前说三道四。对每一位同事都平等相待,千万不要因为对某个人有意见或看不惯,就不屑于与其说话,这样很不利于团结。有时简单的一声问候就能营造和谐的氛围,使工作顺利开展。

2.讲究诚信,宽容待人。诚信是人与人之间沟通的基础。秘书人员在与同事相处时,要树立"诚信第一"的观念,答应别人的事情要做到言必信,行必果。即使由于某种原因没有做到,也要诚恳地向对方说明,取得对方的谅解。对于同事的一些小缺点和小毛病,不能挖苦讽刺;对于听到的一些关于议论自己的言论,也用不着去追根问底,要以一颗平常心对待,有则改之,无则加勉。当然,在工作中我们难免会和同事有一些磕磕绊绊,这时,要学会主动找同事和解,只要真诚地向对方解释清楚,相信一定会赢得对方的理解。总之,宽容是一种美德,它会让周围的人更加尊重你。

3.谦虚认真,踏实肯干。很多人认为秘书是领导身边的人,不好接近。作为秘书想要消除同事的这种误会,就必须在和同事的相处中,坚持实事求是的原则,有多大能力办多大的事情,不高高在上,更不要到处炫耀自己的成绩,要保持谦虚谨慎、踏踏实实的工作作风。

4.关心他人,共同协作。要想和同事很好地沟通,就要善于在"情"字上下功夫,无论是在工作中,还是在生活上,都要学会和同事沟通感情。同事在工作中遇到了难题向你请教时,要耐心地解答,做到知无不言,言无不尽;同事在生活中遇到了难处时,要在精神上或者物质上及时给予帮助,使他们感受到温暖。某些工作需要与同事配合进行时,要学会主动承担责任,不计较个人得失。这样,会让同事认为你是一个很好的合作伙伴,从而愿意与你共事,工作的效率也会提高很多。

(三)与相关组织和人员的沟通

涉外秘书是一个接触面非常广的工作,在公司里除了与上司和同事相处外,更是在一个更大的范围和社会交际圈子里活动的。涉外秘书与其他组织和人员沟通时,要把握好以下两个原则:

1.注重礼仪,微笑服务,态度积极。由于办公室代表着一个单位的形象,所以秘书人员一定要注意自己的自身形象,包括穿着打扮、说话的语气和用词等。无论来访者是何种身份,秘书人员都要笑脸相迎,给来者留下美好的第一印象。要主动询问来访者的来由和目的,尽可能地为他们提供相关的服务。在接听电话时,要主动问候来电者,并询问他所要找的人或所要办的事,语气要平缓,不能生硬。必要时要准确记录来电者的重要信息,并及时帮他转达或办理。

2.耐心倾听,欣赏别人,和谐沟通。秘书常常会遇到一些带有负面情绪的来访者,这时秘书人员首先要做一个忠实的听众,允许他们把心里话发泄出来,从中找出问题的症结所在。可以办理的,要与有关部门积极地协商,及时给予解决;因种种原因不能办理或无法解决的除了稳定来访者的情绪外,还要动之以情,晓之以理,耐心地向他们解释清楚,尽可能地使他们满意而归。对于那些不讲道理、故意刁难的来访者,最好的办法是使用缓兵之计,委婉地劝说来者先回去,了解情况后再说。学会欣赏别人,不要因一时矛盾造成不可挽回的局面。要站在尊重对方的基础上,尽可能做到与他人和谐相处。

案例点评

跨国销售的投诉问题

一家化学品公司生产的驱虫防蛀片在新加坡上市,不久便产生了始料不及的对织物的损害,新加坡方面对此深感不满。该国公众也议论纷纷,此时公司的接待秘书不厌其烦地道歉,并向领导建议在大众传播媒介上公开道歉,并承诺在三个月的时间内每天接待投诉并予退赔。结果,这家化学品公司虽然遭受了经济损失,但保住了企业品牌。改进后的产品也在第二年继续在新加坡市场上市,并受到好评。

案例点评:

该案例中的秘书站在尊重外国消费者权益的基础上,耐心地倾听消费者的反馈,积极进行协调,从而将公司在国外的损失降低到最低程度,保住了企业的品牌。

第二节　涉外秘书沟通的特点、障碍及对策

一、涉外秘书沟通的特点

沟通是组织生存和发展的生命线,作为涉外秘书,其沟通职能与领导人不同,这也就决定了涉外秘书的沟通必定有其自身的特点。

(一) 非权力支配性

在管理体系内,秘书不是管理者和决策者,没有支配性权力。但是,秘书作为领导身边的工作人员,其行为时常代表着上级领导的意志,凭借上级领导的权威和权力惯性,在沟通过程中有着较大的影响力。在这种情况下,管理体系内的其他人员大多愿意接受秘书的沟通协调行为。

(二) 非职责限定性

一般来说,管理职能只有在确定的职责范围内才能有效地发挥作用。秘书没有确定的职责范围的限定。由于没有法定的支配性权力,沟通主要依靠领导的权力惯性。领导人的权力辐射、秘书本身的思想素质、修养及相关的工作方法是受个性影响的变量,具有较大的不稳定性,加上环境、社会背景、文化风俗、语言习惯等因素的影响,从而使秘书的沟通工作具有较大的伸缩性。

(三) 非确定地位性

秘书的沟通具有非职责限定性,因而也就没有确定的地位。如在上级领导成员间沟通信息,秘书处于下级的地位,是下对上的工作关系。在同级职能部门工作人员间沟通时,秘书处于同级地位,是平级间的工作关系。处于几种不同的地位,存在不同的关系,这就使秘书的沟通工作具有非确定地位性。

(四) 认同疏导性

由于秘书的沟通工作具有以上三个特性,在沟通过程中,一般不能用直接的强制手段,而是采用信息沟通、感情沟通方式加以疏导,使各方面达到认同,消除分歧,实现沟通目标。认同疏导不仅要有足以澄清事实真相的信息依据,还要有足以明确是非的道理,更要有感染有关人员的感情基础。这样才能明之以事,晓之以理,动之以情,使有关各方在维护组织整体利益、实现组织整体目标的基础上达到沟通的协调一致。

二、涉外秘书沟通中经常面临的障碍

在沟通的过程中,由于存在着外界干扰以及其他种种原因,使得信息的传递有时不能发挥正常的作用,从而导致沟通障碍的出现。对于涉外秘书来说,主要面临着以下沟通障碍:

(一) 知识障碍

知识障碍主要是秘书个人的专业能力、业务水平等方面存在不足,造成对沟通对象的语言文化、现状、历史、社会背景等缺乏认识而出现障碍。这种障碍往往使得秘书人员在沟通过程中缺乏信心,甚至不知道要说什么或不知从何说起。比如,小张刚刚成为一家中日合资企业部门经理的秘书,在他的日本上司和客户交谈的时候,有上级的紧急电话,而初来公司不久的小张却不知道话从何说起,站在门外迟迟不敢进去。

(二) 语言差异和非语言差异的障碍

每个文化群体都有自己独特的语言,独特的发音、拼写规则和符号等,这些为跨文化沟通带来最直接、最明显的障碍。不同的文化还有着不同的非语言信息,这也为跨文化沟通带来了障碍。非语言信息指在沟通环境中除语言外的一切信息,包括肢体语言、时间、空间、颜色、图画等。

(三) 心理障碍

心理障碍主要是由于秘书与沟通对象之间存在着国别、职位、年龄、学历、性别等方面的差异,沟通者往往因为缺乏正确认识,囿于传统或世俗偏见容易产生心理障碍,如在与外国人沟通中的胆怯、自卑等心理,不能掌握应有的礼貌和运用恰如其分的态度、语气等。

(四) 文化障碍

不同国家的文化有着较大的差异,涉外秘书经常涉及的沟通对象是不同国籍、不同文化背景和风俗习惯的人群,由于文化的障碍,就会出现很多的问题。如,小李是一家外贸公司经理的秘书,有一次要去找其合作伙伴史密斯先生谈判,可当他匆匆忙忙赶到斯密斯先生的办公室时却被告知,史密斯先生已经下班了。他不知道,作为一个严格的管理人员,史密斯先生非常重视每天的工作时间,只要到了下班时间,就立即走出办公室,从不在公司停留。因为他们的公司理念是从来不为工作而牺牲自己的休息时间,提倡高效工作而不做加班加点的工作狂。

（五）行为方式障碍

不同国度的人在生活习惯、行为方式上存在着很大的差别,这在一定程度上也决定了沟通过程中由于中外之间行为方式的差异,会造成身体语言、着装打扮等方面的不同要求。如,美国的公司职员喜欢周五的时候着装随意、休闲,而日本的职员却是从周一到周五每天都要求着正装。这就要求涉外秘书人员在与不同行为方式的人员沟通时,一定要注意自己的着装打扮,与之相协调。

（六）思维方式的障碍

思维方式是指人们的思维习惯或思维程序。思维方式因人而异,来自不同文化背景的两个人之间,其差别就更大。在跨文化沟通中,很多人都倾向于认为对方也会用自己的方式进行思考。正是这种错误的认识,常使跨文化沟通难以顺利进行。

（七）世界观、人生观和价值观差异的障碍

如果沟通的双方有不同的世界观、人生观和价值观,他们就有不同的假定前提,并据此对外界的信息做出不同的反应。其价值观的冲突程度越高,沟通破裂的可能性也就越大。

（八）社会规范差异的障碍

社会规范是文化要素之一,指的是人们应该做什么,不应该做什么,可以做什么,不可以做什么。这些规范构成了一种文化群体的特点。社会规范的具体形式主要有风俗习惯、道德规范、法律规范和宗教规范。它们是跨文化沟通中引起误会和冲突的一个重要因素。

三、沟通中的常用对策

针对上述问题,克服沟通中的障碍一般要遵循一定的原则,掌握一定的对策。

（一）提高业务能力,掌握多种语言的商务用语

英语虽然是国际通用语言,但不能指望每个外国客户都精通英语,掌握多门语言将会创造更多的沟通机会。比如,一位只懂英语这一门外语的涉外秘书曾经遇到一位来自俄罗斯的女顾客到公司选服装,女顾客只会讲俄语,英语懂的很少。秘书只能用英语向顾客介绍本公司的产品,说了半天,顾客大睁着眼睛,并抱歉地耸耸肩说,下次带翻译来订货。试想如果该秘书会说俄语,结果会是怎样。作为涉外秘书,想要轻而易举地掌握多种语言是很困难的,但尽可能多地掌握国际通用的商务交际用语是必要的,特别是与本公司合作最为密切的外国公司的所在国语言,要努力学习和掌握。

(二)树立国家、民族尊严,增强自信心

虽然我们国家的经济不是很发达,但经济状况的差异并不意味着人格的不平等。在涉外交往活动中,无论经济地位、社会地位、人种、肤色有多大悬殊,交往的任何一方都有平等的对话权利,任何自卑的心理,自轻自贱的行为,只能导致被对方更加轻视。所以,在与外国人打交道时,应该坚持维护本国形象,注重内在气质的培养,增强自信,积极沟通。

(三)尽可能多地掌握对方的文化背景知识

每个国家、民族都有自己的文化。从沟通的角度来看,文化是指一个国家和民族特有的价值观、道德观和风俗习惯。文化是人们的行为基础。要在言谈中适当地利用这方面的知识来增进跨文化沟通的效果。我们知道,大多数涉外人际沟通的误会及冲突,往往都是由于对对方的文化历史、风俗习惯缺乏了解造成的。因此,扩大知识面,增进了解对于改善跨文化沟通是十分重要的。

(四)善于结合场景熟练运用多种表达形式

表达本身是一种情绪与信息的表示方式,它是沟通和交流的基本手段。表达能力的高低,直接影响着沟通的效果。作为涉外秘书,在很大的程度上代表着公司的对外形象,所以表达方式的熟练、适当运用是十分重要的。表达方式有多种,秘书应该在掌握语言表达、身体表达、神态表达、文字表达等多种表达方式的基础上视不同的情景采取不同的表达方式。

第三节　涉外秘书沟通的方法与原则

涉外秘书的工作比较繁杂,要处理方方面面的关系,与各种不同的组织和人员沟通。要胜任这一工作,掌握必要的方法和技巧至关重要。下面就从较为宏观的角度对涉外秘书沟通中的基本方法加以介绍。

一、树立公共关系意识

公共关系是一个组织为了塑造良好形象,以传播沟通为手段,对公众采取的一种持久的策略行动。涉外秘书工作中有相当一部分属于公关工作,树立公关意识,并将这种意识渗透于各个工作环节中,有利于塑造和维护组织的良好形象,有利于顺利达成沟通的目标。

二、掌握对外交际礼仪

涉外秘书经常会接触外国人,作为沟通外方与中方的联系人,涉外秘书也在充

当中外文化交流的桥梁。这就要求涉外秘书必须在了解外国文化、风俗的同时，也应该将中国的文化习俗适时介绍给外方人员，以实现中外双方间的相互了解、相互尊重。比如，有家外资企业的美方经理不熟悉中国习俗，不懂中国春节的意义，认为刚度过圣诞节，不必再过节，宣布春节不放假，继续上班。企业中的中方员工对此普遍不满。秘书见状，就向美方经理介绍：春节是中国人最隆重的节日，家人即使在远方，也要千里迢迢赶回来全家团聚，请他理解和尊重中国员工的这一民族传统。同时，在中国，春节是法定假日，没有特殊情况不宜安排员工加班。美方经理被说服了，宣布放假，秘书又组织中方代表向美方经理拜年，使得双方关系得以融洽。

三、维护与新闻媒介的关系

国外的公共关系专家非常强调媒介关系的重要作用。在中国，涉外秘书的工作固然不完全等同于公共关系人员的工作，但作为外向型经济组织经营者、管理者的助手，涉外秘书负有信息汇总和传播的职责，从这个角度看，积极与新闻界交往，同新闻媒介保持良好的关系，也是涉外秘书应该努力做到的。

四、提高语言表达能力

秘书工作往往是围绕说和写进行的，提高"说"的能力，首先就必须明白我们想要表达的是什么，而且要尽可能地引起听者的兴趣。秘书人员可以通过多种途径来提高自己说的能力，可以是公开性的正式演讲，也可以在平常与同事的交流沟通过程中加以练习。提高"写"的能力，就必须要多实践、多写东西，大多数情况下，要练习使用最简洁的语言来表达自己的意思。说和写的能力只有不断地加以练习，才能切实达到提高的效果。

五、善于运用非语言沟通

根据有关调查，在人与人面对面的沟通中，其中有65%的信息是通过非语言的形式传递的，可见，如果准确而又恰当地运用语调、手势、表情、肢体动作、信号等非语言信息进行沟通，不仅能够提高沟通的效率，而且还能增强沟通的效果。

六、把握最好的沟通时机

沟通过程中的时间、地点、方式等都会对沟通的效果产生影响。当沟通的对象精神愉悦、心情平静或恰逢喜事时，就容易接受别人的意见和想法，愿意参与沟通。但当矛盾显现，冲突严重时，沟通对象或许就听不进去别人的意见和建议。这就需要秘书人员具备善于观察的能力、善于发现问题的能力、善于捕捉信息的能力，要抓住最有利的时机与沟通对象进行沟通。

案例点评

电子企业的困惑

某电子企业想要在国外市场寻找合作伙伴,希望可以吸引外资进入。经过努力,这家企业终于找到了一个对此感兴趣并且有投资意向的外商。为了争取外资,企业的主要领导安排秘书小张准备宴席。小张很看重这项工作,在当地最大的酒店预订了极为丰盛的菜肴来招待外商。饭后,菜肴剩余很多,按照当地习惯,他没有把剩余的菜打包带走。小张本以为这次宴请活动非常成功,外商的投资事宜应当不成问题了,但他万万没有想到的是,这场大宴非但没有达到目的,反而使外商取消了投资计划。

案例点评:

该案例中的秘书小张在进行涉外谈判时,大摆宴席招待外宾,依照国内习惯,本是对外商的极大重视和尊敬。但外国企业家,尤其是靠自己艰苦奋斗起家的企业家,大多不会欣赏这样奢侈的宴请。他们反而会考虑这样一个问题:这些人是否也会这样大手大脚地花我的投资,而不是把它们真正用在生产上。从此案例中我们可以看到,涉外秘书在与外宾沟通的过程中,一定要考虑到外宾的文化背景和商业习惯。

本章小结

沟通是一种信息交换过程,是人们为了既定的目标用一定的语言符号把信息、思想和情感进行传递的过程。

沟通的种类,按沟通方式分为口头沟通、书面沟通、非语言沟通、电子沟通;按组织内部信息沟通的方向可以分为上行沟通、下行沟通、平行沟通、斜向沟通;按信息沟通的渠道可以分为正式沟通和非正式沟通;按信息沟通是否存在反馈可以分为单向沟通和双向沟通。

有效沟通要具备六项原则,即可信赖性原则、一致性原则、内容的针对性原则、明确性原则、持续性原则和渠道恰当性原则。

一般来说,秘书工作中需要沟通的人群有三大类,领导、同事、相关组织和人员。秘书沟通工作的内容也就是对三者做上行、平行、下行关系的沟通协调。

涉外秘书的工作比较繁杂,要学会处理方方面面的关系,因此必须掌握一定的沟通方法。

复习思考题

1. 沟通是怎样进行的?
2. 沟通的主要障碍及解决方法是什么?
3. 有效沟通的六项原则是什么?
4. 沟通过程中的基础方法和技巧有哪些?

案例讨论

A 和 B 同时到一家外企做秘书工作。一年以后,上司遇到什么问题时,总爱找 A 商议。B 感到不解,心想,自己的水平、能力也不比 A 差啊,为什么我会受到冷落呢?

他找到了 A,请其帮助分析原因。A 开诚布公地对 B 说:"我看你主要是提意见多,提建议少。做一件工作,你这也不满意那也不满意,可如何解决这些问题,你却很少提出办法,我是上司,也不高兴你这样做。"B 回想了一下自己一年来的表现,点头说:"你说得对,我是有这个毛病。我总想着提意见是下属的事,拿主意是上司的事。"A 截住 B 的话说,"上司也不是神,事事都有主意,上司是希望下属提建设性意见的。一年来,我就是这么做的。凡遇到问题,我都认真想一想,提出处理意见,不管上司采用不采用,我都坚持这么做。时间久了,上司就对我的建议重视了。"

看了这段小案例,结合本章内容,讨论一下秘书 A 和 B 的做法对你的启示。

第九章 涉外秘书与商务谈判

案例导入

基辛格说媒

堪称谈判大师的基辛格，有一次主动为一位穷老农的儿子说媒，想试试自己的劝说技巧。

他对老农说："我已经为你物色了一位最好的儿媳。"老农回答说："我从来不干涉我儿子的事。"

基辛格说："可这姑娘是罗斯切尔德伯爵的女儿（罗斯切尔德是欧洲最有名望的银行家）。"老农说："噢，如果是这样的话……"

基辛格找到罗斯切尔德伯爵说："我为你女儿找到了一个万里挑一的好丈夫。"罗斯切尔德伯爵婉言拒绝道："可我女儿太年轻。"

基辛格说："可这位年轻小伙子是世界银行的副行长。"

"噢，如果是这样……"

基辛格又去找世界银行行长，说道："我给你找了位副行长。"

"可我们现在不需要增加一位副行长。"

基辛格说："可你知道吗，这位年轻人是罗斯切尔德伯爵的女婿。"

于是世界银行行长欣然同意。基辛格功德无量，促成了这桩美满的婚姻，让穷老农的穷儿子摇身一变,成了金融寡头的乘龙快婿。

　　这则故事说明了什么? 基辛格运用自己高超的谈判技巧,把看似不可能的事变成了可能,说明谈判是由分歧到达成一致的过程,完美运用谈判技巧可以产生惊人的力量,完成近乎不可能完成的任务。如何从分歧到一致? 基辛格很好地运用了满足对方的心理需求和交易条件相当这一基本的谈判策略,同时也运用了谈判对手信息的有限性来达到谈判的目的。学习谈判原理和技巧,将帮助人们学会解决矛盾和困难,在工作和生活中获得更多的成功。

　　(周忠兴:《商务谈判原理与技巧》,有改动,东南大学出版社 2003 年版)

第一节　商务谈判概述

　　商务谈判是一门涉及国际贸易、企业管理、市场营销、法学、心理学、公共关系、沟通、政治、经济、文化等多门学科的综合性很强的学科①。在现代经济生活中,商务谈判的应用是个人和企业完成交易的重要步骤之一。涉外秘书应了解和掌握商务谈判的内容与特点、类型、构成、程序以及策略,并能够将其灵活运用在商务谈判实践中。

一、商务谈判的内容与特点

(一)商务谈判的定义

　　1.谈判。美国谈判学会主席、大律师杰勒德·尼尔伦伯格在马斯洛"需要层次论"基础上提出了谈判需要理论。他认为,谈判的定义最为简单,涉及的范围却最为广泛。每一个要求满足的欲望,每一个寻求满足的需要,至少都是诱发人们展开谈判的潜因。只要人们为了改变相互关系而交换观点,只要人们为了取得一致而磋商协议,他们就是在进行谈判。

　　有关谈判的定义还有很多。有人认为,"谈判是双方或多方为了消除分歧、改变关系而交换意见,为了取得一致、谋取共同利益和契合利益而磋商协议的社会交往活动"。② 还有人认为,"谈判是人们为了协调彼此之间的关系,满足各自的需求,通过协商而争取达到意见一致的行为和过程"。③ 谈判还有广义和狭义之分,广义的谈判是指除正式场合的谈判外,还包括一切协商、交涉、商量、磋商等。狭义的谈判仅仅是指正式场合下的谈判。

　　2.谈判构成要素。从上面谈判的各种定义我们可以看出,谈判作为一种特定的沟通协调活动,通常由以下几个基本要素构成。

---

① 马克态.商务谈判.北京:中国国际广播出版社,2004.
② 李爽.商务谈判.北京:清华大学出版社,2008.
③ 杨晶.商务谈判.北京:清华大学出版社,2005.

（1）谈判的主体。谈判的主体是指谈判有关各方,其利益是独立的。

（2）谈判的目的。谈判具有鲜明的目的性,正因为如此,谈判活动才具有较强的冲突性和竞争性。

（3）谈判的客体。谈判的客体大多是指谈判的标的和议题。谈判标的是指谈判的事物,如贸易型谈判的标的是买卖的货物,服务型谈判的标的是服务的内容等;谈判的议题是指谈判的具体内容或交易条件,如价格、数量、质量、付款方式等。

（4）谈判的过程。谈判的过程是一个磋商和调整的过程,是一种平等地位的互相协商和妥协,谈判主体的言行举止或具体活动将会决定谈判结果。

（5）谈判的结果。一项完整的谈判活动必须要有谈判结果。谈判的成功和谈判的完成以达成一致为标志,没有达成协议就意味着谈判没有成功或谈判没有完成。

（6）谈判的环境。谈判活动是在一定的环境下进行的,受到环境的具体制约。这种环境既包括外部的大环境,如政治、经济、文化、市场环境等,也包括谈判的小环境,如时间、地点、场所、交往空间等。

（7）谈判的策略与技巧。这是指商务谈判中的各方在谈判过程中为达到目的所运用的方式方法。

3. 商务。商务也称商事,是指一切有形或无形资产的交换或买卖事宜。然而,不是任何一种买卖行为都可以成为商务行为。商务行为具有特定的内涵,它是指经法律认可,以社会分工为基础,以提供商品或劳务为内容的营利性的经济活动。

按照国际惯例划分,商务行为可以分为以下四种:

（1）直接的商品交易活动,如批发、零售商品业。

（2）直接为商品交易服务的活动,如运输、仓储、加工整理等。

（3）间接为商品交易服务的活动,如金融、保险、信托、租赁等。

（4）具有服务性质的活动,如饭店、咨询、广告等。

4. 商务谈判。作为经济谈判的一种,商务谈判在商品经济条件下产生和发展起来,已成为现代社会经济生活必不可少的组成部分。在经济领域的活动中,商务谈判可以理解为,具备独立资格的经济实体为了满足自己的经济利益目的,围绕相互利益的问题,借助语言、文字等以交流、沟通和协商的方式进行的业务相关的谈判[①]。随着社会的不断发展,销售物品、提供服务、技术转移、建立合同等都成为商务谈判的重要内容。

（二）商务谈判的特点

1. 谈判的共性

（1）谈判是一个双方或多方互动的过程。谈判双方既可以通过谈判将己方需求目标等向对方作完整传达,也可以通过谈判获取对方信息,并逐步调整预期目标和

---

① 陈双喜等. 国际商务谈判[M].北京:中国商务出版社,2006:3.

具体谈判对策。同时,谈判也是一个说服与被说服、争取与妥协的过程,一个"给"与"取"、"施"与"受"兼而有之的过程。真正的谈判是"有得有失"的。谈判双方在谈判过程中通常都会做出某种让步,以实现双赢。

(2)谈判是"合作"与"冲突"的对立统一。谈判的整个过程是在谈判双方对谈判计划与实施方案的不断协调中进行的。这种相互影响就是谈判的合作与冲突。合作与冲突的对立与统一正是谈判的实质所在。谈判的合作性表现在,谈判达成的协议对双方都有利,各方利益的获得是互为前提的。而谈判的冲突性则表现在,谈判各方都希望在谈判中获得尽可能多的利益,为此要进行积极的讨价还价。①

案例点评

我国在改革开放初期鼓励外资进入我国成立合资企业。中外双方的目的和需求是既统一又矛盾的。统一的一面体现在:通过合资,外商可以绕过直接贸易的障碍,利用中国政府给予合资企业的许多便利,开拓和占领中国市场,获取长期丰厚的利润;而中方则可以消化和吸收外商先进的技术,提高产品的生产技术水平,同时学习外商先进的管理经验。矛盾的一面体现在:外商的投资是为了获取高额利润和广阔市场,并不是真正从中国国情出发来帮助中国提高技术水平;中方也绝不是真正把国内市场拱手让给外商,而是通过吸收国外先进技术和先进管理经验来提高国内现有的技术水平,最终实现产品国产化,并积极发展出口。

案例点评:

从上面的案例可以看出,谈判人员应该对合作与冲突的基本含义及其在谈判中的重要性有深刻的认识。在制定谈判的战略方针、选择与运用谈判策略时,我们可以有意识地改变谈判双方的相互关系。

(3)谈判结果是互惠但不相等的。由于谈判双方所拥有的实力和技巧各不相同,双方在谈判中各自获得的利益是不相等的,但又是互惠的。谈判双方的获利关系见图9−1所示。

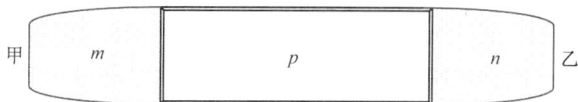

图9−1 谈判双方获利关系

在图9−1中,我们假定谈判的双方为A,B,整个图形内区域($m+n+p$)表示本次谈判的总利益,而m表示A方必须得到的最低利益,n表示B方必须得到的最低

① 杨晶.商务谈判.北京:清华大学出版社,2005.

利益,p 表示 A,B 双方要积极争取的利益。我们可以清楚地看到,A 方的利益界限是 $m \leqslant A \leqslant m+p$,B 方的利益界限是 $n \leqslant B \leqslant n+p$。如果谈判的结果不在此范围内,如 $A<m$ 或 $B<n$,则 A 方或 B 方必将退出谈判而使谈判破裂。

因此,了解和把握谈判双方的利益分配关系是非常重要的。谈判双方首先应满足谈判各方的最低需求,不能一味地让步,也不能要求对方无止境地让步,否则最终会因此而失去自己的利益。

2.商务谈判的特点。商务谈判除了具有谈判的共性外,因其谈判主体、目的和内容的特性,还具有以下特点。

(1)以获得经济利益为目的。商务谈判的主体一般为经济主体,是以营利为目的的组织或个人。虽然商务谈判的参与方会受到政治、外交、文化背景差异的影响,但他们考虑的最核心的问题仍然是如何取得更大的经济利益。因此,商务谈判会注重谈判中所涉及的技术、成本、效率和效益,常常以获取经济效益的大小来评价一项商务谈判的成功与否。在商务谈判过程中,各方为了己方的利益最大化,会表现出一定的冲突性;而当他们达成的协议能够满足双赢需求时,又会表现出一定的合作性。

(2)受价值规律的制约,以价格谈判为核心。商务谈判受到价值规律的制约,价格在几乎所有的商务谈判中都扮演着核心角色。谈判双方划分最后经济利益时可通过价格直接表现出来,在其他利益上的得与失,如付款时间、交易方式等,在多数情况下也能通过价格的折算得到体现。伴随着价格的升与降,谈判双方的利益得失得到充分的体现。

(3)谈判环境的多变性和随机性。谈判参与方来自不同国家和地区,有不同的文化背景、语言、价值观、风俗习惯、思维方式,还有所处经济环境中各种复杂多变的因素的影响。这些环境因素的变化对商务谈判有至关重要的制约作用,同时对谈判各方有不同的影响。谈判中,随机性越大,可控性就越小。因此,谈判者要注意把握机会,当机立断,根据情况调整自己的谈判计划和策略,促成谈判状况的改变或改善。

(4)关注谈判的经济效益与成本。在商务谈判中,经济效益与成本是评价商务谈判成功与否的两个关键指标。不讲求经济效益的商务谈判,其本身就失去了价值和意义。

谈判成本

谈判的总成本可从三个方面进行衡量:第一部分是为了达成协议所做出的所有让步之和,其数值等于该次谈判预期谈判收益与实际谈判收益之差;第二部分是为洽谈而耗费的各种资源之和,其数值等于为该次谈判所付出的人力、物力、财力和时间的经济折算值之和;第三部分是机会成本,即企业投入到谈判中的资源失去其他的获利机会所损失的价值。

知识链接

二、商务谈判的类型

（一）根据谈判主体所在的地区范围分类

根据谈判主体的地理范围进行分类,商务谈判可分为国内商务谈判与国际商务谈判。

国内商务谈判是指在两个或两个以上的国内法人之间进行的商务谈判。国际商务谈判则是指在两个或两个以上属于不同国籍的法人之间进行的商务谈判,所涉及的有形资产或无形资产需从一国转移到另一国。国际商务谈判由于常常受到一国政府外交政策以及谈判者宗教信仰、价值观、行为习惯、语言和风俗等的影响,相对于国内商务谈判来说,更复杂一些。因此,国际商务谈判需要做更多、更详细的计划工作。这是参与谈判的秘书人员必须了解的。

（二）根据谈判组织形式分类

根据谈判组织形式进行分类,商务谈判可以分为一人谈判和小组谈判。

一人谈判指谈判各方的人数均为一人的谈判,如采购员与销售代表、销售代表与客户之间的谈判。这类谈判的气氛比较和谐,在资料的准备、地点与时间的安排、谈判的程序等方面相对比较灵活、轻松,保密性强,但其对于谈判人员的专业才能、心理素质及谈判技巧等的要求却比较高。

小组谈判指谈判各方由两人或两人以上组成的小组来进行谈判。小组谈判最大的优点是能够发挥集体的智慧,小组成员有分工,有合作。最大的难点则在于如何科学合理地组织谈判班子,使整体力量充分发挥。小组谈判时,双方通常会派出级别与人数均相当的代表参与谈判。

（三）根据谈判的地点分类

根据谈判的地点进行分类,商务谈判可以分为主场谈判、客场谈判与中立地谈判。

主场谈判是指将谈判地点设在本方所在地的谈判类型。主场谈判可以使本方谈判人员占有地理、心理的优势,以饱满的精神和充沛的体力去从事谈判。主场一方通常要负责谈判会场的安排及谈判中的一切事宜,还要负责接待其他各方谈判人员。因此,谈判成本相对较高,秘书需要做的工作相对也较多。

客场谈判是指将谈判地点设在谈判对手所在地的谈判类型。对我方人员来说,对环境的熟悉程度在一定意义上会影响到整个谈判小组的士气。

中立地谈判是指谈判地点设在第三地的谈判类型。在第三地,谈判各方均能够比较客观地处理问题和冲突,从根本上避免了主场优势,使谈判各方的地位较为平等,但也会造成谈判费用过高的弊端。

三、谈判环境

英国谈判专家戴维·马什在《合同谈判手册》中把谈判环境因素概括为以下几类:政治环境、宗教信仰、法律制度、商业惯例、社会习俗、财政金融状况、基础设施与后勤供应系统、气候条件。他同时指出,环境对谈判结果的形成有"莫大的影响力"。秘书在谈判中更要了解到环境对其工作的影响,谈判时要充分考虑相关的因素,从而提高工作水平。

(一)政治状况因素

1. 国家对企业的管理程度。这主要涉及企业自主权的大小问题。如果国家对企业管理的程度较高,则谈判过程中政府就会干预谈判内容及进程。相反,如果国家对企业管理的程度较低,谈判的成败则完全取决于企业。

2. 经济运行机制。计划经济体制中,列入国家计划的企业可以按计划与其他企业进行交易谈判,如果没有计划指标,谈判就不会有结果。市场经济条件下,企业有较充分的自主权,可以决定谈判对象、谈判内容,以及交易中利益的取舍。

3. 谈判对手对该谈判项目是否有政治兴趣。如果商务谈判中有政府或政党的政治目的,谈判的影响因素就会变得更复杂。谈判的最终结果主要取决于政治因素的影响,而不是商务或技术方面的因素。

4. 谈判对方政局的稳定程度如何。在谈判项目履行期间,谈判对方政府局势是否稳定? 洽谈对方与邻国的关系如何,是否处于较为紧张的敌对状态? 这些因素都将对谈判产生影响。

5. 该国有没有将一些军事性手段运用到商业竞争中的情况。

(二)宗教信仰因素

众所周知,宗教对人们的思想行为有直接的影响。不同宗教及教派都有着不同的行为、礼仪及价值取向。只有了解并遵守这些规范,谈判双方才有可能"坐下来,好商量"。

(三)法律制度因素

谈判前应仔细分析谈判各方的法律法规,重点了解下面的问题:法律制度属于哪一法系,有哪些特点? 是否要求合同必须受收货人本国的法律约束? 在现实生活中法律的执行程度如何? 法院受理案件的时间长短如何? 对于执行国外的法律和仲裁判决有什么程序? 是否限制企业中那些有权签订和修改合约的领导人的权力范围? 是否有良好的投资环境? 法律是否适用于外国人? 等等。

(四)商业习惯因素

谈判前需要了解以下有关商业习惯的问题:企业的领导人是否有真正的权威?企业是否与政府拥有紧密的关系? 在谈判和签约过程中,律师等专业顾问是否起很大作用? 正式的谈判场合是否只是为双方领导人安排的,从属人员是否只有被问才可讲话? 在商业活动中是否有贿赂现象? 业务谈判的常用语种是什么? 如用当地语言,有没有可靠的翻译? 谈判是与进出口代表商谈还是直接与厂商谈?等等。

(五)社会习俗因素

社会习俗内容繁多,概括起来有以下几方面:符合当地礼仪规范的衣着、饮食和称呼礼仪;工作与娱乐、休息的关系,是不是只能在工作时间谈业务? 赠礼的礼仪及回赠的礼仪;对荣誉、名声、面子的不同理解;朋友的标准、基本价值观、时间的价值与效率、友情与金钱的取舍;当地人有哪些禁忌,妇女能否参加业务活动,其权力与作用如何;等等。

(六)财政金融状况

财政金融状态的内容包括:国际借贷、外汇储备、货币限制、信誉、信用证、外汇管制、利润出境、关税等管理和制度情况。

(七)基础设施与后期供应系统

谈判前应仔细分析谈判各方的基础设施与后期供应系统,了解下面的情况:该国人力、物力、财力的情况如何? 在聘用外籍工人、进口原材料、引进设备等方面有无限制? 当地的海关与运输条件如何? 等等。

(八)气候因素

一个国家或地区的气候状况会间接地对商务谈判活动产生影响。如,该国雨季的长短及雨量的大小、全年平均气温状况、冬夏季的温差、空气平均温度状况、地震情况等都属于气候状况因素。

四、谈判小组的构成

商务谈判可以是一人谈判,也可以是小组谈判。对于内容重要、复杂的、正规的商务谈判来说,为了使谈判达到预订的目标,一般需要组织一个规模适宜、结构合理、高质量的谈判小组。

（一）谈判小组的规模

谈判小组的规模应根据谈判项目的需求、谈判主题的大小、难易程度等因素来确定。国内外的研究学者从管理学、心理学等角度出发，认为谈判小组规模以4人左右为宜。因为在各种研究成果中，大都认为"4人左右谈判小组的工作效率最高"、"4人左右是最佳的管理幅度"、"一个人在无差错的状态下能够管理的下属不超过4个人"、"4人左右能满足一般谈判所需的知识范围"，等等。

在商务谈判中，为了使整个谈判小组具有较强的综合谈判能力，还应同时考虑谈判小组成员的性别与年龄，由老、中、青三个年龄阶段和男女两种性别的谈判人员按一定比例组成。当然，在商务谈判的不同阶段，还可以通过换人来调整谈判小组。

（二）谈判人员的构成

要想最大限度地发挥谈判小组的优势，关键在于如何合理地搭配小组成员，如何挑选主谈人以及如何管理团队。

1. 谈判决策者与谈判执行者。谈判决策者主要指负责该项谈判业务的企业、公司或部门的主管领导。谈判执行者指主持谈判及参与谈判的各方人员，他们是实现谈判目标的具体执行者，通常分为主谈和辅谈。有的时候，非常重要的商务谈判也有可能由总经理或某一决策者出任主谈。

（1）主谈。主谈是指在谈判的某一阶段或针对某些方面的议题的主要发言人，也可称首席谈判代表，通常是谈判小组的组长。他的作用是将小组成员研究后的谈判目标和策略在谈判桌上予以实现。主谈的职责主要有：挑选谈判小组成员、制订周密的谈判计划、监督谈判程序、掌握谈判进程、听取专业人员的说明和建议、协调谈判小组的意见、决定谈判过程中的重要事项、代表单位签约等。因此，主谈是谈判能否达到预期目标的关键性人物。

正因为如此，对于主谈的要求也非常高。首先，主谈应具备感召力和领导能力、协调能力、决策能力和判断能力，能够指挥和协调谈判组所有成员的活动，最大限度地发挥群体效应；其次，主谈应懂得放权，知人善任，同时，要敢于承担风险和责任；再次，主谈应精通商务或国际市场营销实务，富有谈判经验，了解国家现行政策、本行业情况、市场状况等；最后，主谈应有外交家的风度和气质，具备较强的沟通能力，善于与不同国籍、不同肤色、不同宗教信仰的人打交道。

案例分析

某市醋酸化工厂从意大利引进生产设备一套，总价值近百万美元。双方已就主机、备件条件达成了协议。但就在双方讨论设备安装调试时，意方认为他们可以派人来装机调试,需要另收 5 万美元的人员差旅及工时费。中方主谈则认为设备费中应包含该费用,不愿另出钱。于是双方僵持不下。

意方为了推销其主机,主动提出安装调试费可优惠 10%,中方主谈却表示因预算不够无法接受。意方又强调:"这是为了保证其设备性能和信誉。"中方主谈认为:"总价太贵。"意方说:"现在的价格是我们在海外销售价中最便宜的。"中方答道:"贵方设备不错,这正是我们买的原因,但若价格再便宜些更好。"意方说:"好! 服务费再降 10%,即 4 万美元,不能再优惠了。"中方主谈提出要研究研究。

中方谈判小组的研究结果是:预算一时增加不了,但工程技术人员有能力自己安装调试。为了省去意方的服务费,中方决定自己安装调试。听到中方的决定,意方先是一惊,随即表示赞同。不过,意方进而提出对中方自行调试的后果不负责任。中方主谈表示:只要设备是全新的,各项性能没问题,调试的结果意方可以不负责。于是双方将该条款写进合同中。

意方将设备交付中方后,收回全部货款。中方工程技术人员投入了紧张的安装调试工作,很快设备也可以运转了。但出乎意料的是,设备的安装容易,而调试很难。原料的损耗率达不到设计要求的 1.9% 的水平,而是 3.2%。中方人员继续调试,待调到设计水平时,已花费 20 多万美元(人民币折算)。

分析:

从本案例结果看,事与愿违,费用不是省了,而是花费更多了。从谈判角度来讲,问题主要出在中方主谈身上。他对该设备的技术与使用要求不熟悉,制定的谈判目标不合理。首先是忽视购买设备的时候,应同时考虑设备与服务调试费用。其次,在合同中应增加要求对方履行买卖双方基本义务的条款。另外,即使谈判条件不能完全满足,总预算不能突破,也应在谈判总价及购货范围上采购措施,比如省去服务却增加技术指导,至少保留以文字、电话形式指导或提供关键专家指导等方式。

(2)辅谈。谈判小组中参加正式谈判人员除了主谈之外都称为辅谈。谈判小组的主谈将根据谈判所需专业知识、谈判策略、谈判人员的能力素质、谈判效率等因素挑选合适的人员组成谈判小组。谈判小组成立后,必须明确各自的职责,对其加强管理。

辅谈的主要职责有:参与信息搜集、谈判调研,做好各自的准备工作,为主谈出谋划策,随时向其提供所需信息。同时,还参与合同协议的起草和签署以及谈判的总结等工作。

2.谈判关联者。谈判关联者指谈判桌外向谈判者提供建议和服务的有关人员。

(1)谈判专家和谈判顾问。谈判专家和谈判顾问在谈判小组中主要负责某一方面的专门工作,虽然他们不具体参加谈判活动,但他们熟悉有关领域的专业知识、懂得谈判策略与技巧的运用等知识,因此,他们也是谈判小组中的主要组成力量。

（2）服务人员。谈判小组中的服务人员是指谈判必需的工作人员，如记录人、打字员、秘书人员等。他们的具体职责是准确、完整、及时地记录谈判内容，包括双方讨论过程中的问题、提出的条件、达成的协议、谈判人员的表情与用语等①。另外，如果是主场谈判，还应有专门的秘书人员负责安排谈判场所、住宿、就餐、参观、旅游等相关事宜。

（三）谈判小组的知识结构

谈判所需的知识范围极为广阔，因而要求谈判人员既要有较为广博的基础知识，又要有相当精深的专业知识。从横向看，其知识结构应包括语言文学知识、历史知识、经济学知识、法律知识、社交礼仪知识等；从纵向看，其知识结构应包括商品学知识、市场营销知识、外语知识、心理学知识、谈判业务知识等。一般来说，我们将这些知识分为四类：经济知识、技术知识、法律知识、商务知识。

1. 经济知识。在商务谈判中，经济知识尤为重要。具有经济方面知识的人员是谈判小组中的重要成员，通常由熟悉业务的经济师或会计师担任。他们能提供经济方面的资料和意见，包括市场同类商品的供求状况、产品技术发展方向等。

2. 专业技术知识。谈判小组要有熟悉生产技术、产品性能和技术发展动态的技术员、工程师或总工程师参加。当谈判中发生技术争议问题时，专业技术人员要能分析、判定问题的症结，解答有关的技术难题。

3. 法律知识。法律人员在合同起草及审查是否有违反法律的条款等方面起着重要作用。

4. 商务知识。商务谈判中交易惯例、价格谈判等方面的知识，可由了解交易行情、有经验的业务员或厂长经理来担任。

另外，在国际商务谈判中，还要求谈判人员能够熟练掌握外语的听说读写，能用外语与对方交谈，也可聘请专门的翻译人员来担任。

（四）谈判人员的基本素质

谈判人员作为谈判的主体，在谈判中占有核心地位。谈判最终能否实现目标，达成一项双方都满意的协议，谈判者的素质至关重要。

1. 谈判者的心理素质。谈判是一种对思维能力要求极高的活动，是谈判人员知识、智慧、勇气、耐心的测验，是谈判人员才能的较量。谈判人员具备良好的心理素质，是谈判成功的重要保障。

心理素质是指人类心理活动的思维品质及所拥有的知识观念特征，谈判者应具备的心理素质主要包括：

---

① 刘园. 国际商务谈判. 北京：首都经济贸易大学出版社，2004.

(1)意志力。意志力是为了达到既定目的而自觉努力的心理状态,耐心则是意志力的一种表现形式。意志力是在心理上战胜谈判对手的一种战术和谋略,是谈判人员心理成熟的标志。谈判过程中经常会出现僵局,但最困难的时候往往也是最有希望的时候,谈判人员应具有坚忍的意志品质,不为困难所屈服,不为诱惑所动摇。

(2)自制力。自制力是谈判者在环境发生巨大变化时克服心理障碍的能力。所以,谈判者应善于在激烈变化的局势中控制自身的情绪和行为。

(3)应变力。应变力是指谈判者善于与他人相处,有良好的人际关系。谈判人员应具备根据谈判局势及时调整谈判部署、策略的心理素质。

(4)感受力。感受力就是对接触到的外界事物的接受能力。美国的尼尔伦伯格在他的《谈判艺术》一书中有这样的描述:"老练的谈判者能把坐在谈判桌对面的人一眼望穿,断定他将做出什么行动和为什么行动。"合格的谈判者应随时根据谈判中的情况变化及有关信息,透过复杂多变的现象,抓住问题的实质,迅速分析,综合做出判断。

2.谈判者的能力特征。这主要包括以下方面:

(1)洞察与决断能力。商务谈判中,谈判者的洞察力主要表现在能够迅速地根据掌握的信息和对手的言谈举止综合分析谈判对手所掩盖的真实意图,从而做出合理的判断。这种洞察力是谈判人员后天在谈判的实践中锤炼和提高的结果。而谈判者的决断能力与其自信心、洞察力、判断力有着直接的关系,是谈判者综合能力的体现。

(2)思维与应变能力。谈判中,双方通过正确地分析、推理和判断对方的实力、谈判谋略、谈判心理以及谈判中提出的每一项建议和要求,充分调动己方的有利因素,避开不利因素,争取谈判优势,获得谈判成功。要达到这一目的,有赖于谈判者正确、科学的思维和应变能力。

(3)倾听与表达能力。谈判中的所谓倾听,不仅是指运用耳朵这种听觉器官听对方说什么,更重要的是运用眼睛去观察对方的表情与动作,运用心、脑去为对方的话语作设身处地的构想,研究对方话语背后的动机。表达能力是指能够运用语言准确无误地将自己的思想、需求和愿望传达给对方,从而能够更好地沟通双方的思想。

(4)社交能力。从某种意义上来说,出色的谈判者应具有与各种各样的人交往的能力。社交能力将直接影响到谈判过程中人际关系的处理,进而影响谈判的效果。

(5)协作能力。在谈判过程中,谈判者应在有分歧的问题上协调己方人员,统一思想,化解矛盾,一致对外;还应通过一定的策略、方法协调己方与对方在谈判中的分歧,克服障碍,达成一致。这种协作能力能够帮助谈判人员解决谈判中出现的各种矛盾和问题。

合格谈判人员应具备的条件

1.遵纪守法,廉洁奉公,维护国家、公司以及谈判小组的利益。

2.有强烈的事业心、进取精神和高度的责任感。同时,既能坚持原则,又有必要的灵活性和弹性,具有创新精神。

3.能够分清主次、抓住重点,逻辑思维能力、判断能力都很强,思路敏捷开阔,决策果断。

4.具有良好的专业基础知识,接受过商务谈判技巧的训练。

5.既要善于倾听和把握对方意图,又要有较强的语言表达能力。

6.要善于了解不同类型谈判人员的特点,掌握他们在谈判风格上的差别及宗教信仰方面的异同,与谈判对手和平共事。

7.具有独当一面的能力,又要有随时与谈判伙伴搞好协调配合的本领。

8.在言谈举止方面要落落大方、风趣幽默,同时要有健全的体魄。

3.仪态素质。仪表也就是一个人的外表,是一个人教养、性格、内涵的外在表现。仪容包括头发修饰、面部修饰、手部修饰。在商务谈判中,服饰的颜色、款式、穿着对谈判者情绪有很大影响。尤其是女性,商务谈判场合应以西服套装或套裙为宜,色调统一而稳重,应既有成熟感,又不失女性温柔典雅的风度。商务宴请场合,女士可以选择连衣裙或旗袍;参观游览场合,可以选择穿便装。

案例分析

柯经理与马经理谈判木炭交易

某年夏天,H市木炭公司经理柯女士到G市金属硅厂谈判其木炭的销售合同。会面那天,柯经理脸上粉底打得较厚,使涂着腮红的脸尤显白嫩,戴着垂吊式的耳环、金项链,右手戴有两个指环、一个钻戒,穿着大黄衬衫、红色大花真丝裙。G市金属硅厂销售科的马经理和业务员小李接待了柯经理。马经理穿着布质夹克衫、劳动布的裤子,皮鞋不仅显旧,还蒙着车间的硅灰。他的胡楂发黑,使脸色更显苍老。

柯经理与马经理在会议室见面后,互相握手致意,马经理伸出大手一握柯经理白净的小手,马上就收了回去,并抬手检查手上的情况。原来柯经理右手的戒指、指环扎了马经理的手。看着马经理收回的手,柯经理眼中掠过一丝冷淡。小李看得很明白,柯经理与马经理在穿着上反差大了一些。

谈判过程中出现了较大的分歧,柯经理一看事情复杂化了,心中直着急,加上天热,额头汗珠直冒,顺着脸颊淌下来,汗水将粉底冲出了一条沟,使原本白嫩的脸变花了。

分析:该案例集中展现了谈判人员的行为与心理状态对谈判态度的影响,两位经理的表现值得思考。柯经理在服饰上本想体现对这次谈判的重视,但在搭配上不合适,存在"艳"的问题。具体讲,装饰品太多,耳环、项链、两个指环等。衣服颜色太扎眼,没有形成相应的品味和魅力,反而被对方轻视。马经理服饰不够得体,鞋脏,胡楂未刮,举止不够绅士,握手时被扎,不应马上抽手,因为这会让对方难堪。

(周忠兴:《商务谈判原理与技巧》,有改动,东南大学出版社2003年版)

五、商务谈判的程序

商务谈判的基本程序是指实施商务谈判的整个步骤与过程。在不同的谈判阶段,谈判者面临的任务是不一样的,谈判的具体策略也是不同的。谈判程序虽然不是一成不变的,但掌握正确的谈判程序,是谈判成功的基本保证。一般来说,商务谈判的基本阶段有:

(一)谈判准备阶段

良好的谈判准备可以为谈判的进行和成功创造直接的条件。谈判正式开始前准备阶段的主要任务有:环境调查、搜集相关情报、选择谈判对象与时机、制订谈判方案与计划、组建谈判小组、模拟谈判等。

(二)谈判开局阶段

谈判开局阶段是指谈判开始以后到实质性谈判之前的这个阶段。开局在整个谈判过程中起着非常关键的作用,将影响和制约后续谈判的进行。这一阶段的主要任务有:创造合适的谈判气氛、建立良好的第一印象、谋求有利的谈判地位、探查对方的谈判实力等。

(三)谈判报价阶段

谈判报价阶段是指谈判正式开始后到报价的这个阶段。这一阶段的主要任务有:交流各自谈判的意图和想法、试探对方的需求和虚实、协商谈判的具体议程、进行谈判情况的审查、评估报价和讨价还价的形势并为其做好准备等。

(四)谈判磋商阶段

谈判磋商阶段是指一方报价以后到成交之前的这个阶段,是整个谈判的核心阶段。这一阶段能够集中谈判双方的谈判策略与技巧,并直接决定着谈判的结果。这一阶段的主要任务有:讨价、还价、要求、抗争、异议处理、压力与反压力、僵局处理、让步等。

(五)谈判成交阶段

谈判成交阶段是指谈判双方在主要交易条件尤其是价格问题上基本达成一致以后至协议签订完毕的这个阶段。这一阶段的主要任务有:对前期谈判进行总结回顾、进行最后的报价和让步、运用各种策略促成成交、拟定合同条款及对合同进行审核与签订等。

(六)协议后阶段

谈判的真正目的不是签订合同,而是履行合同。因此,协议签订后的阶段也是谈判过程的重要组成部分。这一阶段的主要任务有:对谈判进行总结和资料管理、确保合同的履行与维护双方的关系等。

六、商务谈判的原则

商务谈判的原则理论是哈佛大学教授霍沃德·雷法、罗杰·费希尔、威廉·尤瑞提出的,指出谈判应根据价值和公平的标准达成协议。它使谈判者既能得到所希望的结果,又不失风度。商务谈判的原则理论基本要点有:

(一)人与问题

谈判者自始至终都应该充分注意人的问题。从人的角度来考虑谈判,既可能是一种动力,也可能是一种阻力。在谈判过程中有时会产生双方都满意的心理,随着谈判的进行,双方建立起一种互相信任、理解、尊重和友好的关系,可以使下轮谈判有效进行。遇到争执与矛盾的时候,也要充分强调把人与问题分开,对事不对人,区别人与事,对事实强硬,对人要温和。参与谈判的人将对方视为并肩合作的同事,尊重谈判对友,只争论事实问题,而不攻击人身;既正确地提出看法,也要保持适当的情绪,与对方进行清晰的沟通。这将有助于谈判进展顺利。

(二)立场与利益

立场与利益的区别在于立场是进行商务谈判的基础,而利益是采取某种立场的根源。因此,商务谈判双方不要在立场上讨价还价,这会降低谈判的效率,还会损害双方的关系。谈判人员应该将利益即谈判的目标作为讨论的重点,而不要争执立场问题。谈判时应摒弃原有的主观偏见,围绕双方的共同利益展开协商。

调解谈判双方的利益而不是调和双方的立场,这是打破僵局的钥匙。实际上,在许多谈判中,双方的共同利益与协调利益要多于冲突利益。谈判的立场往往是具体而明确的,但隐藏在立场后面的利益,却可能是不明确、不具体的。此时,可以站在对方的立场上考虑问题,考虑双方的多重利益,特别注意别人的基本要求,提出双方得益的方案,以取得商务谈判的成功。

(三)意愿与选择

谈判双方在做出决定之前,应先构思和制订可供选择的方案,寻求各种能够包容双方共同利益的可能的解决方案。事先制订方案,在进行决策时具有一定的选择余地,可以避免临时决定的极端和片面,减少被动局面。

(四)客观标准与公平

当持反对意见的谈判者不愿妥协,坚持自己的立场而不是自己的利益时,最好的策略是坚持协议必须反映独立于各方立场的公平客观的标准。坚持谈判的结果必须依据某些客观标准,所提出的方案有据可依,而不是凭空臆想。在双方利益难以调和的情况下,要想说服对方,必须使用某些客观、公平的标准,使对方接受这个条件不会感到吃亏或屈辱,从而得到公平的解决方案。

案例分析

穷人和富人分金币的故事

一位穷人和富人在海边钓鱼,不幸的是他们的鱼钩绞在了一起,两人只好合力将鱼钩拉了上来。意想不到的情况发生了,在两个鱼钩交缠处竟挂着一个沉甸甸的钱袋,钱袋里装着100枚金币。两个人喜出望外,都想独吞这笔钱,从互不相让到大动干戈,最后只好诉诸法院。4位法官做出了4种裁决:

法官甲的裁决是以不同经济能力的人所具有的不同心理承受能力为依据,按7：3的比例,富人得到70枚金币,穷人得到30枚金币。在他看来,对穷人来说,30枚金币已经是个大数目,他得到后要比富人得到70枚金币更高兴。

法官乙是以"补偿原则"为裁决标准,分配的比例不变,只是交换了受益人。在他看来,法官甲的裁决就好比龟兔赛跑,两者同时起步,乌龟会被越甩越远。真正的公平是让乌龟先跑一程。

法官丙的裁决则是崇尚"绝对公平",理所当然一人一半。

法官丁的裁决是从税务的角度出发。富人的纳税比例高,穷人的少,因此,应按纳税比例来分配这100枚金币。

分析:

由以上案例可见,决策标准是多重的。公平性是很难有一个固定的评判标准的,只能是相对公平,是双方利益都达到一定满足条件下的标准。

综上所述,商务谈判最理想的结果是满足双赢的基本原则。双赢正是通过竞争,通过谈判参与各方的较量,通过对各方共同兴趣目标的不懈追求,寻找到一个能满足各自利益目标的最佳契合点,这样谈判也就真正成功了。"无论你的谈判艺术有多高,都不可能把整块蛋糕都拿走。"只有增加利益总量,才可以兼顾双方的利益。求同存异,本着合作互惠的原则,从对方角度考虑,以互惠为目标寻求最佳合作点,达到自身的目的,才能真正实现谈判双方的双赢。

七、商务谈判的策略

从学术角度来讲,谈判的策略与技巧是为了达到谈判目的而采取的行动和方法。中国人民大学黄卫平教授曾生动地用航船来形容商务谈判:开好局,稳好舵,撑好帆,管好人,靠好岸。在商务谈判的不同阶段,适用的谈判策略是不同的,但其基本要求是:刻意运用,流于自然,恰如其分,不露痕迹。

(一)谈判开局阶段的策略与技巧

1.营造适宜的谈判气氛。谈判者往往有意营造某种于己有利的谈判气氛,"无论你多么疲惫、多么心烦、多么沮丧,只要一进入谈判大厅,就要显出朝气蓬勃和自信的样子。从谈判开始的那一刻起,要树立起信心,要有控制力。开局的好坏会直接影响整个谈判的基调,这是千真万确的,即使你并不正式负责这次会谈。"①究竟采取什么样的谈判气氛,受到一些特定因素的制约。通常情况下,一个商业谈判的气氛应该是轻松、真诚的。

(1)高调气氛。高调气氛是指谈判情势比较热烈,谈判双方情绪积极、态度主动,愉快因素成为谈判主导因素。为营造出轻松愉快的谈判氛围,通常有以下一些方法:

①感情法,通过某一特殊事件来引发对方心中的情感,以达成气氛热烈、融洽的目的。

②称赞法,通过恰当的称赞、肯定对方来削弱对方的心理防线,从而引发对方的谈判兴趣和热情。

③幽默法,利用幽默的语言和方式来消除对方的戒备心理。

④诱导法,投其所好,利用对方感兴趣或值得骄傲的一些话题,来调动对方的谈话情绪与欲望,从而创造良好的谈判气氛。

(2)低调气氛。低调谈判气氛的策略有以下几种:

①指责法,对对方的某项错误或失礼加以指责,令其感到内疚、不安。

②沉默法,利用沉默的方式来给对方施加某种压力或令对方心中无底。

③冷淡法,有意以冷淡、不积极、无所谓的方式与对方相处。

---

① 迈克尔·唐纳逊.如何进行商务谈判.北京:企业管理出版社,2000.

④拖延法,尽量拖延或不主动切入主题,或对对方的所问所求不予表态或不予正面回答。

2.运用中性话题的策略。以非业务性的中性话题切入谈判正题,能够尽快消除双方心理上的陌生感,保证谈判双方良好沟通。中性的话题有:天气、环境、经济发展、人民生活等双方较熟悉且没有立场之争的话题,社会上共同关心的问题,一些无伤大雅的玩笑,对主场方表示感谢,有关健康、爱好的话题等。谈判过程中,及时发现对方感兴趣的话题并适当引入,能够让对方在尽情畅叙之后对我方产生好感。切忌在话题的观点上与对方争论。

3.树立自身良好的个人形象。个人形象的展示是个体内在素质通过衣着、行为、言语等外显事物表现出来的,而人的形象所起的作用,主要是第一印象的作用。因此,谈判人员的衣着、动作、目光及语言,要与谈判的性质一致,与自身的身份一致,与谈判环境一致,以显示良好的素质与修养。

(二)谈判报价阶段的策略

1.先报价和后报价。谈判报价阶段的策略主要是确定报价的先后。

先报价的有利之处主要表现在:一方面,先报价为谈判划定了一个基准线,最终的协议将以这个价格为基础达成。另一方面,出乎预料的先报价有可能打乱对方的部署而使谈判结果有利于我方。

后报价的有利之处主要表现在:一方面,我方可以在对方的报价后对自己原有的谈判条件和计划进行最后的调整。另一方面,后报价能够使我方在不透露价格水平的情况下,迫使对方按照我方的设想让步,从而获得较多的利益。

确定先报价还是后报价时,要切实弄懂对方报价的全部含义。报价的有效性首先取决于双方价格谈判的合理范围,同时还受市场供求状况、竞争等多方面因素的制约。影响报价的因素主要有:成本因素、需求因素、品质因素、竞争因素和政策因素等。例如,对方提出"我方该批设备的总售价为10万元",我们应详细了解,"总售价"包含了哪些内容?是否包括运费、技术指导、配件供应、安装、付款优惠办法等。在没有获得对方报价的完整含义之前,不要轻易行使展否定的权力。另外,要把握对方对自己报价的反应,全面评价对手的报价。

2.报价的基本原则

(1)对于卖方来讲,开盘价必须是"最高的",相应地,对买方来讲,开盘价必须是"最低的",这是报价的首要原则。但这绝不是指漫天要价、毫无道理、毫无控制,而是要合情合理。

(2)报价应该坚定、明确、完整,且不加任何解释和说明。这样做能够给对方留下我方是认真而诚实的好印象。任何欲言又止,吞吞吐吐的行为,必然会导致对方的不良感受,甚至会使对方产生不信任感。

(3)设立"最低可接纳水准"。所谓最低可接纳水准,是指最差的但却可以勉强接纳的谈判终极结果(即最低利益目标)。

(4)报价时最好不要报整数,报出一个带尾数的价格听起来更可信。

(三)谈判磋商阶段的策略

谈判磋商阶段是各种谈判策略和技巧集中运用的阶段,以下选择几种常见策略加以说明。

1.吊筑高台的策略。吊筑高台的策略是指卖方提出一个高于己方实际要求的谈判起点来与对手讨价还价,最后再做出让步,从而达成协议的谈判策略。一位美国商业谈判专家曾和两千位主管人员做过许多试验,结果发现这样的规律:如果买主出价较低,则往往能以较低的价格成交;如果卖主喊价较高,则往往也能以较高的价格成交。吊筑高台策略的运用,能使己方处于有利的地位,有时甚至会收到意想不到的效果。

案例

尤伯罗斯的谈判艺术

1984年,美国洛杉矶成功地举办了第23届夏季奥运会,并赢利1.5亿美元,创造了奥运史上的一个奇迹。这里除了其组织者著名青年企业家尤伯罗斯具有出色的组织才能和超群的管理才能外,更重要的是得益于他卓越的谈判艺术。第23届夏季奥运会的巨额资金,可以说基本上是尤伯罗斯谈出来的。而他运用的谈判策略正是:吊筑高台,喊价要狠。

当时,尤伯罗斯一开始就对赞助商们提出了很高的条件,其中包括每位赞助商的赞助款项不得少于400万美元。著名的柯达胶卷公司开始自恃牌子老,只愿出赞助费100万美元和一大批胶卷。尤伯罗斯毫不让步,并断然把赞助权让给了日本的富士公司。

最后,尤伯罗斯在众多赞助商竞争者中挑选了30家,终于成功地解决了所需的全部资金,并使第23届洛杉矶奥运会成为奥运历史上第一次赢利的奥运会,从而提高了奥运会的身价,也增强了此后奥运会承办者的信心。

2.红脸白脸策略。红脸白脸策略是指在商务谈判过程中,两个人分别或一个人同时扮演"红脸"和"白脸"的角色,"白脸"在谈判中态度坚决,寸步不让,咄咄逼人,而"红脸"则态度温和,与"白脸"积极配合,尽力促成双方合作,以达成有利于己方的协议。

在运用红脸白脸策略时,"白脸"应该反应迅速,抓住时机,力主进攻,言辞尖锐,多由助手来充当。"红脸"应该思路宽广,言语平缓,处事圆润,经验丰富,通常由主谈人来充当,因为收场或拍板最后一般由主谈人来完成。

3.浑水摸鱼策略。研究结果表明,当一个人面临一大堆难题或一大堆琐碎资料和繁杂数字时,就会精神紧张,甚至在没有思想准备的情况下犯错误。浑水摸鱼策略正是在谈判中故意搅乱正常的谈判秩序,将许多问题一股脑儿地摊到桌面上,使人难以应付,借以达到使对方慌乱失误的目的。

4.以退为进策略。以退为进策略是指在谈判中,以做出实际的退让为条件,达到更高的目的。这里的退,往往是为了进。有的此时退,是为了彼时进;有的在这里退,是为了在那里进;有的暂时退,是为了长远的进。在谈判中,老练的谈判高手经常使用这一策略,它需要谈判者具有远见卓识和高人一筹的独到见解。

5.最后通牒策略。最后通牒策略是在谈判时经常被运用的策略之一。在谈判中,双方已经过长时间的讨价还价阶段,在许多条件上已经达成共识,只是在最后一两个问题上相持不下,这时谈判的一方就可向另一方提出一个最后的方案,期望对方在一定的考虑期限内接受这个条件而达成协议。此时,另一方就会权衡利弊,如果接受就签订协议,如果不答应谈判就可能破裂。

案例

美国一家航空公司要在纽约建设大的航空站,想要爱迪生电力公司给予优惠电价。这场谈判的主动权掌握在电力公司一方,因为航空公司有求于电力公司。因此,电力公司推说如给航空公司提供优惠电价,公共服务委员会不批准,不肯降低电价,谈判相持不下。

这时,航空公司突然改变态度,声称若不提供优惠电价,它就撤出这一谈判,自己建厂发电。此言一出,电力公司立即请求公共服务委员会给予这种类型的用户以优惠电价,委员会立刻批准了这一要求。但航空公司仍然坚持自己建厂发电,电力公司不得已再度请求委员会降低价格,到这时,电力公司才和航空公司达成协议。

6.投石问路策略。投石问路策略是指买主在谈判中为了摸清对方的虚实,掌握对方的心理,通过不断地提问来获得诸如成本、价格等方面的尽可能多的资料,以便在谈判中做出正确的决策。

比如,一位买主要购买3 000件产品,他就先问如果购买100,1 000,3 000,5 000和10 000件产品的单价分别是多少。一旦卖主给出了这些单价,敏锐的买主就可从中分析出卖主的生产成本、设备费用的分摊情形、生产能力、价格政策、谈判经验丰富与否等信息。最后,买主通常能够以非常合适的价格购买到这3 000件产品。

(四)谈判成交阶段的策略

1.正面评价对手。在谈判结束的时候,要努力做到正面评价对手,这是谈判的基本要求,而且有利于谈判双方人际关系的建立与改善。

2. 巧用场外交易。谈判学里所谓的场外交易是指谈判双方在谈判桌以外的某些场合,如宴会、游玩场所等对谈判中的某些问题取得谅解和共识,从而促进和完成交易。场外轻松、友好、融洽的气氛和情绪能够使双方相互做出更大的让步而达成协议。

3. 注意为双方庆贺。在商务谈判即将签约或已经签约的时候,要强调谈判是双方共同努力的结果,并赞扬对方谈判人员的才干。只有这样,才能增进双方的友好关系,为双方今后的合作打下良好基础。

4. 合同准备的注意事项

(1)合同条文对双方的解释都应一致,不能有歧义。国际商务中的成交不一定都要有合同,但中国要有。合同签订后,之前的所有文件都失效。

(2)合同文本必须完全尊重谈判事实,完整反映谈判参与方在谈判过程中所取得的权利和义务。任何擅自修改谈判结果的行为都是极不道德、缺乏诚信的行为。

(3)谈判的成果要靠严密的协议来确认和保证。协议是以法律形式对谈判结果的记录和确认,它们之间应该完全一致,不得有任何误差。但实际情况中,常常有人有意无意地在签订协议时故意更改谈判的结果,比如故意在日期、数字上,以及关键性的概念上做文章,以混人耳目。如果我们对此一旦疏忽,在有问题的协议上签了字,生了效,那么协议就与以前的谈判无关了,双方的交易关系一切都应以协议为准,再想后悔已经是没有办法了。因此,在将谈判成果转变为协议形式的成果时要花费一定力气,不能有任何松懈。

(4)签订协议之前,应与对方就全部的谈判内容、交易条件进行最终的确定。协议签字时,再将协议的内容与谈判结果一一对照,在确认无误后方可签字。

(5)国际商务谈判中签订的合同应争取以母语为母本,翻译文本多会出现细节问题表述上的误差,如规定使用英语的,也应以我方为主起草文本。自己撰写协议草稿的好处还有:对方还没有谈到,你已经主动提出来;双方已声明无所谓的一些细节条件,如首笔货款支付是签约之日起 3 天内还是 1 周内之类,可以让己方更有利;对协议的表现形式有一定的控制权,或者至少你可以控制它的准备和提出过程。

(6)商号和签约时间、地点要写全。

谈判成功的基本标志

1.在谈判协议中达成预期的基本目标,体现出谈判双方所预期的利益目标。

2.在谈判的整个过程中建立并改善人际关系,这是谈判的主要目标之一。

3.谈判富有效率。

4.谈判者心理得到满足。

知识链接

(五)谈判的技巧

1.谈判语言表达技巧。谈判中语言的表达有以下几种方式:

(1)协商式表达。这是指谈判者以友好、商讨和征求对方意见的口吻来表达自己的谈判意图,以创造或建立起一种"谋求一致"的谈判气氛。

(2)坦诚式表达。这是指以开诚布公、坦率直言的方式向对方表达己方的观点或想法,从而引起对方的信任和共鸣,打开谈判的局面。

(3)含蓄式表达。这是含蓄模糊、委婉间接、有所保留的表达法,可给对方造成某种神秘感,使对方难以把握,从而加强己方的主动性。

(4)攻击式表达。这是指通过指责或抨击对方的错误或不良用心来达到削弱对方的谈判气势,加强己方谈判地位的一种表达法。使用该方法的风险较高,弄不好会导致谈判双方的对立乃至不欢而散。

2.谈判倾听的技巧

(1)专心致志、集中精力地倾听。谈判人员在听对方讲话时,要特别聚精会神,同时,还要配以积极的态度去倾听。即使自己已经熟知的话题,也不可充耳不闻。

(2)通过记笔记来达到集中精力。人们即席记忆并保持的能力是有限的,为了弥补这一不足,应该在听讲时做大量的笔记。记笔记的好处在于,一方面,可以帮助自己回忆和记忆,而且也有助于在对方发言完毕之后,就某些问题向对方提出质询,同时,还可以帮助自己做充分的分析,理解对方讲话的确切含义。

(3)克服先入为主的倾听。听话者是按照自己的主观理解来听取对方的谈话,结果往往导致本方接受信息不准确、判断失误,从而造成行为选择上的失误。

(4)不要因轻视对方、抢话、急于反驳而放弃听。

(5)不可为了急于判断问题而耽误听。这样会分散我们的精力而耽误倾听下文,如果在对方还没有讲完的时候就去判断其正误,无疑会削弱本方听话的能力,从而影响倾听效果。

3.谈判提问的技巧

(1)预先准备好问题,还可以设想对方的几种答案,针对这些答案考虑己方对策,然后再提问。

(2)在对方发言完毕之后提问,在对方发言停顿、间歇时提问或在己方发言前后提问。不要中止倾听对方的谈话而急于提出问题。因为这样做不但影响倾听对方下面要表达的内容,而且会暴露我方的意图,这可能会使对方马上调整其后边的讲话内容,从而使我们可能丢掉本应获取的信息。

(3)提问后给对方以足够的答复时间。如果对方的答案不够完整,不要强迫式追问,要有耐心和毅力等待再次提问的机会。

(4)可以将一个已经发生,并且答案也很明确的问题提出来,验证一下对方的诚实程度以及其处理事物的态度。

（5）要以诚恳的态度来提出问题。用诚恳的态度来提问，以激发对方回答问题的兴趣。实践证明，这样做会使对方乐于回答，也有利于谈判者彼此感情上的沟通，有利于谈判的顺利进行。

4. 谈判回答的技巧

（1）回答之前，要留有思考时间。谈判经验告诉我们，在对方提出问题之后，我们可通过喝一口茶，或调整一下自己的坐姿和椅子，或整理一下桌子上的文件资料，或翻一翻笔记本等动作来延缓时间，考虑一下对方的问题。这样做既显得很自然、得体，又可以让对方看得见，从而减轻和消除对方的戒备心理。

（2）把握对方提问的目的和动机。谈判者在谈判桌上提出问题的目的往往是多样的，动机也往往是复杂的。如果我们没有深思熟虑，弄清对方的动机，简单按照常规来做出回答，很可能效果不佳。

（3）不要彻底地回答问题。在商务谈判中，对方提出问题或是想了解我方的观点、立场和态度，或是想确认某些事情。对此，我们应视情况而定。对于应该让对方了解，或者需要表明我方态度的问题要认真回答，而对于那些可能会有损我方形象、泄密或一些无聊的问题，不必为难，不予理睬是最好的回答。

（4）对于不知道的问题不要回答。参与谈判的人都不是全知全能的人。谈判中尽管我们准备充分，也经常会遇到陌生难答的问题，这时，谈判人员可以坦率地告诉对方自己不能回答，或暂不回答，以免被对方抓住把柄，造成被动。

第二节　涉外秘书在商务谈判中的工作

涉外秘书是在外商投资企业、外国驻华机构、涉外机关及企事业单位供职的秘书岗位工作人员。其日常的工作内容是辅助领导搜集、调查并分析需要的信息资料，收发、处理公文，安排日常事务等，也包括陪同领导参加商务谈判。因此，涉外秘书需要具备扎实的语言交际能力，包括口头语言表达的能力和书面文字表达的能力与技巧。同时，为了满足商务谈判的需要，涉外秘书人员不仅需要构建扎实的本专业知识，还需要熟悉各种市场法规、国际企业运营规则及惯例、主要贸易国的法律等。

一、谈判前的准备

商务谈判能否取得圆满成功，不仅取决于谈判桌上有关策略、技巧的运用，还有赖于谈判前充分、细致的准备工作。

秘书在商务谈判准备阶段的职责是了解对方的意向，选择好谈判的时间与地点，估算谈判所需时间，准备好必要的与谈判相关的材料。有时，还要协助主谈组织谈判小组，草拟谈判计划。

（一）信息的收集与准备

俗话说:知己知彼,百战不殆。在商务谈判中,谁在谈判信息上拥有优势,谁就有可能制定出更好的谈判战略,并且在谈判中掌握谈判的主动权。只有了解、掌握对手的信息,才能使自己采取的策略做到有的放矢,从而达到自己的目标。

1. 谈判信息的搜集与谈判对手的调研。在进行商务谈判之前,秘书要协助谈判小组主要成员广泛收集谈判对手的信息,对谈判对手的资格、信誉、注册资本、法定营业地点、经营情况、历史沿革、对方主谈人员的情况等进行调查。秘书将这些收集到的资料分类整理,提供给上司参考,以使上司详细了解对方的意图和打算。

公开的信息资料搜集方法主要有:从报纸杂志上搜集资料;从广播、电视中搜集资料;在订货会、展览会等场合搜集资料;在报告会、讨论会、宴会上搜集资料。

非公开的信息资料搜集方法主要有:重金购买包括新产品的样品、文字信息资料、意见信息等资料;聘请购销员、高等院校的教师、科研机构的科研人员等"信息人"来提供所需的信息。

2. 谈判对手的调研与分析。为了更好地研究和分析谈判对手,在进行商务谈判之前,必须对谈判对手的实力,包括公司的历史、社会影响与商誉,资本积累与投资状况,技术装备水平,产品的品种、质量、知名度,企业的信誉、注册资本、法定营业地点和对方谈判小组成员等情况进行审核,有时还可要求对方出示相关的公证书来加以证明,以此确认其资信是否符合我方要求。聪明的谈判者往往可以在日常的工作和业务往来中,从同事、老顾客、竞争者那里获得详细的资料。谈判者掌握上述资料,可以有备无患。谈判前调查研究的目的主要有以下三个方面:

(1)掌握与本次谈判有关的各种客观情况和变动趋势,并对这些情况进行分析,为制订谈判方案提供依据。

(2)对谈判对手做尽可能多地了解,即做到"知彼"。例如:对方与己方合作的意图是什么? 是否真诚? 实现这种合作的迫切程度如何? 对方寻求的主要利益是什么? 谈判目标是什么? 对方能够接受的价格水平是什么? 等等。

(3)可对己方的谈判实力做客观的评价,即做到"知己"。《吕氏春秋·先己》中说:"欲胜人者,必先自胜;欲论人者,必先自论;欲知人者,必先自知。"《道德经》第三十三章也说:"知人者智,自知者明。"因此,应该正确了解和评估谈判者自身的状况,弄清自身所需和明确自身条件,了解己方的组织状况、优势劣势、谈判队伍情况等。

3. 谈判前的接触。谈判前的接触是指进入正式谈判前的社交活动,主要有两类:一是信函、电话、传真、互联网等非正式接触方式,它具有速度快、成本低、留有回旋余地等优点,因而被广泛使用。二是互访、小型会晤、联谊活动等。它为谈判开局创造了一个良好的前提与基础。谈判前接触不仅可以对对方进行试探、摸底,了解对方的必要情况、可靠程度与诚意,还可以与对方建立良好的人际关系,增进双方的相互信赖,同时也为谈判的进行创造了较好的条件。

(二)谈判室的准备

在正规的商务谈判活动中,主谈室的布置很关键,应以光线充足、舒适为原则,能容纳双方的谈判人员,并有良好的通风条件。主谈室的桌子可以是椭圆的,也可以是方形的。谈判桌以及每个人的位置要事先安排好,比较好的坐法是双方谈判人员面对面地各坐一面,谈判的负责人坐在自己一方的中间,也可以根据谈判双方的合作关系安排。不论怎样安排座位,都要给人以对等的感觉。

如果谈判需要,还应安排休息室,休息室布置得要轻松、舒适,使谈判人员可以放松紧张的精神,以调节心情,舒缓气氛。

二、谈判中的工作

(一)谈判服务工作

在商务谈判中,秘书人员应该协助谈判小组将谈判的各项事宜安排得有条不紊。秘书人员需要做的服务性工作主要有:

1. 将确定下来的谈判名单、时间、地点及时通知谈判对方,以便对方早作安排。如果需要,应提前为谈判小组成员准备好印有公司名头的信纸和名片,把谈判小组中高级成员的重要职衔都印上去,以引起对方的重视。

2. 安排好开始仪式、致辞、赠礼、签约以及庆贺等各种仪式。涉外谈判还需准备双方的国旗,安排翻译人员。

3. 准备妥当谈判所需的资料,按照谈判双方所需的份数打印装订成册,及时发到谈判人员手中。谈判过程中,随时等候在谈判室附近,以便传递信息、复印或打印文件。

4. 做好谈判场所的布置及座位的安排,保证谈判室和休息室所需要的物品能够正常地使用,如谈判时的计算机和多媒体投影设备、休息室中的因特网服务等。有时,为了营造会间小憩的气氛,可适时安排茶点、酒水等招待谈判双方人员。

5. 做好谈判记录。有的商务谈判需要秘书完成专门的谈判记录,填写情况汇报表,以供会后研究,调整谋略。谈判记录还可作为向上司请示的材料和草拟协议的原始材料。秘书在做完每次谈判记录后,都要与谈判小组进行核对,以保证记录的全面、准确,必要时还需双方签字。

6. 客场谈判时,提前安排谈判小组的住宿,在酒店中准备齐全的通信设备,如电话、电报、电传、因特网服务等。负责人应该住在私下商谈比较方便的房间。随行需要携带一些常备的用品,如计算机、订书机、纸、剪刀、样品等。

(二)谈判信息的保密

谈判是一场心理战,也是一场信息战。一方面,谈判各方都千方百计地搜集对方的信息;另一方面,涉外秘书作为企业领导的辅助人员,既要明礼诚信,更要严守商业机密,做好信息的保密工作。

1.谈判信息保密的一般要求。这主要包括以下方面:

(1)树立保密意识。谈判活动必须制定完善的保密制度,强化谈判相关人员的保密意识。谈判人员的地位越高,权力越大,其所接触的信息广度与深度越强,相应承担的保密责任就越大。

(2)确定信息保密的内容与范围。在所有信息中,应明确某一类信息由哪些人知道,哪些人不能知道;对哪些信息应该绝对保密,哪些信息需要暂时保密;等等。

(3)确定信息传递的渠道与手段。在所有信息中,应明确某一类信息由哪些人传递,不能由哪些人传递;哪些信息可以公开传递,哪些信息应该私下传递;哪些信息可以明示,哪些信息只能暗示或意会;等等。

2.谈判过程中的保密技巧。在谈判过程中,信息的保密工作应注意:

(1)公共场所里的信息保密。公共场所中的人来自不同的地方,如果谈判人员不加防范,在公共场合下任意谈论与谈判有关的信息,有可能会被他人窃取到所需要的信息。

(2)谈判中的信息保密。谈判中信息的保密涉及两个方面:洽谈资料的保密和内部信息传递的保密。

谈判人员不可能记住谈判所需要的全部资料,因此,常常把谈判资料带进谈判室,以备查考。此时必须要注意的是,不能将自己的谈判文字资料敞露于谈判桌上,特别是印有数字的文件、写有谈判人员自己看法或建议的纸条等。

另外,除非确有必要,否则不要在谈判桌上传递信息。一般来说,谈判桌上传递信息时有三种可供选择的途径:一是采用暗语的形式,二是通过事先约定的某些动作或姿态来进行,三是到谈判现场以外的地方进行商量。

(3)谈判休息时的信息保密。在谈判休息时,可谈些与本次谈判无关的话题,不能在休息室内进行商议,以防对方窃听。同时,不要将谈判文件、资料留在谈判室里。

(4)谈判时间的保密。在有的商务谈判中,绝对不能向对方透露本方准备结束谈判的时间。因为一旦泄露,对方就可以有针对性地安排谈判的日程与策略,给予己方一定的时间压力,不利于我方获得更多的利益。

三、谈判后的服务

(一)谈判总结

谈判结束后,不论成败,都要对过去的谈判工作进行全面、系统的总结,对整个谈判进程都要回顾、检查、分析和评定,吸取每次谈判的经验和教训,不断提高谈判水平。实践是提高谈判水平的最佳途径。谈判总结的内容主要涉及以下几个方面:

1.确认谈判双方在主要交易条件上的分歧。在报价基础上,将双方的需求目标进行量化比较,以确认双方谈判目标的差异。分歧的确认,一方面可以明了双方具体需求利益的差异,另一方面可调整我方今后谈判与合作时采取的谈判风格及让步与妥协策略。

2. 判断对手的谈判实力。只有准确判断对手实力,才能主动寻求针对性方案,以求在谈判桌上取胜。谈判实力是谈判各方在谈判活动中拥有的条件和所受到的约束之和的综合对比。它的主要表现有:谈判者的谈判能力、经验、知识和管理水平;谈判者的地位和级别;交易双方的声誉;双方利益的动态对比;双方在市场环境和竞争环境中的地位。由于环境在不断变化,各种要素在不同的环境中对谈判实力形成的影响大小是不同的,必须用动态的方法来评估。

(二)关系维护

谈判结束,双方签订了合同,为了确保合同得到认真彻底的履行,以及保持今后双方的业务关系,应安排专人负责同对方进行经常性的联系。谈判者个人也可以和对方谈判人员保持经常的私人交往,使双方的关系保持良好的状态。

(三)资料管理

1. 谈判后资料的整理。谈判后资料的整理包括:及时回收重要的谈判文件;根据谈判的原始档案或已签订的协议撰写和分发谈判纪要;谈判材料和原始档案及协议、合同的立卷归档;如需要,准备好宣传报道工作等。

2. 谈判资料的保存与保密。如果谈判对方或者其他有关人员获得了本次谈判的相关资料,特别是其中关于我方的谈判方针、策略和技巧方面的资料,那不仅使对方或其他有关方在今后的交易中更了解我方,更容易把握我方的动向,而且有可能直接损害目前合同的履行和双方的关系。

本章小结

商务谈判是一门涉及国际贸易、企业管理、市场营销等多门学科的综合性学科。商务谈判已渗透到了商务活动的方方面面,涉外秘书在详细了解、掌握商务谈判的内容、特点、类型、构成、程序以及策略的基础上,要能够将上述知识灵活运用在商务谈判的实际工作中,以更好地发挥自身的作用。

课堂讨论题

1. 怎样衡量一次商务谈判是否成功。
2. 商务谈判的策略在运用时依据什么原则进行?

复习思考题

1. 商务谈判的构成要素是什么？

2. 商务谈判的特点有哪些？

3. 秘书在谈判中应该如何理解环境的重要性？

4. 谈判小组中的人员是如何构成的？

5. 秘书在谈判过程有哪些服务性工作？

6. 谈判过程中如何做好信息保密工作？

课堂实训题

考虑环境、布局的需要，布置一个适宜的商务谈判主谈室。